Alpine Guide
ヤマケイ アルペンガイド

北アルプス

白馬・後立山連峰

白馬岳・朝日岳・栂海新道・唐松岳・五竜岳
鹿島槍ヶ岳・針ノ木岳・烏帽子岳

Alpine Guide
ヤマケイ アルペンガイド

北アルプス

白馬・後立山連峰

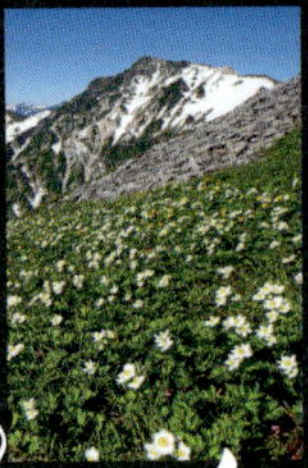

Contents

鹿島槍ヶ岳

積雪期

コラム

インフォメーション

本書の利用法

本書は、白馬・後立山連峰の一般的な登山コースを対象とした登山ガイドブックです。収録したコースの解説は、白馬・後立山連峰に精通した著者による綿密な実踏取材に基づいています。本書のコースガイドページは、左記のように構成しています。

コースガイド

❶山名・行程

コースは目的地となる山名・自然地名を標題とし、行程と1日ごとの合計コースタイムを併記しています。日程（泊数）はコース中の山小屋を宿泊地とした標準的なプランです。

❷コース概念図

行程と主な経由地、目的地を表したコース概念図です。丸囲みの数字とアルファベットは、登山地図帳の地図面とグリッド（升目）を示しています。

❸コースガイド本文

コースの特徴をはじめ、出発地から到着地まで、コースの経路を説明しています。主な経由地は、強調文字で表しています。本文中の山名・地名とその読みは、国土地理院発行の地形図に準拠しています。ただし一部の山名・地名は、登山での名称・呼称を用いています。

❹コース断面図・日程グラフ

縦軸を標高、横軸を地図上の水平距離としたコース断面図です。断面図の傾斜角度は、実際の登山道の勾配とは異なります。日程グラフは、ガイド本文で紹介している標準日程と、コースによって下段に宿泊地の異なる応用日程を示し、日程ごとの休憩を含まないコースタイムの合計を併記しています。

❺コースタイム

30〜50歳の登山者が山小屋利用1泊2日程度の装備を携行して歩く場合を想定した標準的な所要時間です。休憩や食事に要する時間は含みません。なおコースタイムは、もとより個人差があり、登山道の状況や天候などに左右されます。本書に記載のコースタイムはあくまで目安とし、各自の経験や体力に応じた余裕のある計画と行動を心がけてください。

サブコース

❻コースグレード

白馬・後立山連峰の無雪期におけるコースの難易度を初級・中級・上級に区分し、さらに技術度、体力度をそれぞれ5段階で表示しています。

初級 標高2000m前後の登山コースおよび宿泊の伴う登山の経験がある人に向くコースです。

中級 おおむね行程の長いコースで、注意を要する岩場や急登の続くコースおよび2泊以上の宿泊を伴う登山の経験がある人に向きます。白馬・後立山連峰は中級コースが中心ですが、体力度・技術度は幅があります。

上級 急峻な岩場や迷いやすい地形に対処でき、読図や的確な天候判断が求められるコースで、白馬・後立山連峰か同等の山域の中級以上のコースを充分に経験している人に向きます。

技術度

1＝よく整備された散策路・遊歩道
2＝とくに難所がなく道標が整っている
3＝ガレ場や雪渓、小規模な岩場がある
4＝注意を要する岩場、迷いやすい箇所がある
5＝きわめて注意を要する
　地形や規模の大きな岩場がある

これらを基準に、天候急変時などに退避路となるエスケープルートや、コース中の山小屋・避難小屋の有無などを加味して判定しています。

体力度

1＝休憩を含まない1日の
　コースタイムが3時間未満
2＝同3〜6時間程度　3＝同6〜8時間程度
4＝同8〜10時間程度　5＝同10時間以上

これらを基準に、コースの起伏や標高差、日程などを加味して判定しています。なおコースグレードは、登山時期と天候、および荒天後の登山道の状況によって大きく変わる場合があり、あくまで目安となるものです。

登山地図帳

❼コースマップ

登山地図帳に収録しています。コースマップの仕様や記号については、登山地図帳に記載しています。

白馬・後立山連峰に登る

北アルプス（飛騨《ひだ》山脈）は地殻の隆起と東西からの圧力による盛り上がった山脈で、北アルプス北部は三俣蓮華岳《みつまたれんげだけ》を源頭とする急峻な黒部《くろべ》峡谷で東西に分断され、西側に立山《たてやま》連峰、東側に後立山《うしろたてやま》連峰がある。

後立山連峰は黒部峡谷と並行して南北に連なり、稜線上には白馬岳《しろうまだけ》、五竜岳《ごりゅうだけ》、鹿島《かしま》槍ヶ岳《やりがたけ》、針ノ木岳《はりのきだけ》など個性的な山々がそびえている。主稜線がフォッサマグナの西縁で糸魚川《いといがわ》―静岡構造線と一致するため、東側が鋭い絶壁で、西側斜面はゆるい地形の非対称山稜になっている。顕著な非対称山稜は杓子岳《しゃくしだけ》や爺ヶ岳《じいがたけ》付近で観察できる。後立山の核心部は２９００ｍ級の山が連なり、鹿島槍ヶ岳、八峰《はちみね》キレット、不帰ノ嶮《かえらずのけん》など高峻でアルペン的な様相を見せている。

一方、白馬岳以北はおおらかな山容で豪雪の恩恵を受け、残雪が消えた斜面には大規模なお花畑が広がっている。白馬岳周辺の高山植物は３５０種にのぼり、「白馬連山高山植物帯」として国の特別天然記念物に指定されている。白馬岳と後立山の地形はアルペン的な険しさと心なごむお花畑が広がる、対照的で変化に富んだ山域といえる。

本書では北は朝日岳《あさひだけ》から日本海に通じる栂海《つがみ》新道、南は蓮華岳《れんげだけ》、船窪岳《ふなくぼだけ》、烏帽子岳《えぼしだけ》までの広い範囲の山々を紹介する。

山名由来

後立山の山名は山岳信仰で古くから開山された富山県側から見て、「立山のうしろ側にある山」ということで名づけられた。日本では古くから立山をはじめ、白山《はくさん》、男《なん》体山《たいさん》など多くの山々が開山され、信仰登山の対象になっていた。反面、後立山では信仰登山の対象となった山は見当たらない。

では立山のうしろにある山とはどの山なのか？一般的には白馬岳から南端は針ノ木峠までの山域とされるが、他説では、もう

丸山付近から望む白馬岳

八方池に映る不帰ノ嶮

写真・文／中西俊明

八方尾根から望む冬の鹿島槍ヶ岳

鹿島槍ヶ岳～五竜岳間の八峰キレット。北アルプス屈指の難所だ

日本最大の収容人数を誇る白馬山荘。宗教施設を除くと日本最古の山小屋でもある

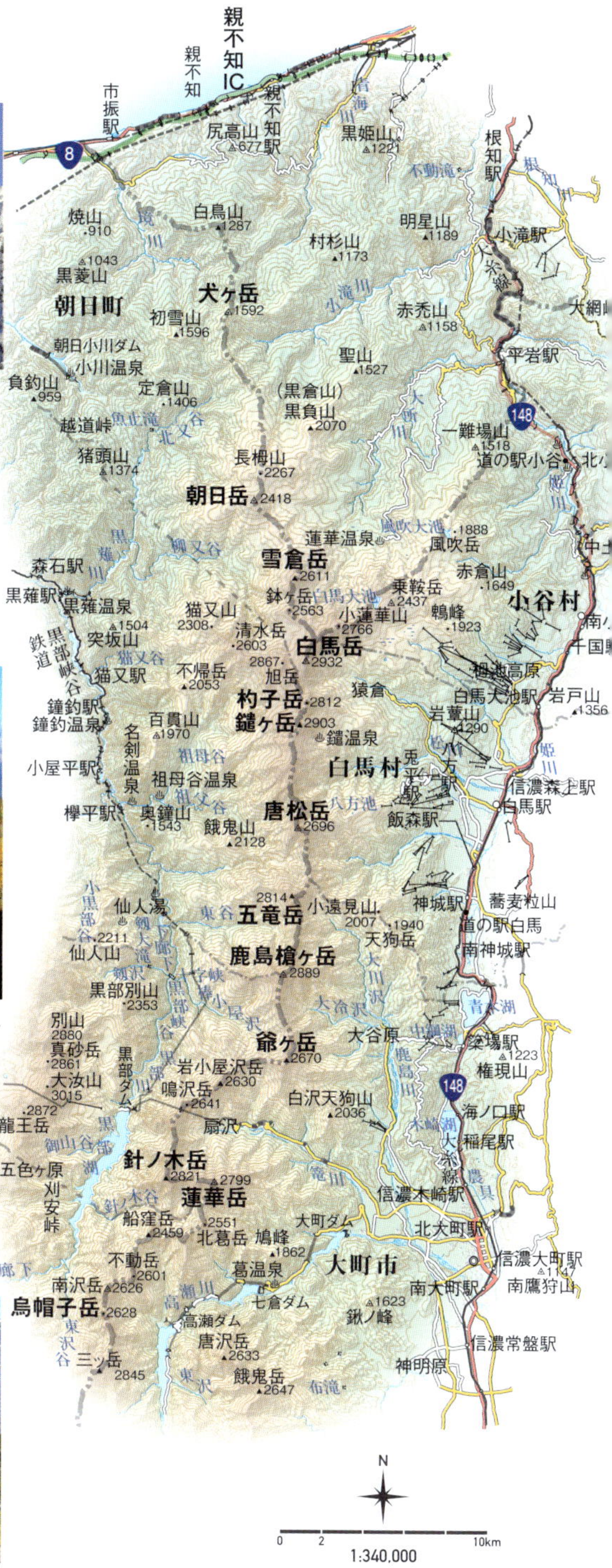

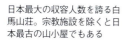

少し範囲を広げて小蓮華山《これんげやま》から蓮華岳までともいわれる。また、鹿島槍ヶ岳の越中側の名称であったという説もある。近年、後立山連峰北部の白馬岳を中心とした小蓮華岳から鑓ヶ岳《やりがだけ》を白馬（はくば／しろうま）連峰とよんでいる。

白馬岳の山名の由来は雪どけが進み、田のしろ掻くころに白馬岳の山肌に「代掻《しろか》き馬」の雪形が現れることから「代馬岳《しろうまだけ》」とよばれ、「白馬岳」になったとされる（他説あり）。後立山では雪形が山名になった山として「御陵《ごりょう》」から五竜岳になった説、「種まき爺さん」から爺ヶ岳などがある。

■登山シーズン

北アルプス北部の白馬岳、鹿島槍ヶ岳、朝日岳などの山々は、日本海側の季節風の影響を受け、積雪が多い山域である。山々が新雪におおわれる11月から5月の積雪期まで、山は深い雪におおわれている。積雪期の登山は、冬山の技術をもった一部の登山者にのみ許された世界となっている。

一般の登山者が安心して登れる登山適期は、稜線から雪が消え登山道が見えはじめる7月になってから。この時期はちょうど梅雨であるが、高山植物がもっとも美しい瞬間である。梅雨明けの7月下旬から8月上旬が夏山の最盛期で、山小屋がもっとも混雑する時期となる。9月下旬の紅葉の季節までが登山シーズンといえる。紅葉の時期は新雪が降るため、稜線を縦走する際は、装備と天候に充分な配慮が必要になる。

■登山コースとグレード

白馬岳への登山コースはいずれも中級コースで、猿倉《さるくら》から大雪渓《だいせっけい》経由、栂池《つがいけ》自然園や蓮華《れんげ》温泉から白馬（はくば／しろうま）大池《おおいけ》経由などがある。白馬岳から杓子・鑓ヶ岳を経て鑓温泉方面、雪倉岳《ゆきくらだけ》から朝日岳方面の花と展望コースなど、各方面に変化に富んだコースが延びる。栂池自然園の散策は初級コースで、残雪が消えるとミズバショウが咲き花の季節に突入し、夏から秋にかけてハイカーや観光客でにぎわう。

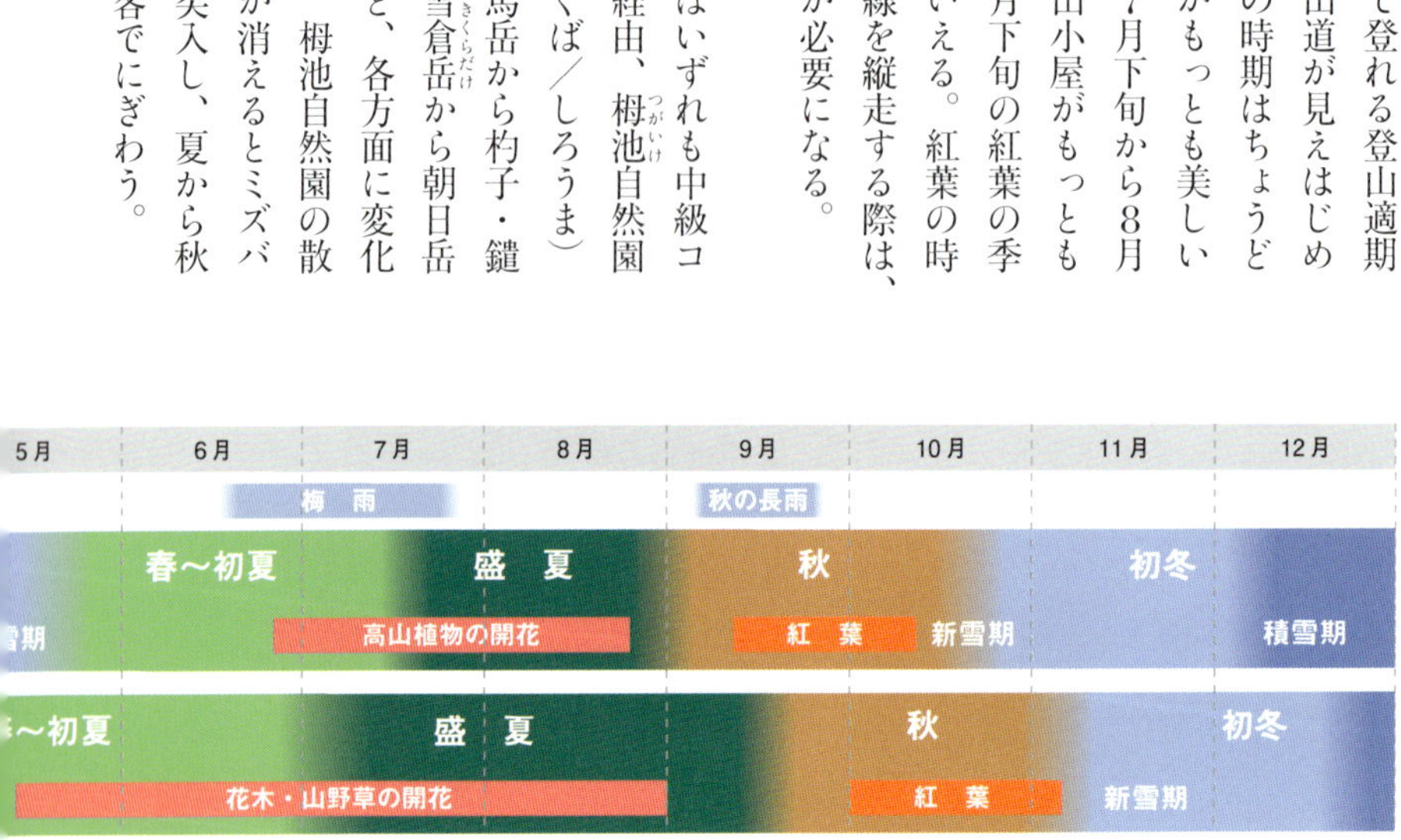

白馬岳から主稜線を南に進むと、唐松岳《からまつだけ》、五竜岳、鹿島槍ヶ岳、爺ヶ岳、針ノ木岳がある。さらに北アルプス南部にいたる山域には、蓮華岳や七倉岳《ななくらだけ》、烏帽子岳などが連なっている。後立山の核心部には上級コースとなる不帰キレット、八峰キレット、蓮華の大下《おおくだ》りなどスリルに満ちた難所がある。

八方《はっぽう》尾根から唐松岳は初級コースで、八方池や白馬（はくば／しろうま）三山《さんざん》など魅力が多く、登山者に人気がある。唐松岳から五竜岳をめざす中級コースは、五竜岳の迫力ある景観が魅力である。秋の遠見《とおみ》尾根も隠れた紅葉の名所でおすすめだ。扇沢《おうぎさわ》を起点に柏原《かしわばら》新道から爺ヶ岳、鹿島槍ヶ岳をめざす中級コースは、種池《たねいけ》のお花畑と優美な双耳峰の絶景が楽しめる人気コースだ。また、種池から赤沢岳《あかざわだけ》、針ノ木岳を周回する中級コースは登山者が少なく、剱《つるぎ》・立山連峰と黒部湖の展望がすばらしい。鹿島槍ヶ岳から五竜岳までの縦走は上級コースで、険しい岩稜が連続し、核心部には八峰キレットが待ち受ける。スリルに満ちた岩稜歩きにチャレンジできるコースでもある。また、蓮華岳から七倉岳から船窪岳、不動岳《ふどうだけ》を経て烏帽子岳まで縦走コースは、恐ろしいほどの崩壊地が連続するコースのため、山慣れた登山者に許された上級コースだ。

■山小屋

朝日岳から針ノ木岳までの山域の主稜線には、要所に施設が整った山小屋がある。稜線や登山コースから残雪が消えた7月上旬にはほとんどの山小屋が営業を開始するので、山小屋を利用した快適な山歩きが計画できる。白馬岳周辺、唐松岳から五竜岳、爺ヶ岳から鹿島槍ヶ岳などの山域ではとくに山小屋が随所にあるので、ゆったりとした計画を立てることが可能だ。一方、白馬岳から朝日岳、五竜岳から鹿島槍ヶ岳、船窪小屋から烏帽子小屋などを縦走するときは小屋間の距離が離れており、早発ちが鉄則。日程に余裕があれば、前夜に登山口の山小屋に泊まり、余裕ある計画を立てよう。

コマクサ（三国境付近）

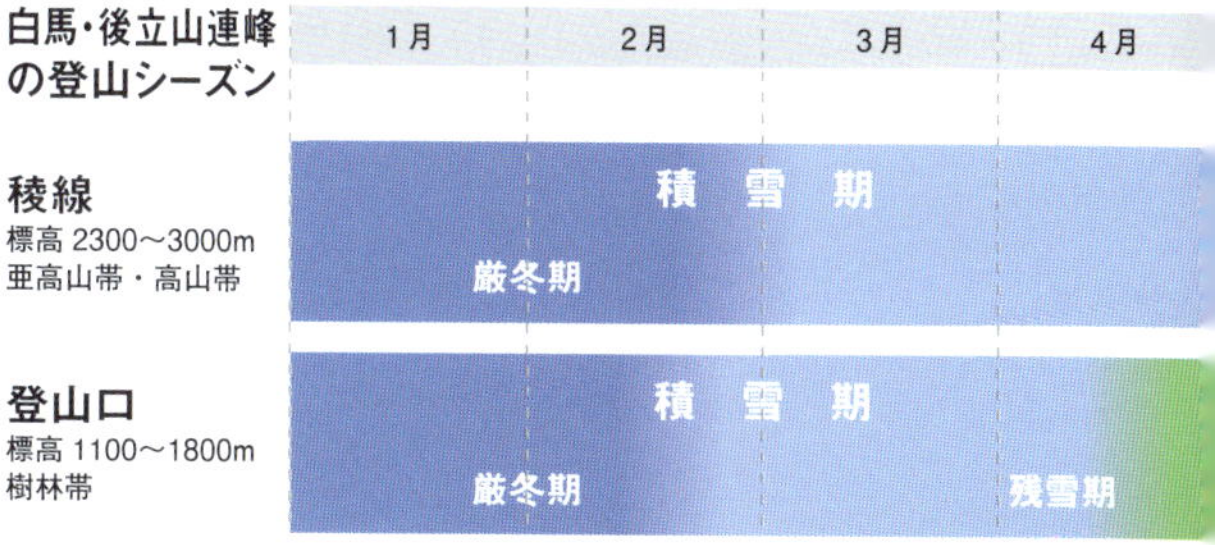

白馬山荘前のお花畑と杓子岳、鑓ヶ岳（撮影／中西俊明）

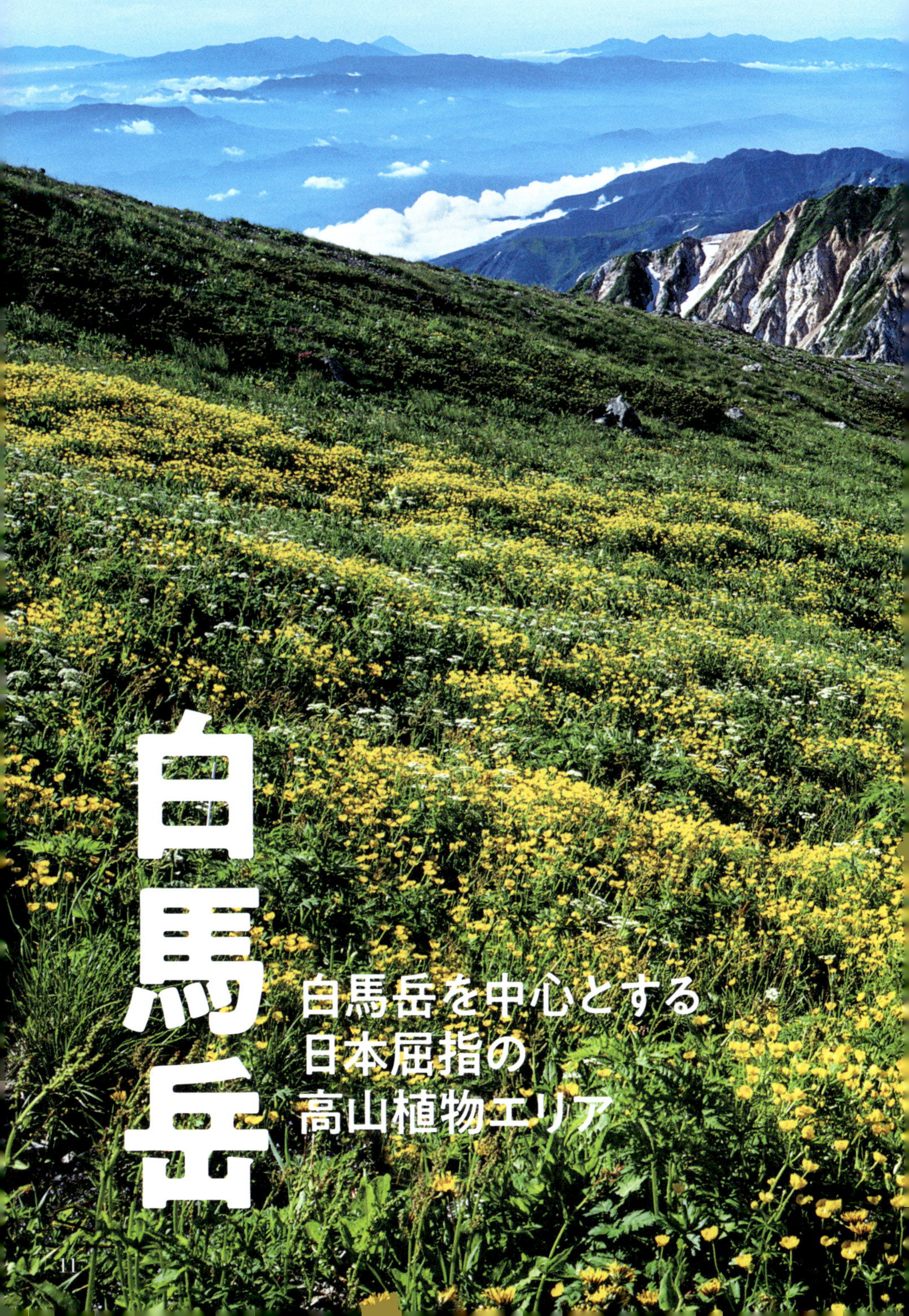
白馬岳
白馬岳を中心とする
日本屈指の
高山植物エリア

2泊3日

白馬岳

大雪渓

人気の大雪渓から絶景と花を愛で山頂をめざす

小蓮華山付近からの白馬岳と後立山連峰

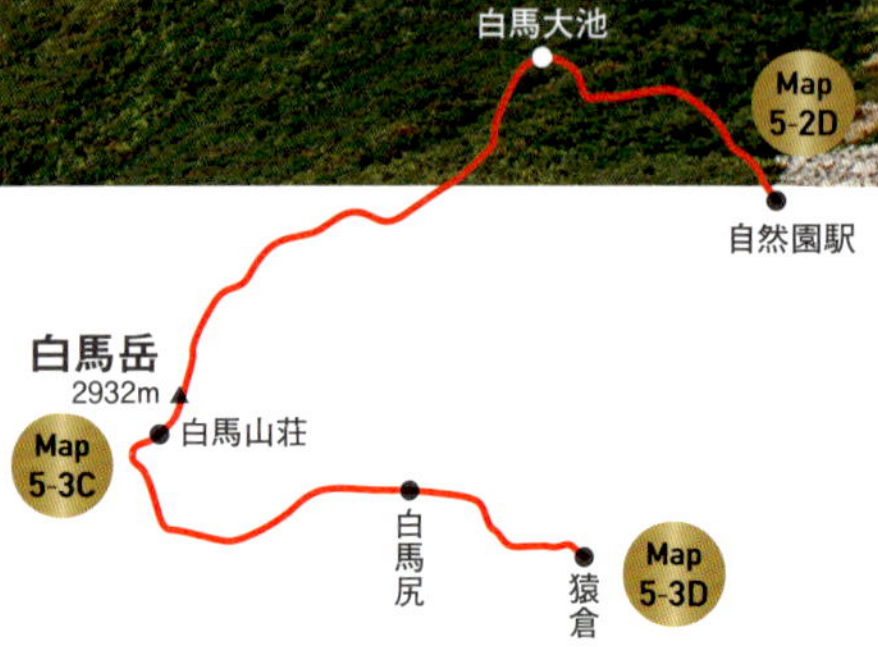

コースグレード｜**中級**

技術度｜★★★☆☆ 3

体力度｜★★☆☆☆ 2

1日目	猿倉→白馬尻　計1時間10分
2日目	白馬尻→葱平→村営頂上宿舎→白馬山荘　計4時間50分
3日目	白馬山荘→白馬岳→三国境→白馬大池→自然園駅　計5時間5分

写真・文／中西俊明

白《しろ》馬岳《うまだけ》は日本三大雪渓のひとつ白馬（はくば／しろうま）大雪渓《だいせっけい》と、百花繚乱の高山植物が魅力の名山である。夏の大雪渓は北アルプス屈指の人気コースで、女性やアルプス入門者に親しまれている。初夏には残雪が消えたスカイラインのお花畑にはみずみずしい高山植物が咲き乱れ、花の山にふさわしい光景が点在する。稜線からの眺望はすばらしく、アルペン的な鋭い岩峰の剱岳《つるぎだけ》、残雪が豊富な立山《たてやま》連峰、ハイマツと白砂の模様が美しい鉢ヶ岳《はちがたけ》や雪倉《ゆきくら》岳《だけ》、澄んだ水をたたえた白馬大池など、白馬岳は変化に富んだ魅力に満ちている。

ここでは誰もがあこがれの白馬大雪渓から白馬岳をめざし、白馬大池から栂池《つがいけ》自然園に下山するコースを紹介する。大雪渓上部では落石の危険があるので、前方に注意して登りたい。山では午後になると雷雲が発生し、落雷の危険が増す。また、ガスが湧き視界がきかなくなるので、午後の早い時間帯に小屋に到着するよう、余裕ある計画を立てること。

葱平は岩がゴツゴツした急登が続く

白馬尻小屋からは大雪渓下部が眺められる

左前方に天狗菱を見ながら白馬大雪渓を登る

1日目 猿倉から白馬尻へ

静かなブナ林に囲まれた**猿倉**《さるくら》には猿倉荘やトイレの施設がある。出発の準備を整え、ストレッチをしたら出発。小屋の横からブナ林に入るとすぐに林道に出て、鑓《やり》温泉への分岐を見送る。初夏のころ、林道ではまぶしいほどの新緑を眺めながら長走《ながばしり》沢を横切る。右下に北俣入《きたまたいり》、前方に小蓮華山《これんげやま》の稜線を見ながら林道終点の御殿場《ごてんば》へ。ここで林道から離れて細い登山道に入る。枝沢を横切ってゆるい登りが**白馬尻**《はくばじり》まで続く。白馬尻周辺は６月下旬から７月中旬まで残雪が残り、林床にはサンカヨウやキヌガサソウの群落が見られる。また、白馬尻小屋前の広場からは大雪渓下部が眺められる。首都圏を早朝出発して、初日は白馬尻小屋までの行程にして翌日に備えよう。午後に白馬尻を出発することは危険が伴うので避ける。

2日目 白馬大雪渓から白馬山荘へ

早朝、小屋前の広場を出ると朝焼けの山稜が望める。小屋から灌木帯を抜ければ、白馬大雪渓の末端に出る。末端から葱平《ねぶかっぴら》まで長さ２㎞ほどの白馬大雪渓は、剱沢《つるぎさわ》雪渓、針ノ木《はりのき》雪渓（Ｐ１０８）と並んで日本三大雪渓のひとつ。白馬岳と杓子《しゃくし》尾根にはさまれた大雪渓は、急な傾斜の連続だ。雪渓歩

小雪渓上部にはお花畑が広がる

杓子岳を望む白馬山荘前のテーブル

きがはじめての人は、アイゼン、ストックなどを準備することで安心して雪渓歩きが楽しめる（軽アイゼンは白馬《はくば》駅前にて有料で借り、白馬《はくば》山荘で返却が可能）。雪渓の取付地点で軽アイゼンを着けて出発しよう。

大雪渓上の中央に赤いベンガラがまかれ、踏み跡からはずれないよう、一歩一歩確実に登る。右前方から合流する雪渓が三号《さんごう》雪渓で、急な雪渓を乗り越えれば、正面には杓子岳《しゃくしだけ》の岩峰・天狗菱《てんぐびし》が青空に映え美しい光景を見せてくれよう。雪渓の左側草地には鮮やかなミヤマキンポウゲが一面に咲き、白馬岳を代表する光景になっている。

夏山シーズン中の雪渓は登山者の列が絶えないので、傾斜がゆるくなった地点で適度に休憩をとりながら登る。大雪渓上部に散乱する無数の岩は、杓子尾根からの落石だ。つねに左前方に注意しながら登りたい。とくに見通しが悪いときは落石に注意しよう。雪渓では長い休憩はとらずになるべく短時間で通過すること。また、大雪渓上部の尾根取付地点はアイゼンをはずす人や休憩する登山者でにぎわうが、休憩は危険がない地点まで登ってからとりたい。

積雪が少ないときや秋は雪渓上部で雪渓から離れ、左岸（下流から見て右側の岸）の巻き道に入る。巻き道は初心者にはきつい急斜面のトラバース（斜面を横切って進むこと）が続くので、滑落に注意して登る。清流を横切り、不安定な岩が目立つ末端から**葱平**の斜面に取り付く。振り返れば、大雪渓上の登山者がアリの行列のように俯瞰できる。

葱平の地名はネギ科のシロウマアサツキが多く生育していたところからつけられたが、最近ではほとんど見かけない。葱平からは、ミヤマシシウ

白馬山荘から白馬山頂へはひと登り

小雪渓を通過しお花畑へ。背後は杓子岳岩峰

ドやシナノキンバイが咲く小尾根をジグザグに登る。岩屑がガラガラに散乱した斜面には雪どけ水が流れこみ、踏み跡をたどって小雪渓《しょうせっけい》をめざす。小雪渓は恐ろしいほどの急斜面を横切るが、通過しやすいように道が刻まれている。雪渓に不慣れな人や不安な人はアイゼンをつけて慎重に通過しよう。背後には、鋭い天狗菱の岩峰がひときわ印象的に眺められる。

小雪渓をすぎると、緊急時に利用できる避難小屋がある。両側にイワオウギやハクサンフウロに埋めつくされた小雪渓上部のお花畑が広がる。高山植物が咲くお花畑の斜面には氷河の遺跡の赤い岩がいくつも残る。白馬岳から杓子岳へ連なるスカイラインが手の届く近さだ。

巨岩をすぎても、村営頂上宿舎までは急な登りが続く。**村営頂上宿舎**前の雪田末端では、おいしい水がのどを潤してくれる。広々とした主稜線に出ると、はじめて望む剱・立山の勇姿に感激するだろう。

朝焼けに輝く杓子岳と鑓ヶ岳

頂上宿舎から山頂までの斜面はウルップソウの群生地で、7月上旬には一面に咲く光景がすばらしい。頂上宿舎から20分ほどで**白馬山荘**に着く。山荘前のお花畑越しに夏雲湧く杓子岳、鑓ヶ岳《やりがたけ》が一望できる。白馬山荘は1906年に開設した日本最初の山小屋である。現在では北アルプス屈指の規模を誇り、飲食を楽しみながら杓子・鑓ヶ岳、劔岳が眺められる展望レストラン・スカイプラザがある。

3日目　白馬岳から白馬大池経由栂池自然園へ

山の行動は早く出発し、早く目的地に着くことが鉄則だ。朝食をすませたらさっそく白馬岳をめざす。山荘からゆるい道を15分ほどで**白馬岳**山頂に着く。山頂の展望盤は新田次郎の小説『強力伝』の題材になったものだ。早朝の山頂は杓子・鑓、劔・立山、朝日岳《あさひだけ》、頸城《くびき》山塊など朝の斜光で輝く山々の大パノラマが広がる。山頂の東側は大雪渓まで鋭く切れ落ちているので、絶対に近づかないこと。

感動の山々を眺めたら、山頂をあとに栂池自然園に向かう。黒部側にはなだらかな風衝草原が広がり、6月中旬に特産種のツクモグサが咲き、7月下旬まで次々と高山植物が咲き乱れている。やせた岩場が馬ノ背《うまのせ》とよばれる地点で、可憐な花に気をとられて転倒しないように下る。**三国境**《さんごくざかい》は長野、富山、新潟の県境で朝日岳方面の分岐があり、西斜面にはコマクサが咲いている。

三国境から白い岩屑の稜線をたどり、小蓮華山へ向かう。この付近には顕著な二重山稜が確認できるところで、地形の成り立ちを観察しながら歩ける。アップダウンの少ない歩きやすい稜線を進み、岩屑の斜面を登り返すと**小蓮華山**である。小蓮華山は後立山《うしろたてやま》連峰では数少ない信仰登山の対象になった山で、越後側では小蓮華山、信州側では大日岳《だいにちだけ》とよばれていた。鉄剣や三角点

好展望の白馬岳山頂

小蓮華山から白馬大池をめざす

が置かれた山頂から望む白馬岳から鹿島槍《かしまやり》ケ岳《がたけ》へと連なる主稜線は、実にすばらしい。

山頂をあとに、いくつかのコブを越えて眺望を楽しみながら稜線を白馬大池に向かう。小蓮華山から少し下った地点に、ハクサンイチゲやコバイケイソウのお花畑が現れる。眼下には、これから向かう白馬大池が印象的に眺められよう。ハイマツに囲まれた雷鳥坂を下ると、赤い屋根が目立つ**白《はく》馬《ば》大池《おおいけ》山荘**へと導かれる。

山荘手前の平坦地がお花畑で残雪が消えるとハクサンコザクラが真っ先に咲き、7月下旬にはチングルマがじゅうたんを敷き詰めたように咲き乱れる。また、山荘前の平坦地はキャンプ指定地にもなり、夏山シーズン中はにぎわっている。白馬大池の北岸に登山道がつけられ、大きな岩は滑らないように通過する。東側から俯瞰する白馬大池は残雪模様を伴い、すばらしい眺めだ。

大きなケルンが置かれた乗鞍岳《のりくらだけ》の山頂部をすぎ、遅くまで雪田が残る斜面を下る。大きな岩がゴロゴロした岩場をゆっくりと下り、眼下には庭園を思わせる天狗原の湿原が一望できる。ナナカマドなどの灌木帯を抜けて**天狗原《てんぐっぱら》**に降りる。池塘や湿原が広がる天狗原はワタスゲが一面に咲くところで、木道からはずれないように進む。

ハイマツ、オオシラビソに囲まれた道を下っていくが、降雨直後などはぬかるんで歩きづらい。栂池自然園入口に出れば、**自然園駅**は近い。時間があれば、栂池自然園（P20参照）を散策していこう。

プランニング&アドバイス

初日は白馬尻小屋に泊まり、2日目に大雪渓から白馬岳までの2泊3日がおすすめ。健脚ならば、猿倉を早朝に出発すれば1泊2日の行程になる。逆コースでも問題ないが、大雪渓の魅力が薄れる。おすすめの時期は、花がきれいで天候も安定する7月下旬から8月上旬。秋になると大雪渓はクレバス（割れ目）が多く登りにくい。軽アイゼンは必須で、ストックがあると登りやすい。大雪渓上部では、落石に充分に注意して登ること。また7月中旬は乗鞍岳斜面は残雪が多く、滑らないようにロープづたいに下る。日程に余裕があれば、もう1泊して栂池自然園（P20）の散策も楽しみたい。

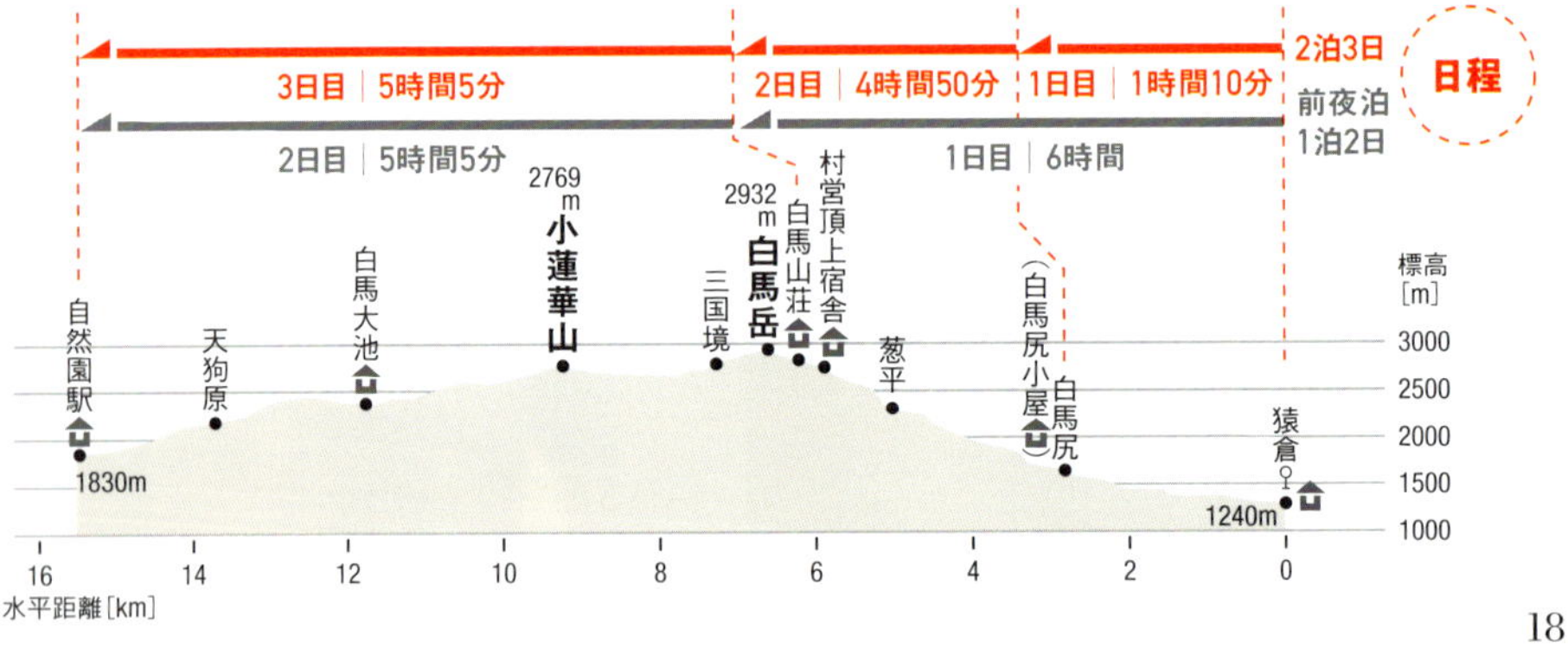

コラム1

白馬大雪渓の歩き方

登山者が列をなして登る光景が夏の風物詩となっている白馬大雪渓は、剱沢《つるぎさわ》、針ノ木《はりのき》とともに日本三大雪渓のひとつ。ここでは、白馬大雪渓を安全に登るポイントと、雪渓がやせた秋のコースを解説する。

大雪渓は雪渓の中央に踏み跡がつけられているので、はずれないように登る。雪渓歩きがはじめての人は、白馬尻《はくばじり》の雪渓取付点で4本爪アイゼン（または6本爪アイゼン）をしっかりつけること。白馬尻から大雪渓上部までの標高差が600mもあるため傾斜がきつく、アイゼンをつけないと滑落する恐れがあるためだ。また、落石や転倒に備えヘルメットもあると安心だ。

大雪渓上部は落石が散乱している

夏の雪渓は表面がスプーンで削ったような凹凸ができている。靴を凹部分にフラットに踏みこんで登ることが基本だ。姿勢はやや前傾させ、歩幅は小さめで登るとよいだろう。ストックがあると、バランスをとりながら快適に登ることができる。

落石が散乱している地点や傾斜が急なところでは、絶対休憩しないこと。傾斜がゆるくなった地点で休憩しよう。前方の落石に気がついたら大声で「ラクッ」と叫び、周辺の登山者に知らせる。落下する石から目を離さず、落下方向から離れるよう避難行動をとることも大切。傾斜のきつい大雪渓上部では、杓子《しゃくし》尾根からの落石がときどき発生するので、前方に注意を払うこと。

秋は大雪渓がやせて、登山コースが大きく変わる。夏の雪渓取付点から右岸の斜面につけられた道を進み、大雪渓の中央付近で雪渓をしばらく登って横切る。モレーン（堆石堤）状の台地を越えた地点で左岸の急斜面に取り付く。滑りやすい急斜面から岩がゴロゴロした沢を横切り、葱平《ねぶかっぴら》の尾根に取り付く。この先は夏道同様のコースを登る。

アイゼンとストックがあると快適に登れる

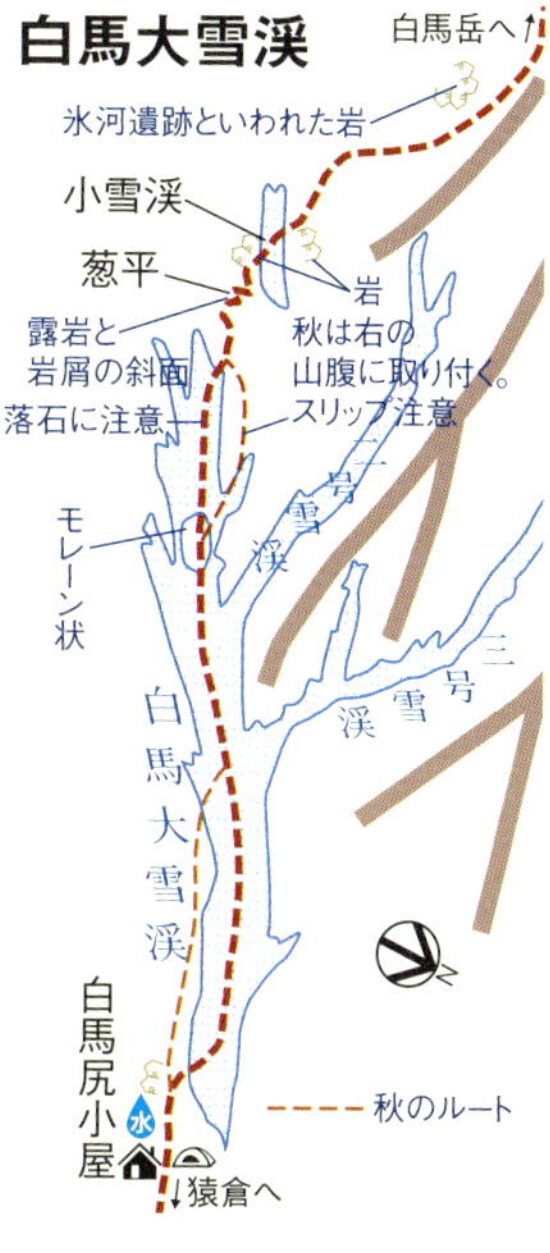

写真・文／中西俊明

サブコース

栂池自然園

自然園駅↓楠川↓浮島湿原↓展望湿原↓自然園駅

3時間10分

標高1900mの高層湿原である栂池《つがいけ》自《し》然園《ぜんえん》は植生が豊かで、初夏にはミズバショウ、盛夏にはコバイケイソウやニッコウキスゲが咲く。秋には湿原は金色に輝き、湿原を囲む斜面はダケカンバやナナカマドがすばらしい紅葉を見せる。10月中旬には紅葉は散り、殺風景なダケカンバの幹と新雪におおわれた白馬三山（右から白馬岳《しろうまだけ》、杓《しゃく》子岳《しだけ》、鑓ヶ岳《やりがたけ》）が冬の到来を告げ、自然園からハイカーの姿が消える。

ロープウェイ**自然園駅**から舗装された道を進み、栂池ビジターセンターに向かう。ビジターセンターでは湿原の成り立ちや高山植物、樹木の解説などが学べるので、立ち寄って知識を得てから自然園に入ろう。自然園には湿原保護のため、木道が整備されている。展望《てんぼう》湿原まで登って周回すると約3時間の行程だ。

自然園入口からミズバショウ湿原に進むと、湿原の正面に白馬三山が眺望できる。残雪が消えた6月中旬にはミズバショウが咲き、8月上旬まで可憐な花が次々と咲く。ミズバショウ湿原はバリアフリーの木道が整備されている。

木道を奥に進むと、林床にはシラネアオイやキヌガサソウが咲いている。岩のあいだから涼しい風が吹く風穴の先がワタスゲ湿原で、秋は前方斜面の紅葉と白馬岳の組み合わせがとくに美しい。ワタスゲとコバイケイソウを見ながら木道を進み、階段を下る。**楠《くす》川**を渡った地点に園内唯一の仮設

Map 5-2D 自然園駅

Map 5-2D 展望湿原

コースグレード	初級
技術度	★☆☆☆☆ 1
体力度	★☆☆☆☆ 1

コバイケイソウ咲く
ミズバショウ湿原

紅葉が美しいワタスゲ湿原からの白馬岳（右）

写真・文／中西俊明

トイレがある。さらに樹林帯を登れば**浮島《うきしま》湿原の入口**に着く。浮島湿原は一周できるように木道が整備されているが、展望湿原の帰りに寄ることにしよう。

分岐を直進し、途中、小さなモウセン池や展望地で自然園を見て、展望湿原に向かう。モウセン池から20分ほどで**展望湿原**に着く。ベンチが置かれた展望台は、正面に白馬三山と白馬大雪渓《はくばだいせっけい》が眺められる。紅葉の季節は草モミジとナナカマド、ダケカンバの彩りと新雪の白馬三山が美しい。

展望湿原から尾根づたいに進み、ミツバツツジ咲く急坂を下れば浮島湿原に出る。浮島湿原は7月下旬にニッコウキスゲとアヤメが一面に咲き、百花繚乱の花景色が広がる。湿原の中央には池塘に浮く小さな島を見ることできる。紅葉の季節は池塘と新雪の白馬岳が絵ハガキのように眺められる。

浮島湿原入口からは、往路をゆっくり花を観察しながら**自然園駅**に戻りたい。

展望湿原から望む新雪の白馬三山

ワタスゲが群生する浮島湿原

プランニング&アドバイス

ミズバショウは、雪が消えた6月中旬〜7月上旬までが見ごろ。自然園で群生する花は、ワタスゲにコバイケイソウ、ニッコウキスゲで、7月下旬〜8月上旬まで咲く。紅葉は9月下旬〜10月上旬が見ごろ。歩く際は木道からはずれないようにする。また、ぬれているときや秋の霜がついていると滑りやすい。展望湿原から浮島湿原までは急な下りが続くので、転倒に注意。

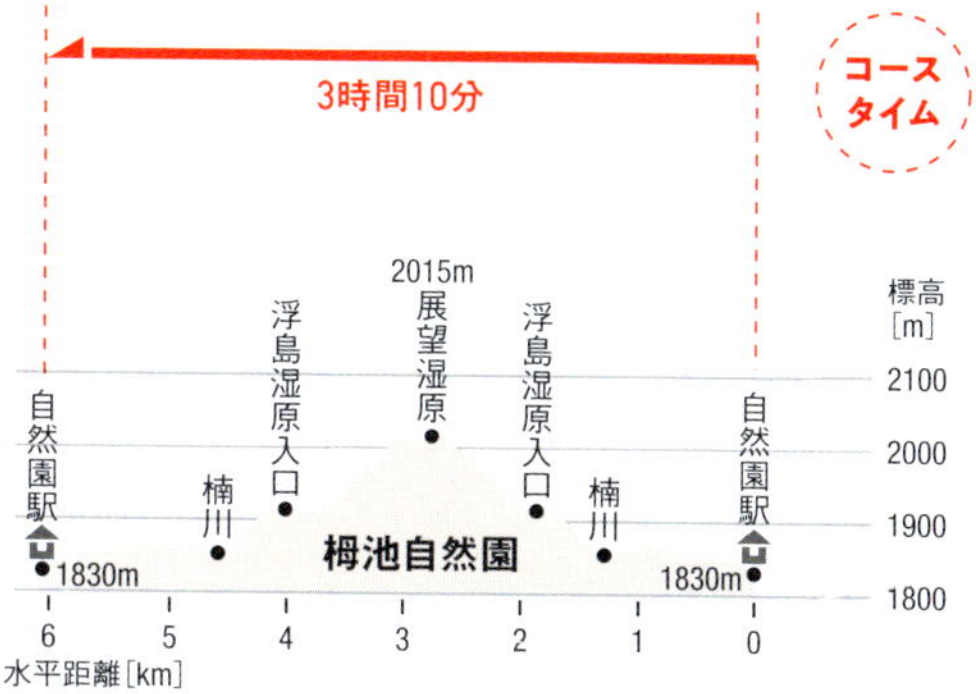

正面に雄大な白馬岳を眺めながら三国境をめざす

白《しろ》馬岳《うまだけ》は百花繚乱の高山植物、雲上の高山湖、残雪輝くアルペン的な大パノラマ、盛夏の大雪渓《だいせっけい》など魅力に満ちた人気の名山。とくに白馬岳を中心とした稜線の高山植物帯は特別天然記念物に指定されている。白馬岳へのコースは白馬大雪渓（P12コース1）などいくつもあるが、最近では栂池《つがいけ》自然園から白馬大池、小蓮華山《これんげやま》経由の稜線コースに人気がある。行程の長いコースだが、危険な岩場がなく初心者や女性でも安心して登れる。

天狗原《てんぐっぱら》や白馬大池に広がるお花畑、小蓮華山の稜線から眺望する後立山《うしろたてやま》連峰の山々などがすばらしい。また、鑓《やり》ヶ岳《がたけ》中腹にある源泉かけ流しの白馬鑓《はくばやり》温泉は、温泉好きにはあこがれの山の秘湯であろう。

ここでは栂池自然園から入山して、白馬岳、杓子岳《しゃくしだけ》、鑓ヶ岳を縦走して猿倉へ下る、3日間のコースを紹介しよう。白馬鑓温泉の営業は7月中旬から9月下旬までになっている。高山植物の競演は7月中旬〜8月上旬がおすすめである。

栂池自然園からダケカンバのなかの道を登る

剣が置かれた小蓮華山は好展望の休憩適地

写真・文／中西俊明

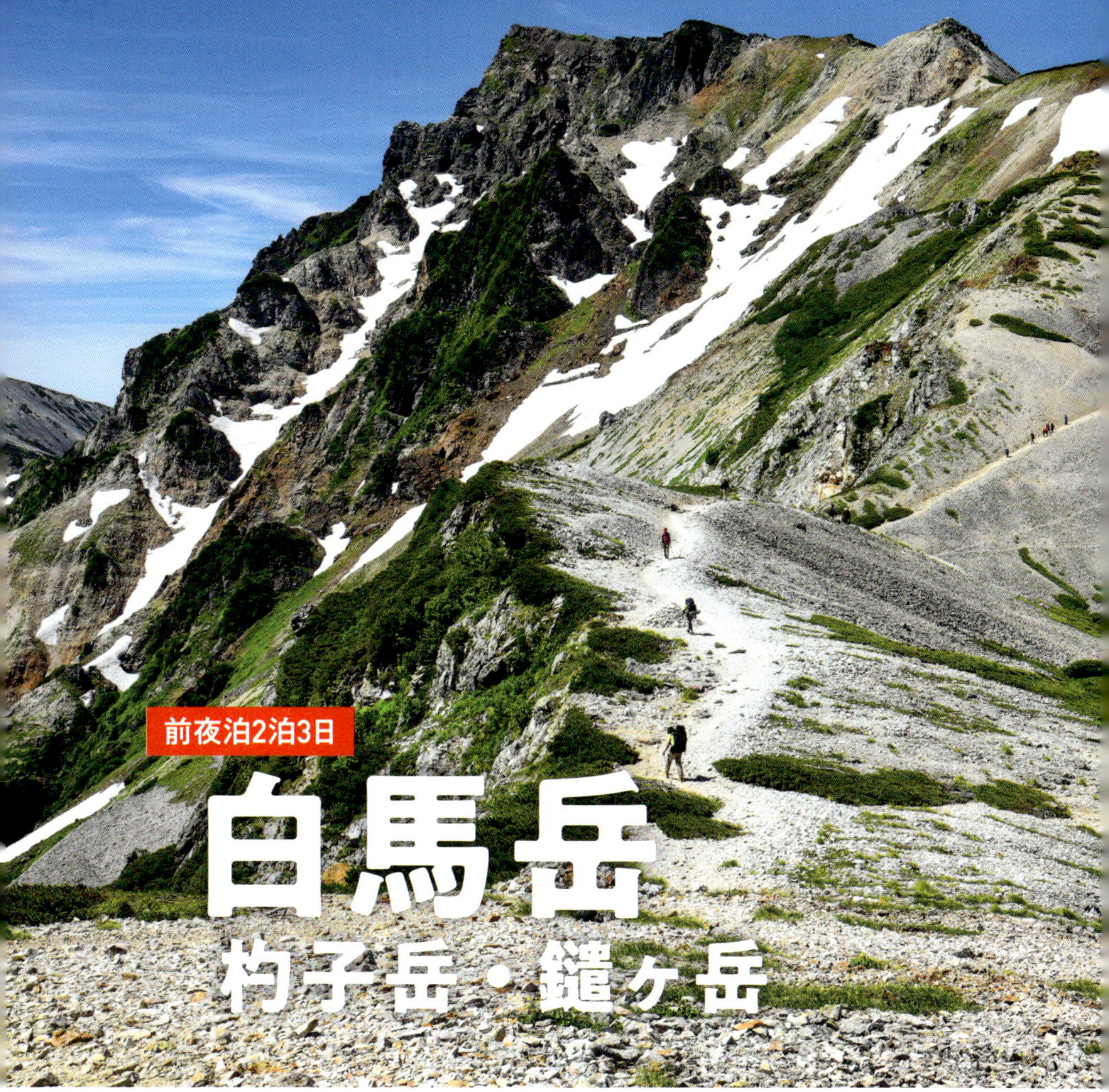

前夜泊2泊3日

白馬岳
杓子岳・鑓ヶ岳

コースグレード | **中級**

技術度 | ★★★☆☆ 3

体力度 | ★★★☆☆ 3

残雪輝く絶景と百花繚乱の花を楽しみ鑓温泉へ

1日目	自然園駅→白馬大池→小蓮華山→白馬岳→白馬山荘	計6時間50分
2日目	白馬山荘→鑓ヶ岳→鑓温泉分岐点→白馬鑓温泉小屋	計4時間35分
3日目	白馬鑓温泉小屋→小日向のコル→猿倉	計4時間

1日目 栂池自然園から白馬岳へ

栂池高原でバスを降り、パノラマウェイで**自然園駅**に向かう。ゴンドラから新緑と残雪輝く白馬岳と後立山連峰の大パノラマが見渡せる。自然園駅から舗装された林道を進み、ビジターセンター手前の白馬岳登山口へ。クマザサの斜面にはダケカンバが目立ち、新緑と紅葉の時期はとくに美しい。

急斜面につけられた登山道は、ゆるくカーブしながら天狗原へ向かう。右手に高妻《たかつま》山《やま》や妙高山《みょうこうさん》が眺められる地点まで登ると傾斜がゆるんで、銀冷水《ぎんれいすい》の水場に着く。ここでは冷たい水が補給できる。少し登るとチングルマ咲く平坦地に出て、ハイマツ帯を乗り越えれば**天狗原**に到着する。高層湿原の天狗原は、初夏にはアヤメやワタスゲが一面に咲くところ。東側の岩場には祠が置かれ、白馬三山の眺望がすばらしい。正面の平坦な台地がめざす乗鞍岳《のりくらだけ》だ。

整備された木道を進み、風吹大池《かざふきおおいけ》方面の分岐を右に見送る。ナナカマドの灌木に囲まれたゴーロ状の急斜面を直登する。岩がぬれていると、滑りやすいので注意しよう。紅葉シーズンはナナカマドの彩りに囲まれた登山道を行く。ナナカマドとダケカンバの灌木帯を抜ければ、後方に天狗原が広がる。左にカーブして巨岩がゴロゴロした道を進む。7月上旬や残雪が多い年は、急な雪渓に苦しめられるところだ。

岩場から雪田を横切れば乗鞍岳の東端に出る。平坦な頂稜部は露岩まじりのハイマツ帯で、中心部には目印となる大きなケルンがある。さらに進むと青く澄んだ白馬大池と赤い屋根の白馬大池《はくばおおいけ》山荘、残雪の雪倉《ゆきくら》岳《だけ》が現れる。白馬岳を代表する爽快な光景

白馬大池をめざして東池畔を進む

初夏の乗鞍岳の斜面は残雪が多い

鑓ヶ岳から朝の斜光に輝く杓子岳と白馬岳

には、誰もが感動するだろう。

　巨岩づたいに池畔の東側を進めば**白馬大池山荘**前に出る。北側池畔はナナカマドが多く、紅葉のおすすめポイントになっている。白馬大池山荘前は水が得られ、夏山シーズン中はカラフルなテントでにぎわっている。7月下旬になると、池畔周辺のお花畑にはハクサンコザクラ、ハクサンイチゲ、チングルマが密度濃く咲き、花の山にふさわしい光景が広がる。

　白馬大池山荘を出ると、すぐ蓮華《れんげ》温泉からの登山道が合流する。白馬大池を見下ろせる広々としたハイマツ帯の稜線に出ると、前方にはおおらかな小蓮華山と雪倉岳の全容が見わたせる。雷鳥《らいちょう》坂はハイマツがモザイク状に広がり、ライチョウが生息しそうな斜面だ。船腰《ふなこし》ノ頭《かしら》は小蓮華山から延びた稜線の最初のピークで、杓子岳から鹿島槍《かしまやり》ヶ岳《がたけ》までの主稜が視界に飛びこむ。

　登山道脇に咲くミヤマアズマ、ハクサンイチゲの花に励まされて徐々に高度をかせぐ。小蓮華山が近づくと、白馬岳が荒々しい山容を見せてくれる。可憐な花と、眺望を楽しみながら、小蓮華山をめざす。

　岩ザクの**小蓮華山**は白馬大池と白馬岳の中間地点で、絶好の休憩地だ。後立山連峰では唯一信仰の対象になっていた山で、信州では大日岳《だいにちだけ》とよばれていた。２００７年に山頂の一角が崩壊してしまったが、山頂

非対称山稜の白馬岳山頂

展望盤が置かれた白馬岳山頂

には鉄剣が祀られている。

　小蓮華山から殺風景なザクの斜面をゆるく下り、前方に白馬岳の雄姿を眺めながら白ザレの斜面を三国境《さんごくざかい》へ登り返す。**三国境**は長野、新潟、富山3県の県境になり、朝《あさ》日岳《ひだけ》縦走の分岐点がある。鉢ヶ岳《はちがだけ》方面に展開するハイマツと残雪模様が織りなす爽快な夏山風景は、白馬岳にふさわしい光景だ。

　三国境から白馬山頂まで1時間ほどの登りが残っている。登山道の東斜面にはミヤマアズマギクなどの花が多い。馬ノ背《うまのせ》とよばれるやせた岩場を越えて、弓状に延びた稜線の先端が標高2932mの**白馬岳**山頂だ。山頂の黒部《くろべ》側はなだらかな風衝草原で、大雪渓側は切れ落ちた非対称山稜となっている。晴れていれば劔《つるぎ》・立山《たてやま》連峰や杓子・鑓ヶ岳、その奥には穂高《ほたか》連峰まで視界に飛びこんでくる。

　白馬岳から10分も下れば**白馬《はくば》山荘**に着く。山荘前から望むお花畑越しの杓子・鑓ヶ岳は、白馬岳を代表する光景になっている。

白馬岳付近からの南方面の大パノラマ

2日目 白馬岳から鑓温泉へ

朝の斜光で輝く剱岳《つるぎだけ》や立山連峰を眺めながら広々とした稜線をゆるく下り、杓子・鑓ヶ岳に向かう。稜線は白馬岳をめざす登山者や、杓子岳方面に向かう登山者でにぎわう時間帯だ。頂上宿舎裏の稜線で祖母谷《ばばだに》温泉方面への分岐を見送り、丸山《まるやま》の展望台へ。振り返れば白馬岳の非対称山稜の特徴がはっきり確認できる。また、黒部峡谷越しには荒々しい剱岳の雄姿が印象的だ。7月上旬、山頂から丸山周辺の斜面はウルップソウが一面に咲く群生地である。

ミヤマダイコンソウなどの高山植物が咲き乱れるお花畑越しに白馬岳を見ながら**杓子岳**との鞍部まで下り、杓子岳の山腹まで登り返す。左には杓子岳山頂への踏み跡があるが、ここでは山頂を見送り、山腹のフラットな登山道を進む。

杓子沢《しゃくしざわ》のコルから鑓ヶ岳へ急斜面をジグザクに登る。途中の草地には高山植物が顔を見せる。白いザクの斜面を左に進めば**鑓ヶ岳**に着く。登山者が少ない山頂だけに、静かでゆっくり休憩ができる。展望は抜群で、振り返れば杓子岳と白馬岳、前方には天狗《てんぐ》ノ《の》頭《かしら》から鹿島槍ヶ岳へと連なる後立山連峰の主稜、さらに奥には槍《やり》・穂高《ほたか》まではっきり確認できる。2日目の行程は短いので、大パノラマを存分に楽しんでいこう。

山頂からは白いザレの斜面を下り、**鑓温泉分岐**まではワンピッチだ。道標に導かれて主稜線を離れ、ガレ場の急斜面をジグザグに下る。初夏のころは大きな雪田が残っ

鑓温泉小屋の露天風呂は広々としている

大出原のお花畑から稜線を見る

ているので、滑らないように下る。雪田下まで下れば、ハクサンコザクラやチングルマの密度が濃くなる。この斜面は大出原《おいでっぱら》とよばれる、白馬岳を代表するお花畑のひとつ。初夏から盛夏にかけて、いろいろな高山植物が咲くところだ。

しばらく進むとナナカマドの灌木帯に入り、ジグザグに下る。露岩帯にはクサリが固定されているので、滑落しないように慎重に通過しよう。右に深い沢の雪渓を見ながら下れば**白馬鑓温泉小屋**に着く。小屋の前には大きな露天風呂があるので、雄大な光景を眺めながらゆっくり入浴できる。女性専用の風呂もあるので安心だ。

3日目 鑓温泉から猿倉へ下る

鑓温泉からテント場を抜け猿倉《さるくら》に向かう。雪が多いときは雪渓に赤い印がつけられ、コースからはずれないように下る。鑓《やり》沢や杓子沢の雪渓上には落石が転がっている。上部からの落石に注意し、短時間で通過しよう。また、双子《ふたご》尾根南面の登山道までのあいだは道が不安定な部分があり、コースからはずれ

鑓ヶ岳からは後立山連峰の核心部を一望

鑓温泉からの下りは夏でも沢に残雪が多い

コラム2

「シロウマ」と「ハクバ」

文／矢口 拓

「白馬」の呼び方をめぐっては、「ハクバ」と「シロウマ」の両論がある。論争は結論を見ないが、本書では併記する形をとっている。

「代掻き馬」の雪形からシロウマになったという説は、白馬岳が「代馬岳《しろうまだけ》」から転じたとされる。江戸時代に白馬になったといわれるが、文献や地図などで代掻岳の記述は発見されていない。

一方、村名や山小屋の名にもある「ハクバ」は、山容が白い馬であることが由来。本来の代掻《しろか》き馬の雪形は小蓮華岳に現れる仔馬を指し、白馬岳につながらないという。「白馬乗鞍」は馬の鞍の部分にあたる現在の三国境だといい、文政7（1824）年ごろの地図に「白馬嶽」の記述がある。

ないよう慎重に行動する。

山腹を大きく回りこんで、小日向《おびなた》のコルをめざす。**小日向のコル**は杓子尾根と小日《おび》向山《なたやま》との鞍部で、少し進むと湿原が広がりミズバショウやニッコウキスゲが咲いている。鑓温泉と猿倉のちょうど中間地点だ。

小休止をして猿倉をめざす。ダケカンバなどの樹林帯から、小さな沢を何本か横切る。やがてブナ林を下って林道に飛び出る。5分足らずで**猿倉**に到着する。

プランニング&アドバイス

白馬岳まで行程が長いので、栂池高原で始発のゴンドラに乗る。前日、栂池自然園の宿泊施設に泊まると1日目の行程に余裕がもてる。余裕があれば1日目は白馬大池、2日目に白馬岳、3日目に鑓温泉に宿泊する4日間がおすすめ。お花畑は白馬大池、白馬岳山頂から丸山周辺、大出原に白馬岳を代表するお花畑が広がる。花の見ごろは梅雨明けの7月下旬~8月上旬にかけて。鑓温泉の営業は9月下旬までで、紅葉の季節は事前に確認のこと。逆コースは鑓ヶ岳まで急登が続くだけに、おすすめできない。山中は午後になると雷雲が発生するので注意する。鑓沢、杓子沢の雪渓を通過するときは落石に注意し、すばやく通過しよう。

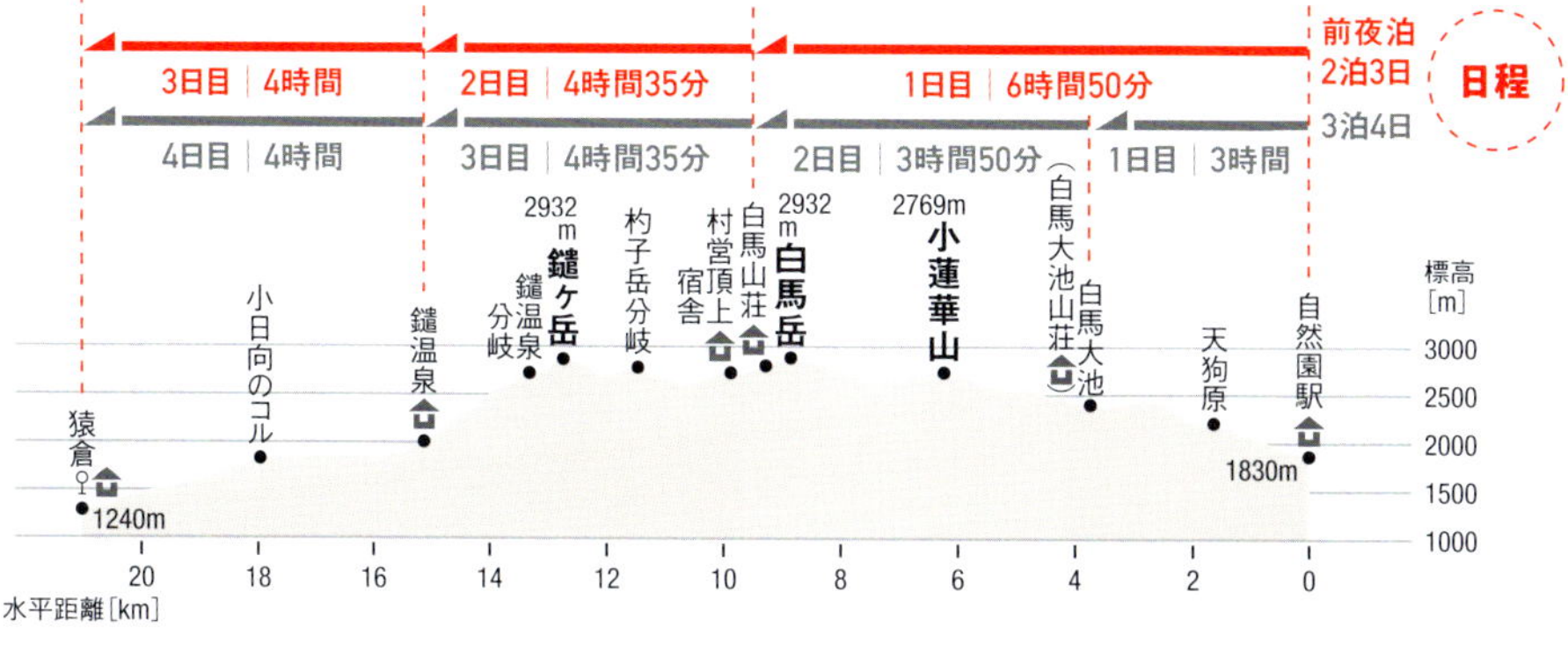

サブコース

白馬岳から祖母谷温泉

白馬山荘↓清水岳↓不帰岳避難小屋↓祖母谷温泉↓欅平駅 計8時間15分

Map 5-3B 白馬山荘

Map 3-2C 欅平駅

コースグレード	上級
技術度	★★★☆☆ 3
体力度	★★★★☆ 4

白馬岳《しろうまだけ》から富山側の祖母谷《ばばだに》温泉をめざすコースは、北アルプス屈指の長丁場だが、高山植物や剱岳《つるぎだけ》の眺望がすばらしい稜線から急峻な壁がせまる黒部《くろべ》峡谷にいたる、変化に富んだ道のりだ。白馬・後立山《うしろたてやま》連峰のなかでも、ひと味違う山行が楽しめる。

1日目 **白馬《はくば》山荘**へはP12コース1、P22コース2などを参照のこと。

2日目 白馬山荘を早朝に発ち、杓子岳《しゃくしだけ》方面に15分ほど下った**村営頂上宿舎**近くの分岐を、旭岳《あさひだけ》方面へ進む。夏まで雪が各所に残り、お花畑が点在する道を進み、季節によっては雪田がある旭岳の南斜面を横切る。登り下りを小刻みに繰り返しながら、裏旭《うらあさひ》岳《だけ》、ついで小旭岳《こあさひだけ》を通過すれば、またお花畑が点在し、清水平《しょうずだいら》にいたる。

小休憩にちょうどよい清水平は砂礫が広がり、可憐なコマクサを見ることができる。また、場所を移せば、草地に花々が咲いている。ただし清水岳《しょうずだけ》方面をめざす際、南西方向に延びる尾根に入らないように気をつけたい。ゆるやかな道を清水岳に向かう途中、残雪があれば水の補給ができる。

清水岳山頂から南西方向に進み、清水尾根を下っていく。目の前に勇壮な剱岳を望み、向こうに北アルプスの山々の遠望、左手に白馬三山が広がる。紅葉のころには黒部の谷まで色づいた、すばらしい景色も楽しめる。小さな池塘も点在し、ここでも花を愛でることができる。

徐々に標高を下げると、木々が姿を現す。

野趣あふれる祖母谷温泉の外湯

清水岳への道から清水尾根越しに剱岳や毛勝山を望む

写真・文／矢口 拓

急な下りがひたすら続く百貫の大下り

シラビソやダケカンバだ。小さな登りを経て猫又《ねこまた》峠を通過すれば、緊急時に利用できる**不帰岳《かえらずだけ》避難小屋**に到着する。白馬岳と祖母谷温泉のほぼ中間地点だ。水場は小屋から少し下った場所にある。

不帰岳避難小屋を出るとクサリ場があり、これを慎重に下る。標高が低くなるにつれて濃い樹林帯となり、谷あいへと入る。黒部峡谷の懐に近づいたことを実感しながら百貫山《ひゃっかんやま》の鞍部にいたる。つづら折りが多い百貫の大下《おおくだ》りはブナ中心の樹林帯で、新緑、紅葉ともに美しい。しかし、急な下りやガレた沢、滑りやすい箇所が複数あるほか、撤去作業が行われているが場合によって倒木があるので、足もとに注意して進もう。

ロープが張られた急な登山道を下ると、名剣《めいけん》沢に出る。残雪や雨天時の通過の際は気をつけよう。沢を抜けて林道を進めば祖母谷温泉は近い。左手の川沿いから源泉の湯気が上がり、鉄橋の手前を右に行くと**山小屋祖母谷温泉**だ。広い露天風呂と山の幸も入った手づくりの料理で、長丁場の下りの疲れを癒したい。

3日目 祖母谷温泉から黒部峡谷鉄道**欅平《けやきだいら》駅**へは、30分ほどの渓谷沿いのトレッキングだ。夏山のハイシーズンや紅葉の時期は観光客が急増してトロッコ電車の待ち時間が延びる場合があるので、注意が必要だ。

プランニング&アドバイス

花の見ごろとなる7月下旬～8月上旬と紅葉のころがおすすめだが、長丁場だけに早朝に出発したい。不帰岳避難小屋までは景色のよい尾根歩きだが、以降は樹林帯となる。夏は気温も上がるため、こまめな水分補給を心がけるとよい。アクシデントがあったら不帰岳避難小屋も利用できる。残雪期は雪田や沢筋など、雪の上を歩く場合もあるため、足もとに注意しよう。

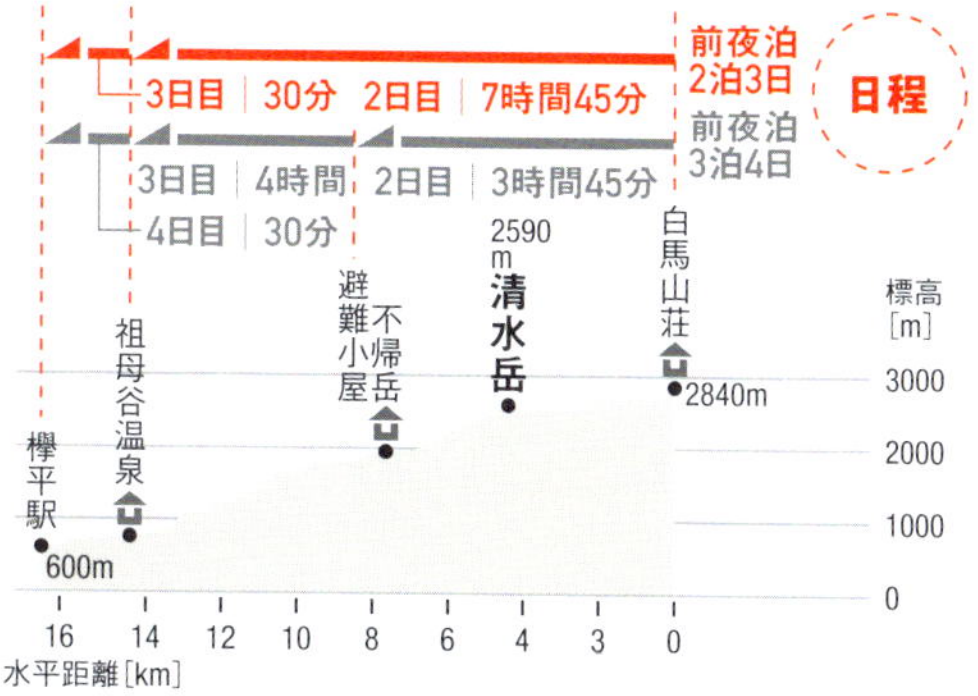

コラム3

白馬岳のおすすめ撮影ポイント

白馬岳《しろうまだけ》は大雪渓と高山植物で人気の北アルプスを代表する名山だ。山頂をめざすルートは変化に富み、どのルートを選んでも感動の光景に遭遇する。百花繚乱のお花畑、豪快な山並み、澄んだ湖沼、雲海に浮く山並み、荘厳な日の出など、山を撮影するカメラマンにとっては被写体の宝庫といえる。撮影計画を立てる際は、高山植物や新緑、紅葉などの被写体が、もっとも美しく輝く瞬間を狙うことが大切だ。光を選び、斜光線を利用することで、山容が立体的で質感豊かに表現できることを覚えておこう。また、撮影地点までの時間に余裕をもち、撮りたい被写体がもっとも印象的に輝く瞬間を待つことも重要だ。さらに奥行きや高度感、季節感、特徴的な山容を入れることで臨場感が増し、写真の完成度が高くなる。

ここでは、白馬岳周辺でどんな被写体が撮影できるのか、おすすめの撮影ポイントで撮影した作例を紹介しよう。

お花畑と杓子・鑓ヶ岳

撮影場所：白馬山荘前

白馬山荘のアルペンプラザ前の斜面は、7月下旬にミヤマキンポウゲやコバイケイソウなどの高山植物が密度濃く咲く。お花畑を前景に夏雲湧く杓子・鑓ヶ岳を背後にすると、白馬岳を代表する写真が撮れる。朝夕の斜光で輝く杓子・鑓ヶ岳は望遠ズームでフレーミングすれば力強い写真になる

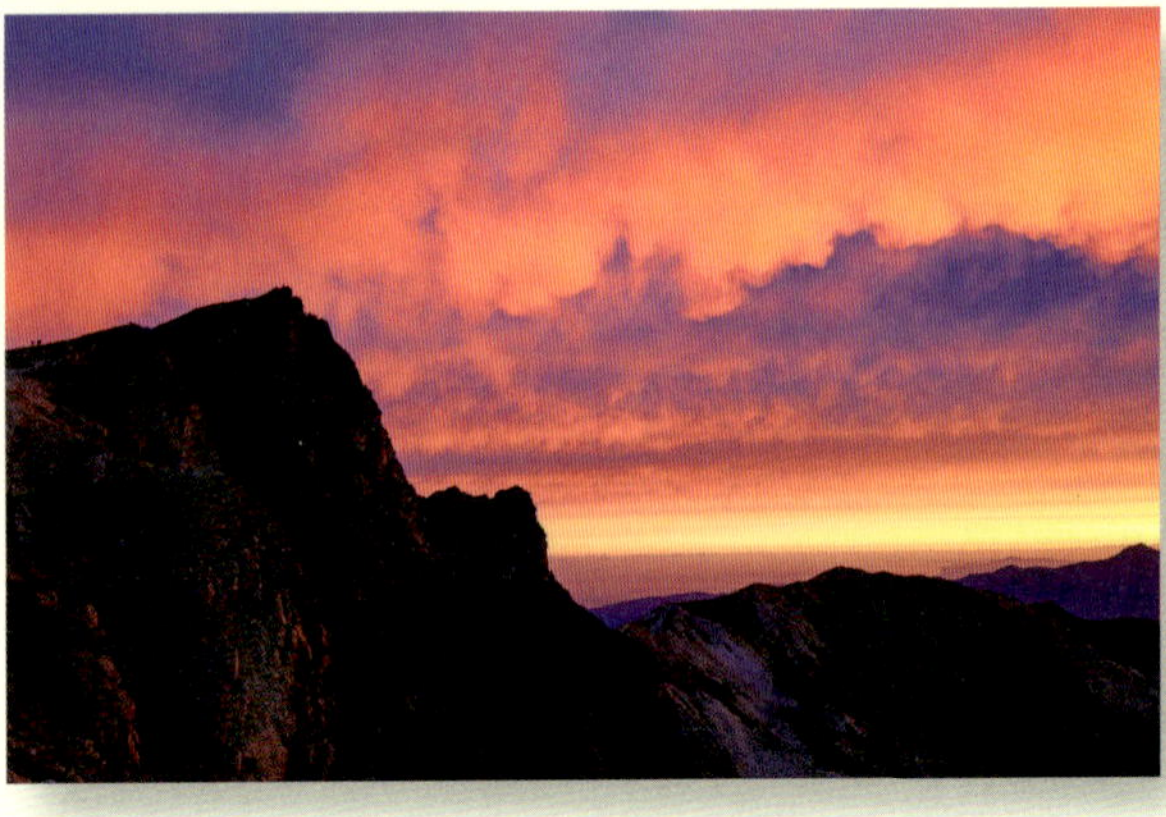

朝焼けの雲と白馬岳

撮影場所：白馬山荘裏手の東側

東の空が燃えるように染めながらのご来光は荘厳な瞬間。日の出の20分ほどから準備すると白馬岳上空の雲が真っ赤に染まりはじめた。白馬岳と小蓮華山の特徴ある山容がシルエットになることを見越し、真っ赤に染まる雲を主役に撮影した。雲海ができていれば広大な雲海に朝の斜光が差す光景も撮影できる。白馬山荘裏手の東側がご来光と雲海を撮影する絶好のポイント

写真・文／中西俊明

白馬岳と後立山主稜
撮影場所：小蓮華山付近

小蓮華山付近から白馬岳～鹿島槍ヶ岳方面の後立山連峰を眺めると、フォッサマグナの縁にあたる荒々しい岩壁が一望できる。太陽が昇ると大雪渓や山麓方面から雲が湧きだし、後立山連峰の主稜と雲を活かしてまとめると夏の臨場感が盛りこまれる。小蓮華山から少し下ったお花畑を前景に白馬三山を組み合わせれば、夏の白馬岳にふさわしい写真が撮れる

星の光跡
撮影場所：白馬山荘

近年、山で星空撮影の人気が高まっている。白馬山荘付近から南方を超広角レンズで30分間の星の光跡を撮影するが、星空の撮影では構図が大切。山麓の光とシルエットの山稜は画面下に15～25%前後の比率で入れ、残りの大部分は星空で画面構成する。撮影の際は水平にも注意。作例は30分間の星の光跡を比較明合成（コンポジット）で星の光跡として作成した。天の川と山稜の組み合わせもすばらしい写真になる

紅葉と白馬岳
撮影場所：栂池自然園

白馬岳周辺における紅葉の名所・栂池自然園。ワタスゲ湿原入口付近から紅葉の斜面と白馬岳の山容を組み合わせれば、みごとな紅葉風景が撮影できる。望遠ズームで白馬岳の山容と紅葉の山肌のバランスを考えて画面構成する。ここでは大雪渓から舞い上がる雲を待って撮影した。ミズバショウ湿原や浮島湿原からも、すばらしい紅葉風景が撮影できる

その他の主な撮影ポイント

①鉢ヶ岳東斜面のお花畑　②大出原のお花畑
③鑓ヶ岳山頂から白馬岳と杓子岳　④大雪渓では登山者と天狗菱の岩稜

白馬岳

蓮華温泉 白馬大池

前夜泊1泊2日

ナナカマドの花咲く夏の白馬大池

コースグレード	中級
技術度	★★★☆☆ 3
体力度	★★★☆☆ 3

1日目	蓮華温泉→ 白馬大池→ 三国境→ 白馬岳→ 白馬山荘	計7時間
2日目	白馬山荘→ 村営頂上山荘→ 葱平→ 白馬尻→ 猿倉	計3時間45分

写真・文／菊池哲男

秘湯と高山植物
山頂からの大展望まで
魅力満載の縦走コース

蓮《れん》華《げ》温泉から白馬大池を経由し、白馬《しろうま》岳《だけ》をめざすコースは急登も少なく、歩きやすいことがポイントだ。起点の蓮華温泉は戦国の武将・上杉謙信が雪倉岳《ゆきくらだけ》の東山腹に鉱山開発を行った際に発見されたとつたえられる歴史ある名湯。蓮華温泉ロッジは白馬岳中腹、標高1475mの高所にある一軒宿の温泉で、1894（明治27）年7月、あのウェストンが初の白馬岳登山の際に利用している。内風呂のほかに少し登ったところに「仙気《せんき》の湯」「薬師《やくし》湯」「黄《おう》金《ごん》湯」など4つの野天風呂が点在し、山の秘湯として人気が高い。このプランはこの温泉の魅力が売りのひとつであることはいうまでもないだろう。

白馬大池は風吹大池《かざふきおおいけ》に次ぐ北アルプス第2位の大きさを誇る山上湖で、キラキラと水面が光る池畔にはハクサンイチゲやハクサンコザクラなどの群落が見られ、白馬大《はくばおお》池《いけ》山荘もあるので時間的に1日で白馬岳まで行くのが難しいときや、天気の急変時などにとても好都合だ。

小蓮華山や雪倉岳などを背に天狗ノ庭を登る

4つの野天風呂が魅力の蓮華温泉

1日目

蓮華温泉から白馬大池経由で白馬岳へ

蓮華温泉から1日で白馬岳まで登るには合計標高差約1500m、コースタイムで約7時間というけっこうなアルバイトだ。起点となる**蓮華温泉**までは、JR北陸新幹線糸魚川《いといがわ》駅からJR大糸《おおいと》線平岩《ひらいわ》駅経由のバスで1時間35分ほどかかるので、できれば前日を蓮華温泉ロッジ泊とし、しっかり英気を養ってから出発したい。

バス停のある大きな駐車場から公衆トイレの脇を通っていくと、すぐに蓮華温泉ロッジがある。ここから雪倉岳鉱山道（P40参照）や朝日岳《あさひだけ》へ向かう登山道（P54コース5参照）を分け、小屋の庭を回りこむようにして白馬大池への登山道に入る。すぐに黄金湯が現れ、そのほかの露天風呂へと向かう道を左に分けて樹林帯をジグザグに登っていく。樹間から少し展望が開けると蓮華温泉ロッジの赤い屋根と、噴気を上げて野天風呂が点在する源泉地帯が望めるだろう。

大木に囲まれた「蓮華の森」と書かれた道標をすぎ、しばらく樹林帯を登っていくと「蓮華ジオサイト」と書かれた白い看板が目に入る。蓮華温泉と白馬大池間のコースタイムが手書きされているので参考になるが、等間隔でないのが残念だ。しかも途中でなくなってしまう。

ダケカンバやオオシラビソといった巨木が目立つ樹林帯を行くと、急に視界が開けて**天狗ノ庭**《てんぐのにわ》に到着する。あたり一帯にはベンチもあり、深い瀬戸《せと》川をはさんで雪倉岳や鉢ヶ岳《はちがたけ》が大きく望まれる。この天狗ノ庭は少し登ったところにも広場と看板があるので、ゆっくりするとよい。ここには天然のカラマツが点在するが、厳しい自然環境で幹が曲がりくねり、まるで盆栽のようになっていて、秋には黄葉がすば

白馬大池をバックにゆるやかな雷鳥坂を登っていく

大きな鉄剣が立つ小蓮華山は展望がすばらしい

らしい。

　天狗ノ庭から白馬大池までは少し傾斜も落ちて、乗鞍岳《のりくらだけ》の西側につけられた登山道をゆっくり登っていく。大きなダケカンバが目立つ斜面を抜け、ハイマツが目立つようになるとやがて平坦な台地に出る。ここは雪どけとともにハクサンイチゲ、ハクサンコザクラ、チングルマなど一面のお花畑となっている。栂池《つがいけ》方面からの登山道に合流し、わずかに左に行けば白馬大池山荘、右に行けば白馬岳方面となる。**白馬大池山荘**前の平坦地は絶好のキャンプサイトで、夏の週末ともなればたくさんのカラフルなテントの花が咲く。

　北アルプス北部に位置する白馬岳は、白く輝く残雪と高山植物の種類、お花畑の規模で他を圧倒するスケール感が魅力だが、とくに白馬大池付近は白馬《はくば》山荘直下、大雪《だいせっ》渓《けい》・小《しょう》雪渓周辺、大出原《おいでっぱら》などとともに規模が大きく、可憐な高山植物たちが登山者の目を楽しませてくれるスポットだ。

小蓮華山から白馬岳を正面に三国境へ向かう

小蓮華山手前には白馬三山を背景にお花畑が広がる

　絶好な休憩場所でひと休みしたら白馬岳方面へ向かおう。白馬大池を反時計回りに回るようにゆるやかに登っていく。ハイマツのトンネルを抜け、雷鳥《らいちょう》坂の広くゆるやかな尾根上に出ると、これから向かう小蓮《これん》華山《げやま》や雪倉岳、朝日岳がよく見える。

　徐々に高度を上げ、振り返るとハイマツの海から山上の瞳のような白馬大池が美しい。やがて小蓮華山から延びる尾根に出ると、しばらくして「船越ノ頭《ふなこしのかしら》」とよばれる展望台に出る。反対側の展望が開け、眼下には栂池自然園や大雪渓方面に続き、後立山連峰が見渡せる。

　ここからはわずかに下ったあと、小蓮華山めざして気持ちのよい稜線を登って高度を稼いでいく。途中、ニセピークをいくつか越えると、白馬三山をバックにハクサンイチゲやシナノキンバイが咲く、ちょっとしたお花畑に出る。さらにわずかに登れば**小蓮華山**の山頂だ。標高2766mは新潟県内にある山の最高峰で、道標と大きな鉄剣が立っている。山頂からの眺めはことのほかすばらしく、これから向かう白馬岳が大きな羽を広げたようにどっしりと構えている。

　白馬岳を正面に信州（左）側が切れ落ちたガレ場の稜線をゆっくり下り、わずかに登り返すと**三国境**《さんごくざかい》だ。ここは新潟と富山、

馬ノ背～白馬岳間のゆるやかな稜線を行く

雪倉岳・朝日岳方面への分岐となる三国境

長野県の県境で、朝日岳や雪倉岳鉱山道への分岐になっている（P44コース4参照）。

いよいよ白馬岳への最後の登りとなるが、馬ノ背《うまのせ》とよばれる細く急な登山道の両脇はたくさんの種類の高山植物が咲き、とくに右側の砂地は鉢ヶ岳と長《なが》池をバックに高山植物の女王・コマクサの大群落がある。振り返ると小蓮華山から白馬三山にかけては信州側が切れ落ちた非対称山陵になっていて、三国境付近には二重山陵も見られる。この急な斜面を登りきると傾斜が落ち、白馬岳山頂までゆるやかな稜線歩きとなる。

たどり着いた2932mの**白馬岳**山頂からの展望はすばらしく、眼前に剱《つるぎ》・立山《たてやま》連峰や毛勝《けかち》三山、槍《やり》・穂高《ほたか》連峰まで続く北アルプスの峰々、そして遠く八ヶ岳《やつがたけ》や富士山《ふじさん》など枚挙に暇がない。山頂部のいちばん高いところには新田次郎の小説『強力伝』で有名になった風景指示盤がある。

山頂からわずかに下ると**白馬山荘**で、ここは宗教登山に由来しない山小屋としては日本最古にして最大の山小屋だ。現在は800人が宿泊でき、山頂直下にあるため、大展望が魅力だ。

2日目　小雪渓・大雪渓を下って白馬尻、猿倉へ

翌日は白馬山荘から**村営頂上宿舎**へ向かい大雪渓を**猿倉**《さるくら》へと下るが（P12コース1参照）、もう1泊できるなら鑓ヶ岳《やりがたけ》、鑓温泉経由で猿倉に下るのもよいだろう（P22コース2参照）。

プランニング&アドバイス

起点となる蓮華温泉にはマイカー利用が便利だが、最終的に蓮華温泉に戻る必要があるため、往復コースが基本となる。そのほか雪倉岳鉱山道コース（P40）、雪倉岳・朝日岳から五輪尾根を下るコース（P44コース4）などが考えられる。バス利用の場合は始発に乗れれば足の早いパーティなら白馬山荘まで届くが、そうでなければ初日は無理せず白馬大池山荘泊まりとし、翌日白馬岳を往復、白馬大池から蓮華温泉に下るのが賢明だろう。時間に余裕があれば行きか帰りのどちらかで蓮華温泉で1泊すると行程も楽になるし、何より山奥の名湯に入れるのが嬉しい。

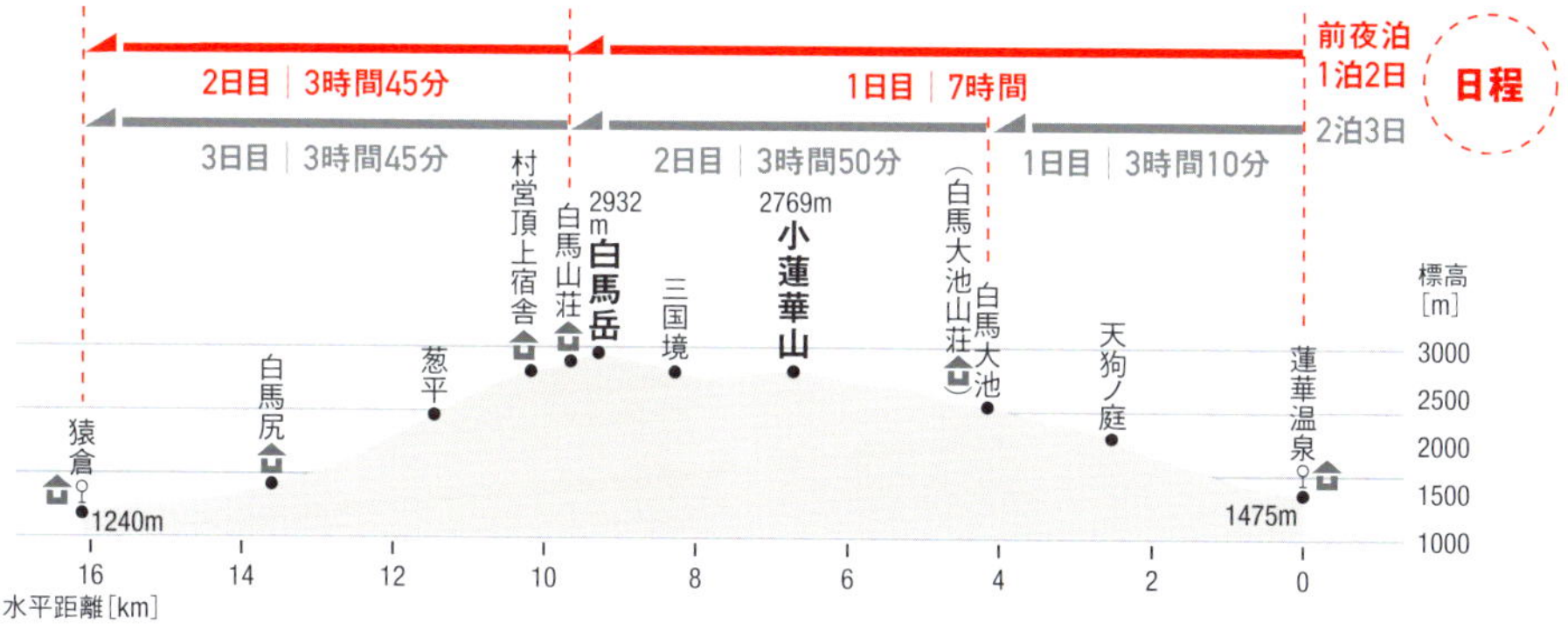

サブコース

雪倉岳鉱山道

鉱山道入口↓神ノ田圃↓蓮華温泉　4時間20分

雪倉岳鉱山道《ゆきくらだけこうざんどう》は1894（明治27）年7月、ウォルター・ウェストンがはじめての白馬岳《しろうまだけ》登山の際に利用した歴史あるルートで、実際に当時、鉱山は稼働していたという。今はほとんどその面影がなく、わずかに標識が立っているだけになっている。このルートは奥深く、稜線までかなりのアルバイトがあり、以前は訪れる人も稀であったが、近年、紅葉のころを中心に登山者を見かけるようになった。それでも週末でさえ、すれ違う登山者は数えるほどで、今もなお静かな山旅が味わえる貴重なルートといえるだろう。

雪倉岳鉱山道は夏のお花畑もみごとだが、残雪が多いとルートを見失いやすい。このルートの真価は秋にこそあり、そのすばらしさは北アルプスでもトップクラスだといえる。ただし、蓮華《れんげ》温泉から白馬山荘までエスケープルートはなく、1日で登りきらないとならないので、実際の山行プランでは下山ルートとして紹介する。白馬《はくば》山荘から下るのがもっとも容易だが、白馬大池《はくばおおいけ》山荘や朝日《あさひ》小屋からも早立ちすれば、その日中には下山が可能だ。

雪倉岳鉱山道の入口は三国境《さんごくざかい》から雪倉岳・朝日岳《あさひだけ》方面へ大きく下り、鉢ヶ岳《はちがたけ》とのコルの少し手前に道標がある。メインの縦走路から右に折れて最初は砂礫とハイマツの斜面をゆるやかに下るが、徐々に傾斜を増していく。登山道が少し片斜面になっていて歩きづらいので、ゆっくり下っていこう。前方に雪倉岳が大きくなると塩谷《しおたに》精錬所跡で、周囲は小さな平坦地になっている。

Map 5-2B　鉱山道入口

Map 6-4D　蓮華温泉

コースグレード　中級

技術度　★★★☆☆　3

体力度　★★☆☆☆　2

雪倉岳とナナカマドの紅葉（塩谷精練所跡付近）

瀬戸川に架かる橋を渡る

写真・文／菊池哲男

神ノ田圃より歩いてきた鉱山道を振り返る

急斜面をジグザグに下り、鉢ヶ岳から落ちる小沢を飛び石づたいに対岸へ渡る。ここからは雪倉岳の南東側の裾野を巻くように下っていく。あたりはダケカンバとナナカマドが多く、秋にはとくに美しい紅葉のプロムナードとなる。右手に小蓮華山北面を望みながらさらに下っていくと、やがて開けた場所に出る。登山道の右側には小さな池がある**神ノ田圃**《かみのたんぼ》だ。振り返ると、歩いてきた道のりが大まかに確認できるだろう。

なおもダケカンバなどが目立つ樹林帯を下っていき、鉱山事務所跡の平坦地をすぎると右側にちょっとした展望台の分岐がある。時間があるようなら大した距離ではないので、立ち寄っていこう。瀬戸《せと》川側に飛びだした小ピークからは小蓮華山《これんげやま》と蓮華菱《れんげびし》が近く、迫力満点だ。

樹林帯から涸れた沢状の河原を下り、急斜面を下ると**瀬戸川**に出る。金属のパイプでできた仮設の橋を渡り、ふたたび樹林帯に入るとやがて木道が現れ、兵馬ノ平《へいまのだいら》方面の道を左に分ける。蓮華の森自然歩道に入るとすぐに右手にキャンプ場の建物が現れる。そのままゆるやかな林道を行けば、秘湯の宿・蓮華温泉ロッジだ。**蓮華温泉**のバス停はさらに少し行った大きな駐車場にある。本数が少ないので、ゆっくり温泉につかっていくとよいだろう。

プランニング&アドバイス

20年ほど前までは熟達者向きということで、点線で記されていたこともあるルートだが、現在では紅葉シーズンを中心に登山者を見かけるようになった。それでもすれ違う登山者は簡単に数えられるほどなので、実施に際してはあらゆることを想定し、しっかりとした装備で臨みたい。瀬戸川に架かる橋の流出時は川が渡れないので、事前に蓮華温泉に確認すること。

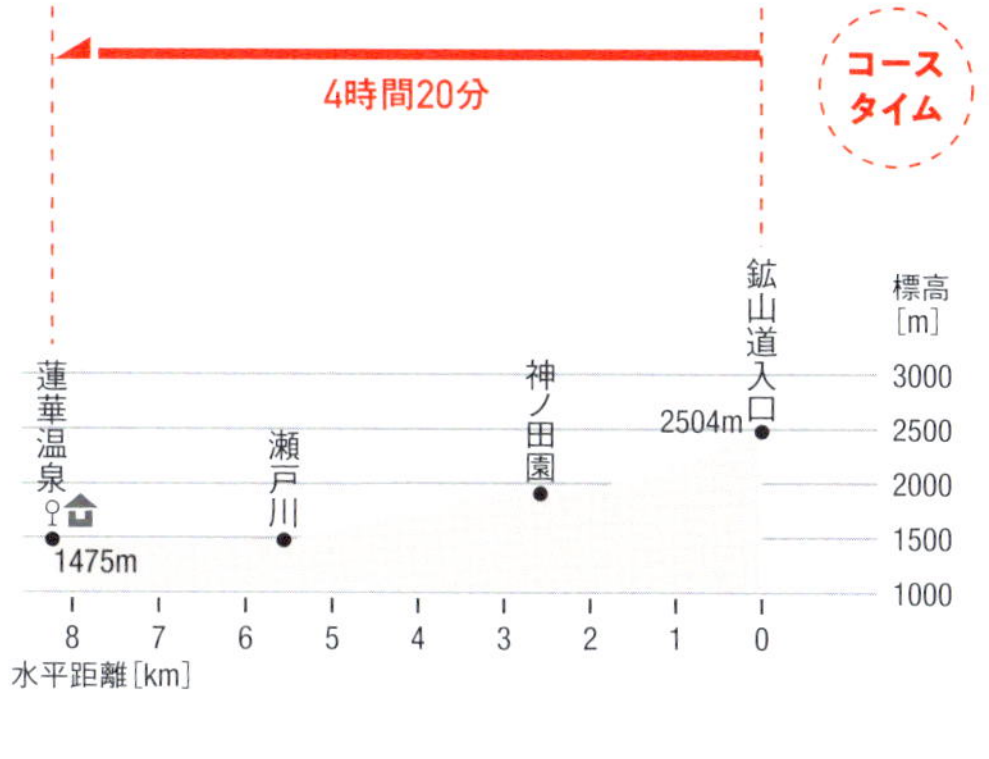

サブコース

風吹大池

自然園駅↓天狗原↓風吹大池↓蓮華温泉

7時間30分

Map 5-2D 自然園駅

Map 6-4D 蓮華温泉

コースグレード	中級
技術度	★★☆☆☆ 2
体力度	★★★☆☆ 3

白馬《しろうま》連峰の北端、標高2000mに満たない横前倉山《よこまえくらやま》、風吹岳《かざふきだけ》、岩菅山《いわすげやま》に囲まれた風吹大《かぜふきおお》池は周囲約4㎞、湖面標高約1778mで、北アルプスのみならず、日本の高山湖沼中で最大の面積を誇っている。

ここでは栂池《つがいけ》自然園をスタートし、天狗《てんぐっ》原《ぱら》から千国揚《ちくにあげ》尾根を通ってフスブリ山《やま》を越えて風吹大池へ向かい、最後は笹目《ささめ》尾根を蓮華《れんげ》温泉へ下るコースを紹介しよう。白馬《しろうま》岳《だけ》のメジャーコースから少し離れただけなのに、思いのほか静かな山旅が味わえるだろう。

天狗原の分岐点まではP22コース2を参照。分岐の道標に導かれて右へ曲がり、しばらくは天狗原に敷かれた木道を行く。広い千国揚尾根は大きなダケカンバが目立ち、ネマガリダケが多く、湿地帯もあり、たまに東側の視界がきくものの、現在地がわかりにくい。ところどころ幹に打ちつけられた数字（風吹山荘まで5／13、11／13など数字が増えていく）のついた金物の道標があるが、全部あるわけではないので、ときどき地図を出して現在地を確認したい。

尾根は基本下りなのだが、アップダウンもあって意外に時間がかかる。フスブリ山はピークの右を巻くが、標識もないのでそれと気づかないで通過してしまう。蓮華温泉へ向かう笹目尾根の分岐（立派な道標あり）をすぎると風吹岳と横前倉山、左に岩菅山を背景に広々とした**風吹天狗原**の湿原に出る。

そのまま湿原に敷かれた木道を進み、し

風吹岳と横前倉山、岩菅山（左）を望む風吹天狗原

森のなかに佇む雰囲気のよい風吹山荘

写真・文／菊池哲男

ばらくすると左から池を一周する木道を合わせ、樹林帯を急降下すると風吹大池のほとりに着く。赤い小さな屋根の付いた鐘から木道に導かれて進むと、樹林帯のなかにひっそりと風吹山荘がある。ゆっくり泊まりたくなるような雰囲気のする山小屋だ。

風吹大池の北側には小敷池《こじき》や血ノ池《ちの》など小さい池が複数あり、紅葉のころはとくにすばらしい。池を一周するコースもあるので、時間に余裕がありそうなら反時計回りに回って**風吹天狗原**で往路と合流してもよいだろう。

笹目尾根の分岐まで戻ったら、右に行くとすぐに先ほどの風吹天狗原の一角に出て、しばらく草原のなかの木道を快適に進む。樹林帯に入ってフスブリ山の北側を巻くように進むと、やがて歩きやすい快適な尾根になる。登山道にはネズコ（黒檜、クロベ）やブナの大木があり、なかなか雰囲気のよいところだ。

やがて左へ直角に曲がり、最後は急斜面をジグザグに下るとバス停がある**風吹大池登山口**に飛びだす。蓮華温泉へは車道を左へ30分くらい行く。ふたつほど橋を渡り、**蓮華温泉バス停**のある大きな駐車場を横切れば蓮華温泉ロッジだ。

天狗原分岐からゆるやかな尾根を下って風吹大池へ

風吹大池はダケカンバが多く、紅葉はことのほかみごと

プランニング&アドバイス

朝いちばんで自然園駅に上がれば1日で縦走可能だが、蓮華温泉から平岩駅・糸魚川駅方面の最終バスに間に合わせるのはかなり厳しい。蓮華温泉または何箇所か携帯の電波がつながる場所からタクシーをよぶか、無理せず蓮華温泉に宿泊するのもよい。このほか蓮華温泉から白馬大池経由で天狗原に降り、本コースをたどる周回ルートもマイカー登山に好都合だ。

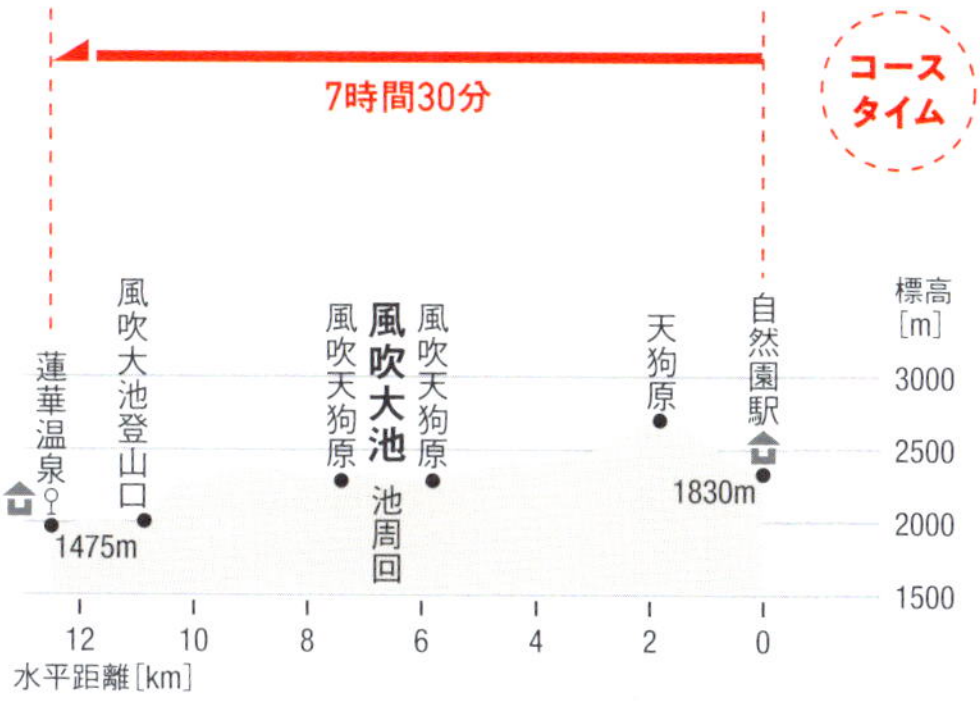

白馬岳 朝日岳

前夜泊2泊3日

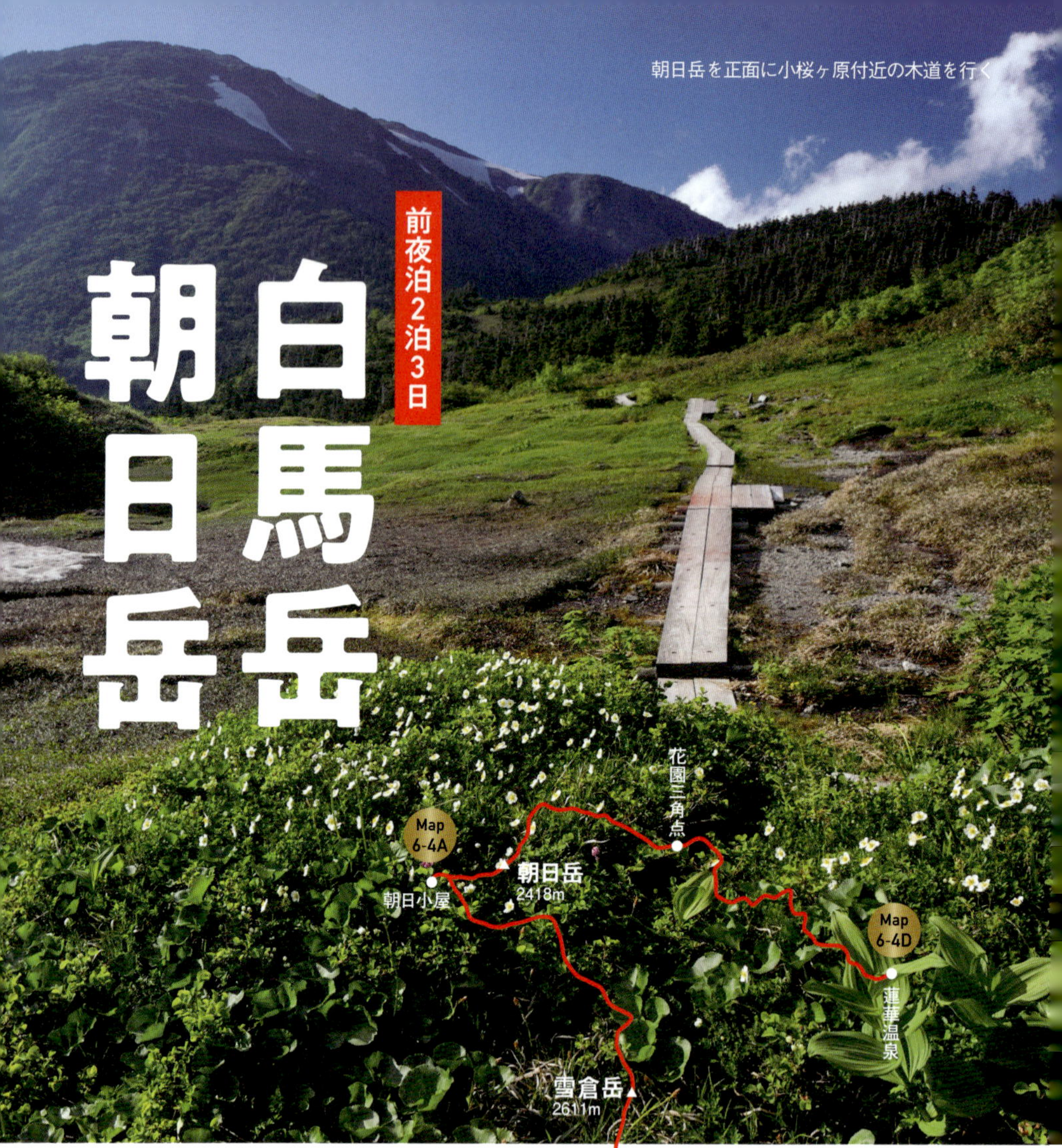

朝日岳を正面に小桜ヶ原付近の木道を行く

コースグレード | **中級**

技術度 ★★★☆☆ 3

体力度 ★★★☆☆ 3

1日目	猿倉→ 白馬尻→ 葱平→ 白馬山荘	計6時間
2日目	白馬山荘→ 白馬岳→ 雪倉岳→ 朝日小屋	計6時間55分
3日目	朝日小屋→ 朝日岳→ 花園三角点→ 蓮華温泉	計7時間10分

写真・文／菊池哲男

百花繚乱の花の名山を結ぶロングトレイル

高山植物の種類・規模ともにずば抜けていることから、北アルプスの女王として君臨する白馬岳《しろうまだけ》から、たおやかな山容が特徴の朝日岳《あさひだけ》への縦走は、花好きなら一度は歩いてみたいあこがれの「花の王国」ルートだ。日本海から近いため、冬期は多量の降雪があり、夏でもところどころ残雪となって山をおおっているが、雪どけと同時にさまざまな高山植物が咲きはじめて登山者の目を楽しませてくれる。とくにこの山域は「お花畑」とよばれる高山植物の群落があることでも知られ、大雪渓《だいせっけい》をはじめ、白馬《はくば》山荘直下や馬ノ背《うまのせ》付近、鉢ヶ岳《はちがたけ》東面に朝日平《あさひだいら》と枚挙に暇がない。

白馬岳までは大雪渓ルートや栂池《つがいけ》自然園ルート、そして蓮華《れんげ》温泉ルートなどがあるので、それぞれの頁を参照してほしい。ここでは大雪渓ルートを簡単に紹介する。また朝日岳からの下山ルートは蓮華温泉ルートとするが、ほかに北又《きたまた》ルートや日本海の親不知《おやしらず》へ直接向かう栂海《つがみ》新道などもあるので、それぞれの頁を参照してほしい。

鉢ヶ岳はお花畑をトラバースする（背景は白馬岳）

三国境付近からの鉢ヶ岳（中央）と雪倉岳、朝日岳

1日目

猿倉から大雪渓を登り白馬山荘へ

猿倉《さるくら》からブナに囲まれた登山道を登り、駐車場から続く林道に出る。鑓《やり》温泉への道を左に分けてめざす白馬岳を前方に望みながら林道終点へ。ここから小さな沢沿いの登山道を行くと**白馬尻**《はくばじり》だ。さらに沢沿いの登山道をたどり、いよいよ大雪渓に入る。白馬岳へと続く長い列は夏の風物詩で、赤いベンガラにしたがって雪渓のなかを登ると高山植物が多い**葱平**《ねぶかっぴら》だ。急な小《しょう》雪渓を右上へとトラバース気味に登り、氷河《ひょうが》公園とよばれるさまざまな高山植物に囲まれた登山道をたどると、**村営頂上宿舎**とテント場がある。そのまま稜線を登ると**白馬山荘**だ（詳細はP12コース1を参照）。

2日目

白馬岳から雪倉岳、朝日小屋へ

白馬山荘のあいだを通って**白馬岳**の山頂へ。非対称山稜の白馬岳は東側の大雪渓側が絶壁で、山頂には新田次郎の小説『強力伝』で有名な風景指示盤がある。

多種多様な高山植物に囲まれた馬ノ背とよばれる急斜面を慎重に下ると、長《なが》池が見下ろせる礫地には高山植物の女王と称されるコマクサの大群落がある。さらに下れば**三国境**《さんごくざかい》。ここで小蓮華山《これんげやま》方面（P12コース1参照）と直角に分かれて広々とした斜面を鉢ヶ岳方面へ下っていく。左には旭岳《あさひだけ》がピラミダルな山容を見せるなか、さらに下ると鞍部の手前で、蓮華温泉に向かう**雪倉**《ゆきくら》

小桜ヶ原で見つけたハクサンコザクラの群落

岳《だけ》鉱山道を右に分ける（P40参照）。鉢ヶ岳山頂には登らずに東側をトラバースしていくが、ここにも白馬岳を代表する大きなお花畑があり、まさに花のプロムナードとなっている。

さまざまな高山植物を愛でながらゆるやかなトラバースを続けると赤い砂礫地となり、鉢ヶ岳を回りこんだところに**雪倉岳避難小屋**がある。トイレのある立派な小屋だが、緊急時以外は宿泊できない。

雪倉岳へはやや急な斜面を登っていく。振り返ると鉢ヶ岳越しに白馬岳から三国境経由で歩いてきた道のりがよく見えるだろう。傾斜が一段落し、ゆるやかなハイマツの斜面を登れば南北に細長い**雪倉岳**の山頂に到着だ。ひと休みして展望を楽しんだら、先は長いので出発しよう。広い岩屑の斜面を下り、右下に雪倉ノ池を見ながらしだいに細く急な尾根を下ると雪倉岳のカール末端に出る。このあたりは残雪が多く、さまざまな高山植物が見られる。

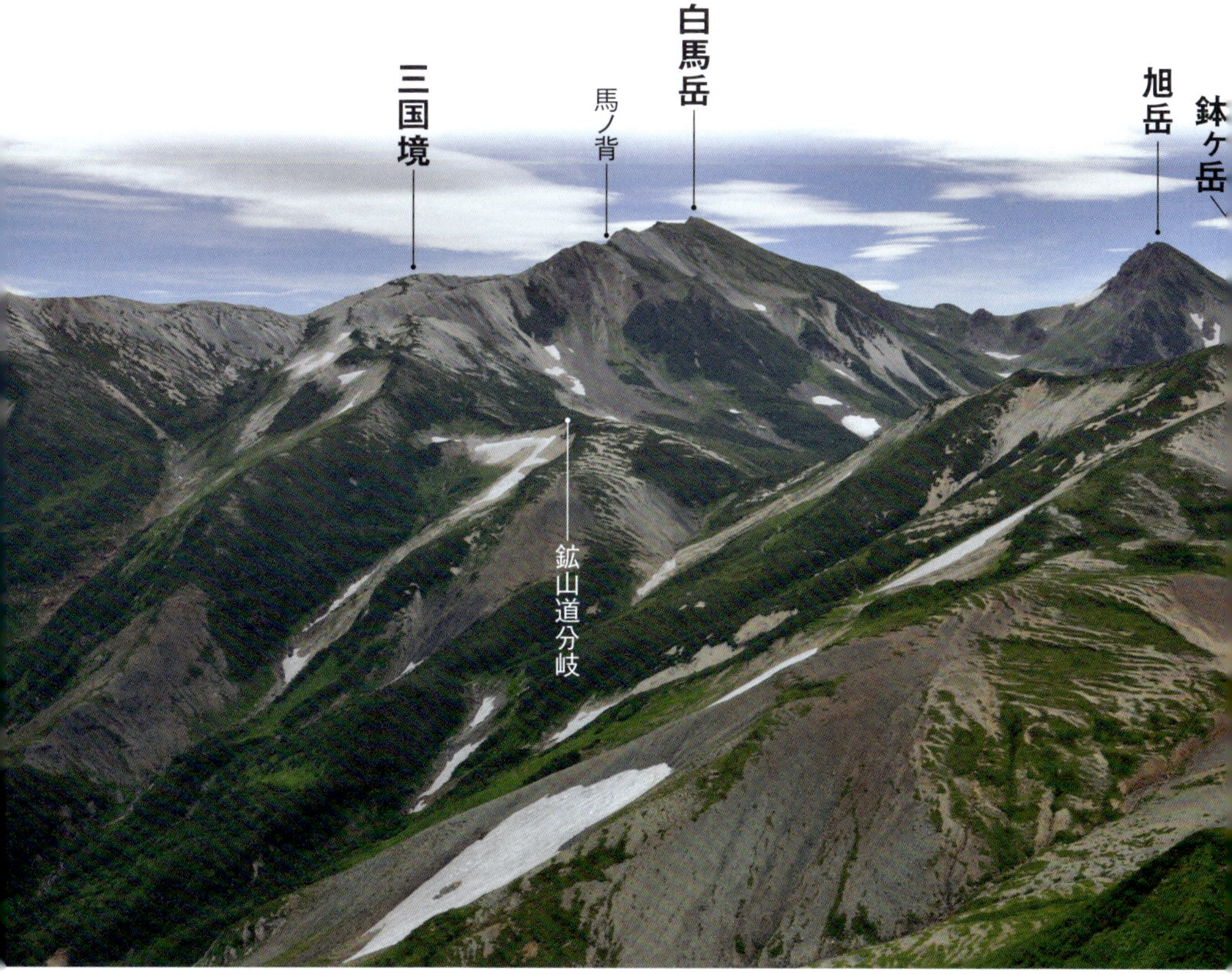

雪倉岳の登りから白馬岳方面を振り返る

朝日平のチングルマと左から雪倉岳、白馬岳、旭岳、清水岳

この先、ルートは左に大きく折れて、斜面を右下へとトラバースするように赤《あか》男山《おとこやま》との鞍部へ大きく下っていく。鞍部からは赤男山を左から巻くように進み、上部から崩れた赤い岩が積み上がる「ツバメ岩」の崩壊地を足早に通過する。

いくつか小沢を渡ると木道が現れ、広々とした小桜《こざくら》ケ原《がはら》の湿原に出る。正面には朝日岳がそびえ、あたりは雪どけとともにハクサンコザクラやイワイチョウ、チングルマなどのお花畑となり、秋は草紅葉が美しい場所だ。さらに進むと**水平《すいへい》道《どう》分岐**に出る。ここからは直接、朝日小屋へ向かう水平道ルートと朝日岳の山頂

雪倉岳山頂。背景は頸城山塊と蓮華温泉方面

悪天時には貴重な雪倉岳避難小屋

ベンチもある広い朝日岳山頂

経由のルートがあるが、前者は残雪が多いと開通も遅れるので注意したい。

朝日岳は翌日登ることとし、ここでは左へ木道が延びる水平道を進む。しかし水平とは名ばかりで、変化に富んだルートはかなりアップダウンもあり、それなりに時間もかかる。それでも2017年に一部ルートが付け替えられて、少しだけ楽になった。

そろそろうんざりするころ、水谷《みずたに》のコルに飛びだす。右へ行けば朝日岳、左へとお花畑のなかをゆるやかに登れば**朝日小屋**の立つ朝日平だ。広い台地には富山県天然記念物保護増殖センターと、水道が完備したキャンプ場もある。食事がおいしいと評判の朝日小屋は予約が必要なので注意したい。

3日目 朝日小屋から朝日岳に登り、五輪尾根を蓮華温泉へ

朝日小屋から昨日歩いてきたお花畑のなかをゆるやかに下って水谷のコルへ。今回は分岐を直進し、朝日岳へとジグザグの急斜面を登っていく。しばらくして振り返ると朝日平に建つ朝日小屋がよく見えるだろう。1時間ほど登りで森林限界となり、傾斜もゆるむ。ハイマツのなかに敷かれた木

崩壊が進むツバメ岩

朝日岳の登りから朝日小屋方面を振り返る

花園三角点と朝日岳

道をたどって**朝日岳**山頂へ。2418mの山頂には立派な道標や大きな山座同定盤、そしてベンチもある。今回最後のピークで展望を満喫したら下山開始しよう。

朝日ノ池を左に見下ろすように北東方向へゆるやかに下っていく。**千代ノ吹上**《ちよのふきあげ》（吹上のコル）で日本海の親不知へとつながる栂海新道を分け（P54コース5参照）、稜線から右に折れて、朝日岳や雪倉岳を振り返りながら雪田が残る湿地状の**白高地**《しらこうち》をゆるやかに下っていく。木道から草原に突き出たウッドデッキのような休憩所をすぎると、水場にもなっているベンチがある。小さな沢をいくつか渡り、ダケカンバやシラビソが目立つ五輪ノ森《ごりんのもり》へ。ここにはかなり錆びついた看板と、熊にかじられた道標が立っている。

この樹林帯を抜け、少し下ると展望台があり、雪倉岳から小蓮華山・蓮華温泉方面が遠望できる。さらに左から右へと五輪尾根をからめるように下っていくと広い草原状の斜面には木道が敷かれ、近くの湿地帯には可憐な高山植物が咲き誇っている。大きく水と書かれた木道を分け、さらに木道を下っていくと**花園**《はなぞの》**三角点**で、振り返ると丸い朝日岳の山頂部分が顔を出している。

広い尾根に延びた木道を下るとやがて樹林帯となり、カモシカ坂とよばれる急斜面

ゆるやかな五輪尾根に続く木道を行く

秋には紅葉が美しい白高地の休憩所

を一気に下って**白高地沢**に出る。以前は仮設の橋で台風などがあるとよく流されて大変だったが、今は立派な鉄橋が架かり、その心配はなくなった。

橋を渡り、ゆるい登り降りを繰り返し、ヒョウタン池をすぎたら、水量のある**瀬戸**《せと》**川**へ下っていく。しっかりした鉄橋を渡り、樹林帯を急登すると湿原が広がる**兵馬ノ平**《へいまのだいら》だ。ここからはブナ林をゆるやかに登って蓮華の森自然歩道に合流し、蓮華の森キャンプ場の前を通って林道を進めば蓮華温泉ロッジに到着だ。

蓮華温泉のバス停はその先の大きな駐車場の一角にあるが、バスの時間を確認し、できれば秘湯で汗を流したい。ロッジ内の内風呂のほか、野趣味たっぷりの野天風呂「薬師湯《やくし》」や「仙気《せんき》の湯」からは朝日岳や五輪山《ごりんやま》がよく見え、歩いてきた道のりを振り返ると、より一層味わいのある山旅となるだろう。

開放的な野天風呂で人気がある蓮華温泉「仙気の湯」

プランニング&アドバイス

朝日岳の水平道は残雪が多い期間は通行止めになっているので、その場合は朝日岳の山頂経由で朝日小屋へ向かう。2日目の白馬山荘から朝日小屋間と3日目の朝日小屋から蓮華温泉間はかなり時間がかかるので、できるだけ早立ちを心がけよう。JR平岩駅経由糸魚川駅へのバスは本数が少ないので時刻をチェックして時間に余裕をもって行動したい。日程に余裕があるならぜひ蓮華温泉に泊まりたい。山中の一軒宿で、大自然のなかの開放的な野天風呂が人気だ。

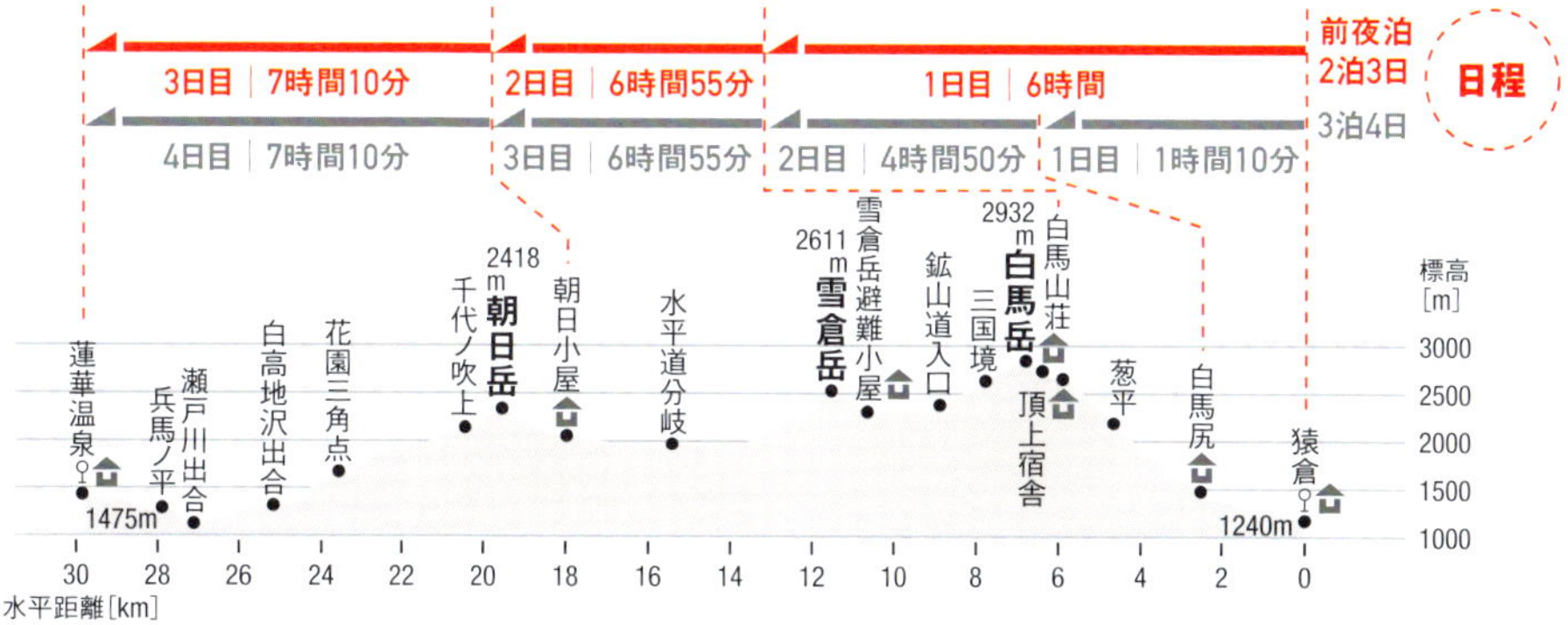

サブコース

北又小屋から朝日岳へ

北又小屋→五合目→イブリ山→夕日ヶ原→朝日小屋→朝日岳　計7時間30分

Map 6-1A　北又小屋

Map 6-4B　朝日岳

コースグレード	中級
技術度	★★☆☆☆　2
体力度	★★★☆☆　3

富山県側の朝日岳《あさひだけ》登山拠点となる北又《きたまた》小屋から朝日小屋までは、標高差１５００ｍほどの登りを強いられ、とくにイブリ山《やま》までは急なブナの樹林帯が続く。北又小屋やマイカー用の駐車場がある小川《おがわ》温泉に前泊するなどして、時間に余裕をもって行動すること。

1日目 **北又小屋**から車道を進み、登山道の看板に導かれてコンクリートの階段を下る。北又谷に架けられた立派な吊橋を渡り、イブリ尾根につけられた急な登山道に取り付く。登山口からイブリ山までを10等分した合目表示があるので、山頂へのよい目安になる。

ブナ林のなかを登るとすぐに一合目の標識があり、その後もひたすら樹林帯を登っていく。みごとなブナの大木がある**五合目**のブナ平《だいら》はちょっとした広場になっていて、休憩用にちょうどよい丸太のベンチがいくつかある。ここには水場もあるので、朝日小屋まで足りないようならば、ぜひ補給していきたい。

さらに樹林帯を登っていくと「十合目１７９１ｍ」と大きく書かれた道標のある、**イブリ山**に到着する。ベンチのある山頂は樹林におおわれているが、切り開かれた前方に前朝日《まえあさひ》とめざす朝日岳が顔を覗かせている。

ここから樹林帯をわずかに下り、鞍部からクサリ場のあるやせ尾根を登り返す。傾斜の落ちた木道を行くと**夕日ヶ原**《ゆうひがはら》に出る。

北又の吊橋を渡ってイブリ尾根へ

樹林に囲まれたイブリ山の山頂

写真・文／菊池哲男

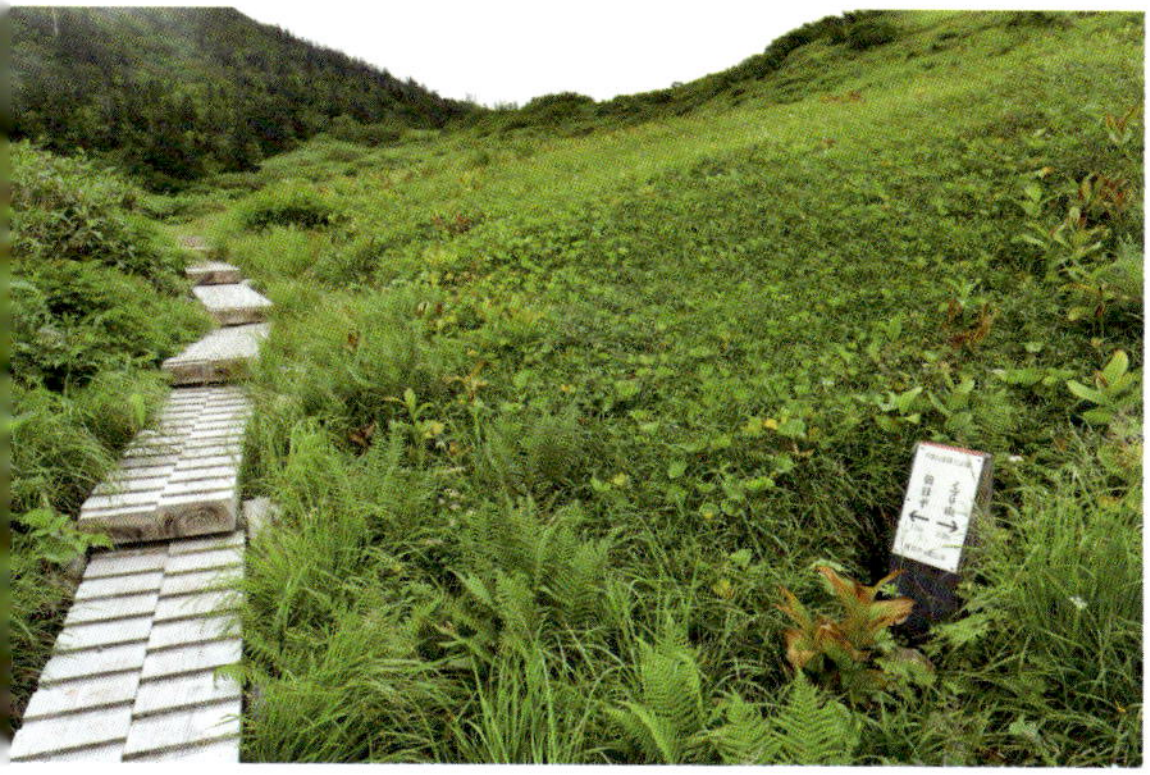
木道が延びるイブリ山から朝日平への道

休憩に適した五合目のブナ平

その名のとおり、日本海に沈む夕日スポットとして知られている。あたりは雪田が遅くまで残り、チングルマが咲き乱れるお花畑となっている。

前朝日は北側を巻き、しばらくゆるやかな木道をたどると**朝日小屋**の建つ朝日平《あさひだいら》だ。周囲はお花畑が広がり、白馬岳《しろうまだけ》や雪倉岳《ゆきくらだけ》方面の展望も開けてくる。日本海も近く、夕日がことのほか美しい。

2日目 朝日小屋からチングルマやコバイケイソウなどが咲き誇るゆるやかな木道を下り、水谷《みずたに》のコルで雪倉岳・白馬岳方面へ向かう水平道《すいへいどう》を右に分ける（P44コース4を参照）。

ここから樹林帯をジグザグに登って高度を上げると、1時間ほどの登りで広々とした**朝日岳**の山頂に到着する。山頂には大きな道標と山座同定盤がある。

展望を満喫したら往路を戻るほか、雪倉岳方面や蓮華《れんげ》温泉方面（ともにP44コース4参照）、栂海《つがみ》新道を犬ヶ岳、親《おや》不知《しらず》方面（P54コース5参照）などへ向かう。

プランニング&アドバイス

北又小屋（素泊まりのみ）へ向かう北又林道は小川温泉から先が一般車通行止めなので、アプローチにはあいの風とやま鉄道泊駅または途中の小川温泉からタクシーを使うことになる。このタクシー利用については1人当たり1000円の助成金が出る（詳細は朝日小屋のホームページを参照のこと）。小川温泉から林道を歩く場合は3時間30分のアルバイトとなる。

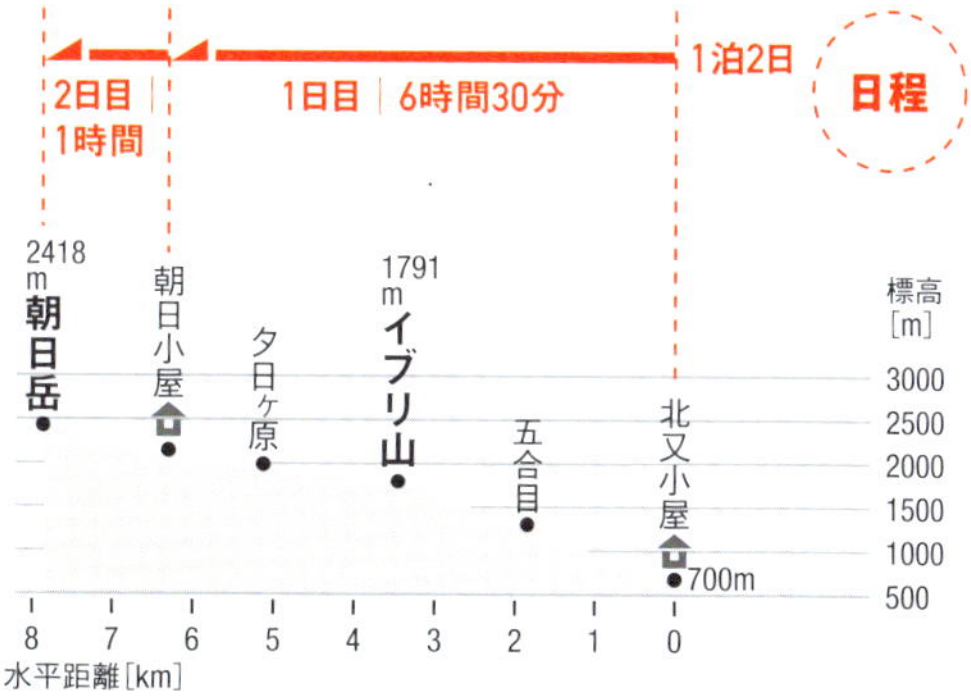

前夜泊2泊3日

栂海新道

黒岩山 犬ヶ岳 白鳥山

池塘が点在する秋の黒岩平

コースグレード	上級	
技術度	★★★☆☆	3
体力度	★★★★★	5

1日目	蓮華温泉→朝日岳→朝日小屋	計7時間55分
2日目	朝日小屋→朝日岳→黒岩山→犬ヶ岳→栂海山荘	計8時間20分
3日目	栂海山荘→白鳥山→栂海新道登山口	計8時間50分

写真・文／矢口 拓

北アルプスの稜線から日本海へ遠大なロマンの道を行く

日本の屋根と称される3000m級の山々が連なる日本アルプスは、1971（昭和46）年、栂海《つがみ》新道の開通により、海抜0mの日本海までつながった。

栂海新道は、北端の朝日岳《あさひだけ》と日本近代登山の父といわれるウォルター・ウェストンが「ここが日本アルプスの起点である」といったとされる親不知《おやしらず》の断崖とをつなぐ、全長約27km・標高差約2400mの登山道。地元青海《おうみ》町（現糸魚川《いといがわ》市）の会社員であった故・小野健氏がさわがに山岳会の仲間とともに10年の歳月をかけ手弁当で切り開いたもので、今も有志が登山道開拓の遺志を受け継いで守る、ロマンあふれるコースだ。森林限界から高層湿原を経てブナの原生林、低山の樹林帯、終点の海まで、沿道の自然の変化はほかに類を見ない。

日本海から縦走をめざす登山者や、なかには日本アルプス縦断を目標とするものもいるが、ここでは、秘湯・蓮華《れんげ》温泉から朝日岳や犬ヶ岳《いぬがたけ》、白鳥山《しらとりやま》を経て日本海をめざす、2泊3日のコースを紹介する。

照葉ノ池沿いの木道を行く

栂海新道分岐点の千代ノ吹上（吹上のコル）

1日目

蓮華温泉から朝日岳を経て朝日小屋へ

内湯のほか露天の秘湯も楽しめる**蓮華温泉**ロッジの前を通る道を、蓮華の森キャンプ場を経て、道標がある雪倉岳《ゆきくらだけ》鉱山道との分岐へ向かう。分岐から下ると**兵馬《へいま》ノ《の》平《たいら》**の湿原が広がり、遊歩道として整備された木道を進むと、1日目の目標である朝日岳が姿を見せる。春はミズバショウ、夏は多彩な花、秋は紅葉のパノラマが美しい。

湿原を出て**瀬戸《せと》川**に架かる鉄骨橋を渡る。ヒョウタン池の脇を抜け、**白高地《しらこうち》沢**に出ると視界が開け、五輪山《ごりんやま》の眺望も楽しめる。急斜面のカモシカ坂を登り、標高を上げていく。歩きやすい木道が続く道は徐々に樹林帯から抜け出て周囲は低木となり、展望がよくなる。**花園《はなぞの》三角点**だ。

木道に沿って五輪尾根を上がると「青ザク」とよばれる、青色がかった蛇紋岩の斜面が見えてくる。見渡せば、雪倉岳の存在感が増している。ダケカンバやシラビソが茂る五輪ノ森を抜けると、沢水でぬかるみの多い八《はち》兵衛《べえ》平《たいら》にいたる。周囲では、湿原特有の植物も観察できる。

白高地で水を補給して20分ほど上がれば、栂海新道との合流点となる**千代《ちよ》ノ《の》吹上《ふきあげ》**（吹上のコル）だ。翌日はここから海をめざすが、初日は一路、朝日小屋へ向かう。

夏はお花畑が点在し、秋は眼下に紅葉が広がる雪田の脇を通り、さらに木道を歩いて**朝日岳**山頂に立てば、剱岳《つるぎだけ》や白馬岳《しろうまだけ》、雪倉岳などが一望できる。

朝日小屋が建つ朝日平への道は、木道が整備されている。下っていくと徐々に急なつづら折りの道になり、さらに標高を下げると赤い屋根の朝日小屋が見えてくる。下り終え、平らな木道を進めば**朝日小屋**に到着する。手づくりの料理やマスとクルミの

展望が開けた黒岩山山頂

アヤメ平に向かう紅葉の盛りの栂海新道

お寿司が評判の小屋でゆっくりして、翌日の長丁場に備えよう。

2日目
朝日岳から長栂山、アヤメ平を経て栂海山荘へ

まずは前日の道をたどって**朝日岳**山頂を経て千代ノ吹上をめざすが、2日目は朝日小屋から栂海山荘までは休憩時間を入れると10時間以上の長丁場のため、早発ちを心がけたい。

千代ノ吹上には、栂海新道開通を記念して設置された鉄製の案内板には「日本海へ」の文字がある。栂海新道の各所には、同様の鉄製案内板が設置されているが、それぞれ工夫が施されており、楽しみのひとつとなっている。

千代ノ吹上を出発してシラビソなどの樹林をくぐると木道が整備された道となり、**照《てる》葉《は》ノ池**が見えてくる。振り向けば、朝日岳や白馬岳がそびえている。池のほとりからゆるやかな草原が続く。道中は、初日に逆斜面から見ていた五輪山の違った角度からの眺望が楽しめる。長栂山《ながつがやま》山頂は縦走路から左に数10m離れたところにあるが、眺望がよいので立ち寄りたい。さらに草原を進むと**アヤメ平**に出るが、名のとおりアヤメの群生する場所で、眺望も美しく、ひと休みしたい場所だ。

アヤメ平をあとに草原を下れば、黒岩平《くろいわだいら》にいたる。夏は百花繚乱のお花畑、秋は紅葉が美しく、点在する池も景色に華を添えている。

黒岩平からの犬ヶ岳など栂海新道の山々

黒岩山《くろいわやま》までの高層湿原は、行程のなかでもとくに見どころが多い場所だ。水場もあるので、休憩ついでに補給していこう。栂海新道は長距離なのに加えて、標高が下がるにつれて暑さが増すため、水の補給には念を入れる。

小滝《こたき》への中俣《なかまた》新道（2019年4月現在通行止め）分岐をすぎ、**黒岩山**から景色が変わり、非対称山稜の稜線になる。夏は木陰がなく日に照らされるため、熱中症や水分補給などに充分気をつけたい。

サワガニ山《やま》を経て途中、登山道を下った場所に北又《きたまた》の水場がある。2泊目となる栂海山荘には水場がないので、ここで充分に補給しておこう。足もとに気をつけながらやせ尾根を登れば、**犬ヶ岳**山頂に到着。ここからしばらく下ると、自炊小屋の栂海山荘が建っている。営業小屋ではなく管理人が駐在しているわけではないので、混み合う場合は譲り合って使いたい。宿泊は、篤志金を山荘内に設置してある箱に入れるシステムとなっている。山荘からは栂海新道の山々の眺望や眼下に日本海を望み、夜は漁火も見えて幻想的だ。

3日目 栂海山荘から日本海の親不知へ

栂海山荘から白鳥山までは、山腹を巻かずに忠実に稜線を登り下りする、長い道のりとなる。

山荘から下り、登り返すと黄連山《おうれんやま》に達する。山頂直下の黄連の水場の水量は、残雪や雨量に影響されるため、情報を集めておくとよい。水が流れていれば、必ず補給しておくこと。周囲には山名となったオウレンが咲いている。

黄蓮乗越《のっこし》の鞍部から美しいブナの原生林を登り返すと**菊石山《きくいしやま》**山頂だ。「菊石」の名は、栂海新道ではじめてアンモナイトが発見された場所であることに由来するという。途中もろい岩の斜面があり、注意したい。

下駒《しもこま》ヶ《が》岳《たけ》から足もとに注意しながら岩の

無人小屋の栂海山荘（有料・要連絡）

栂海山荘付近からの縦走路。アップダウンの連続する道だ

ブナ林が広がる黄蓮乗越。近くに水場がある

急な斜面を下り、アップダウンを繰り返す。急登をこなすと、山頂に白鳥小屋が建つ**白鳥山**にいたる。小屋のハシゴを上がった展望の屋根からは、日本海と街並みが眼下に広がっている。

日帰りの登山者も訪れる白鳥山からは、ゆるやかな下りとなる。シキ割《わり》の水場を経て、金時《きんとき》坂の急斜面を下ると**坂田《さかた》峠**に着く。膝を痛めた場合などは、ここでタクシーを利用するとよい。

交差する舗装道を渡り、**尻高山《しりたかやま》**へアップダウンが続く。ふたたび交差する林道を渡り、二本松《にほんまつ》峠へ。道は里山の様相になってくる。なおもアップダウンを繰り返して入《にゅう》道山《どうやま》を越え、つづら折りに下っていくと国道上の**栂海新道登山口**にたどり着く。

親不知観光ホテルの脇から、約80m下ると日本海に出る。長かった道のりを振り返りながら海に触れれば、喜びもひとしおだ。

プランニング&アドバイス

栂海新道は朝日小屋を出ると避難小屋に泊まる行程となるため、食料や水を計画的にもとう。途中の水場では確実に補給すること。また、一日で標高差が大きく変わるため、気温にも気をつけたい。3日間とも長時間、長距離の山行となる。早朝に出発して、余裕ある行動を心がけよう。稜線歩きを延ばし、白馬岳から栂海新道を抜けて海抜0mの日本海へ出るのもよいだろう（P44コース4参照）。季節によって、また標高によって大きく表情を変えるのもこのコースの特徴だ。新緑のころから紅葉まで、さまざまな自然を満喫してほしい。

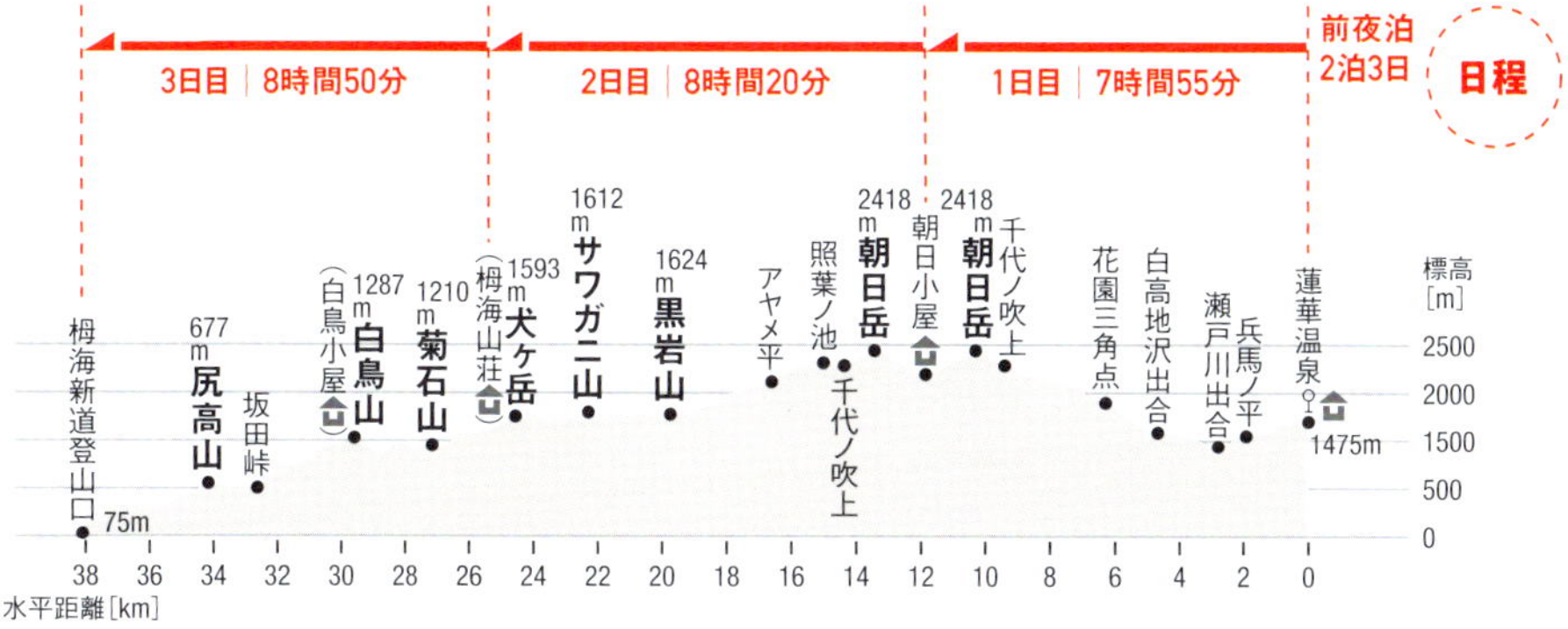

唐松岳
五竜岳

展望のよい
尾根をたどって
険路が続く
主稜線上に立つ

牛首からの五竜岳。堂々とした山容は日本百名山にふさわしい（撮影／菊池哲男）

八方池の水鏡に映る白馬三山

1泊2日

唐松岳

八方尾根

コースグレード｜**初級**

技術度｜★★☆☆☆ 2

体力度｜★★☆☆☆ 2

水面に映る白馬三山と雄大な山岳景観が魅力の入門コース

1日目	八方池山荘→第三ケルン→唐松岳頂上山荘→唐松岳往復　計4時間35分
2日目	唐松岳頂上山荘→第三ケルン→八方池山荘　計3時間

写真・文／中西俊明

八《はっ》方《ぽう》尾根は唐松岳《からまつだけ》から派生した尾根で、「日本百名山」の白馬岳《しろうまだけ》、鹿島槍ヶ《かしまやりが》岳《たけ》、五竜岳《ごりゅうだけ》の展望台として人気が高い。八方尾根から唐松岳をめざすコースには、優美な白馬三山と豪快な五竜・鹿島槍ヶ岳の眺望、鋭い岩峰・不帰ノ嶮《かえらずのけん》を水面に映す八方池、ユキワリソウやチングルマが咲くお花畑などの魅力があふれている。登山道はよく整備され、危険箇所がないので、初心者におすすめのコースだ。八方池山荘まではゴンドラやリフトが利用でき、首都圏を早朝出発すれば、その日のうちに唐松岳まで登れることも魅力になっている。第三ケルンが置かれた八方池までは遊歩道が整備され、夏山と紅葉シーズン中は雄大な山岳景観や可憐な高山植物を楽しむファミリーハイクや観光客でにぎわう。第三ケルンから先が登山の領域と考えてよい。健脚ならば日帰りで計画することも可能であるが、ここでは稜線に建つ唐松岳頂上山荘に泊まり、朝夕の感動風景が楽しめる2日間の充実したコースを紹介しよう。

ハイカーや登山者でにぎわう八方池山荘

第二ケルンからは不帰ノ嶮が望める

1日目

八方池山荘から八方池を経て唐松岳へ

白馬八方《はくばはっぽう》バス停からゴンドラリフトの乗り場まで宿泊施設やお店が並ぶ道を10分ほど歩く。ゴンドラリフトから眼下に広がる白馬《はくば》村や大糸《おおいと》線沿線の光景が箱庭のように眺められる。

兎平《うさぎだいら》からのアルペンリフトを降りた乗り継ぎ地点が湿原の黒菱平《くろびしだいら》で、初夏にはミズバショウ、盛夏にはニッコウキスゲが一面に咲くところだ。さらにグラードクワッドリフトで**八方池山荘**前に出る。第一ケルンは東に下った地点にあるが、立ち寄る人は少ない。山荘前の広場にはトイレなどがあり、出発準備を整えて唐松岳をめざす。第三ケルンまでは遊歩道が整備され、初夏から紅葉シーズン中は雄大な山岳景観が目的の観光客の姿が多い。

山荘の横から遊歩道に入り、花と白馬山麓の光景を楽しみながら進む。木道は観光

第二ケルンから八方池へ（背景は頸城山塊）

客が列をつくり、思うように進めないことがある。すぐに花が多い湿原コースと展望の尾根コースに分岐する。第二ケルン手前で合うので、どちらのコースを選んでも時間的には大差はない。往路は展望のよい尾根コースから登ることにしよう。

八方池山荘裏からは白馬三山が眺められる

稜線に出ると整然と並んだ白馬三山が視界に飛びこんでくる。右から白馬岳、杓子《しゃくし》岳《だけ》、鑓《やり》ヶ岳《がたけ》の特徴ある山容が連なり、八方尾根を代表する光景になっている。急な岩場に設けられた木道を進むと、八方山《はっぽうやま》ケルンに着く。東側は大パノラマが広がり、大気が澄んだ早朝なら八ヶ岳《やつがたけ》や富士山《ふじさん》、南アルプス、浅間山《あさまやま》、妙高山《みょうこうさん》、雨飾山《あまかざりやま》など主だった山々が確認できる。稜線の斜面にはニッコウキスゲが咲き、その先には豪快な五竜岳が眺望できる。稜線の小さな建物がトイレで、トイレの先で湿原コースが合流する。

第二ケルンからハイマツ帯の斜面に設けられた階段状のステップを登る。大きな逗《ず》子《し》開成《かいせい》高ケルンをすぎ、急斜面をひと登りで傾斜がゆるみ、**第三ケルン**へと導かれる。

第三ケルンは、正面に尖った岩峰の不帰ノ嶮が正面に眺められる。ケルン手前で右に分岐する遊歩道は、八方池の池畔に直接通じている。八方池の水面に映る白馬三山

扇雪渓は8月上旬まで雪田が残っている

ケルンが置かれた丸山。展望のよい場所だ

は八方尾根を代表する光景で、快晴無風の条件が整えば、感動の風景が期待できるだろう。八方沢と八方支尾根の奥には、不帰ノ嶮が険しい山容でせまる。残雪が消えた5月下旬の八方池の西畔は、ユキワリソウが一面に咲くところだ。

第三ケルンを見送ると、観光客の姿が消え、静かな山歩きが楽しめる。ダケカンバの巨木帯が下ノ樺《しものかんば》で、新緑の季節は残雪の白馬三山が眺められ、紅葉の季節は色鮮やかな黄と赤のトンネルをくぐる。

ダケカンバ帯から急坂を登って尾根の南側に回りこむと、ニッコウキスゲやシモツケソウなど草丈の高い高山植物が目立ってくる。お花畑の先には五竜岳と鹿島槍ヶ岳の山容がひときわ大きく眺められる。

花を観察しながら山腹のゆるやかな道をたどる。上ノ樺《うえのかんば》はダケカンバを中心とした灌木帯で、6月になると林床にはみずみずしいシラネアオイが群生して咲く。また、10月上旬ならば、みごとな紅葉が期待でき

残照に輝く牛首と唐松岳頂上山荘

丸山付近からの五竜岳と鹿島槍（左奥）

るポイントでもある。

灌木帯を進み、大きな雪田があるところが扇《おうぎ》雪渓である。雪渓下は絶好の休憩ポイントで、多くの登山者が休憩している。この付近はダケカンバとナナカマドがバランスよく分布し、八方尾根屈指の紅葉のポイントになっている。

灌木帯を登ってチングルマが咲くハイマツ帯の急斜面をひと登りで、ケルンが立つ**丸山**《まるやま》のピークに着く。丸山は展望台とよぶにふさわしい平坦地で、白馬岳から鹿島槍ヶ岳の後立山《うしろたてやま》連峰主稜と白馬山麓が見渡せる。山々の眺望を楽しみながら、ゆっくり休憩したい。

この先、唐松岳頂上山荘まで1時間ほどの行程だ。登山道脇にはチングルマ、ミヤマアズマギクなど高山植物が多くなり、花と展望に感動しながら稜線漫歩を満喫しよう。ハイマツの稜線をたどれば正面に青空を突き抜く不帰ノ嶮の岩峰群がせまり、アルペン的な光景の迫力に圧倒される。

高度を上げると尾根はしだいにやせて、登山道が尾根の北側を巻くように進んでいたが、従来の道は整備のため2019年4月現在通行止めになっている。指示にしたがい尾根道から稜線に出て、**唐松岳頂上山**

八方尾根上部から白馬岳方面を望む

唐松岳頂上山荘から唐松岳をめざす

唐松岳からの不帰ノ嶮、鑓ヶ岳方面の眺望

荘へ。正面には黒部《くろべ》峡谷越しに剱岳《つるぎだけ》が鋭い山容を見せ、目の前には三角形の唐松岳がひときわ大きく眺望できる。

シーズン中の山荘の受付は混雑するので、早々に宿泊の手続をすませたい。山荘では自分の場所を確認して小休止後、唐松岳を往復しよう。山荘先の砂礫斜面にはコマクサが咲いている。山荘から20分ほどで**唐松岳**山頂に着く。

山頂からは豪壮な山容の五竜岳をはじめ、黒部峡谷越しに剱・立山《たてやま》連峰、北方には不帰ノ嶮の先に白馬岳方面の主稜が眺められる。時間の許す限り山頂での大パノラマを楽しみたい。とくに日本海に沈む夕暮れは、感動するほどすばらしい。

唐松岳山頂から感動的な日の入りの瞬間

唐松岳から雲海に浮く頸城山塊を望む

2日目 唐松岳から往路を八方池山荘へ

朝食前に山荘裏に登り、東の空を真っ赤に染めるご来光はぜひ見ておきたい。日の出の瞬間は、何度見ても荘厳で感動的。また、反対側には剱・立山連峰がモルゲンロート（朝焼け）に輝く瞬間も落とさないこと。２日目は下山するだけなので、時間はたっぷりある。

唐松岳頂上山荘前から主稜線を南に進むと、牛首《うしくび》の険しい岩稜から五竜方面の縦走コースになっている。山荘先の八方尾根分岐点から下山コースに入ると、桟道のクサリ場と沢のガレ場が現れる。初心者は若干緊張するところだが、落石に注意して通過しよう。ガレ場を通過し、八方尾根上部の稜線に出ると、この先はもう危険箇所はないので、朝のさわやかな光景を楽しみながら、ハイマツの稜線をゆっくりと歩ける。

八方尾根上部では不帰ノ嶮をはじめ、正面に浅間山から妙高山、雨飾山が一望できる。八方尾根は高山植物の種類が多く、図鑑などをポケットに持参すれば楽しさが倍増するだろう。

丸山からダケカンバの灌木帯、上ノ樺に入る。**第三ケルン**の八方池まで下ると観光客が急に多くなる。第二ケルンから湿原コースに入るが、湿原では7月下旬はワタスゲが群生するみごとな光景が楽しめる。あとは整備された木道を、**八方池山荘**へと向かう。

プランニング&アドバイス

唐松岳は北アルプス入門コースで、第3ケルンから先が登山の領域である。登山適期は6月中旬から10月初旬まで。危険箇所は稜線直下のガレ場とクサリ場で、滑落に注意しよう。健脚ならば早朝に出れば日帰りも可能であるが、稜線の山小屋に泊まることで日の出や雲海などすばらしい光景が楽しめ、充実した山行になる。山慣れた人ならば2日目に白岳から遠見尾根経由（P78コース8参照）で下山することもできる。八方尾根は花の種類が多く、ユキワリソウ、ミヤマアズマギク、チングルマなどの見ごろは6月初旬〜7月下旬。紅葉は10月上旬〜中旬に上ノ樺から下ノ樺で見ごろを迎える。

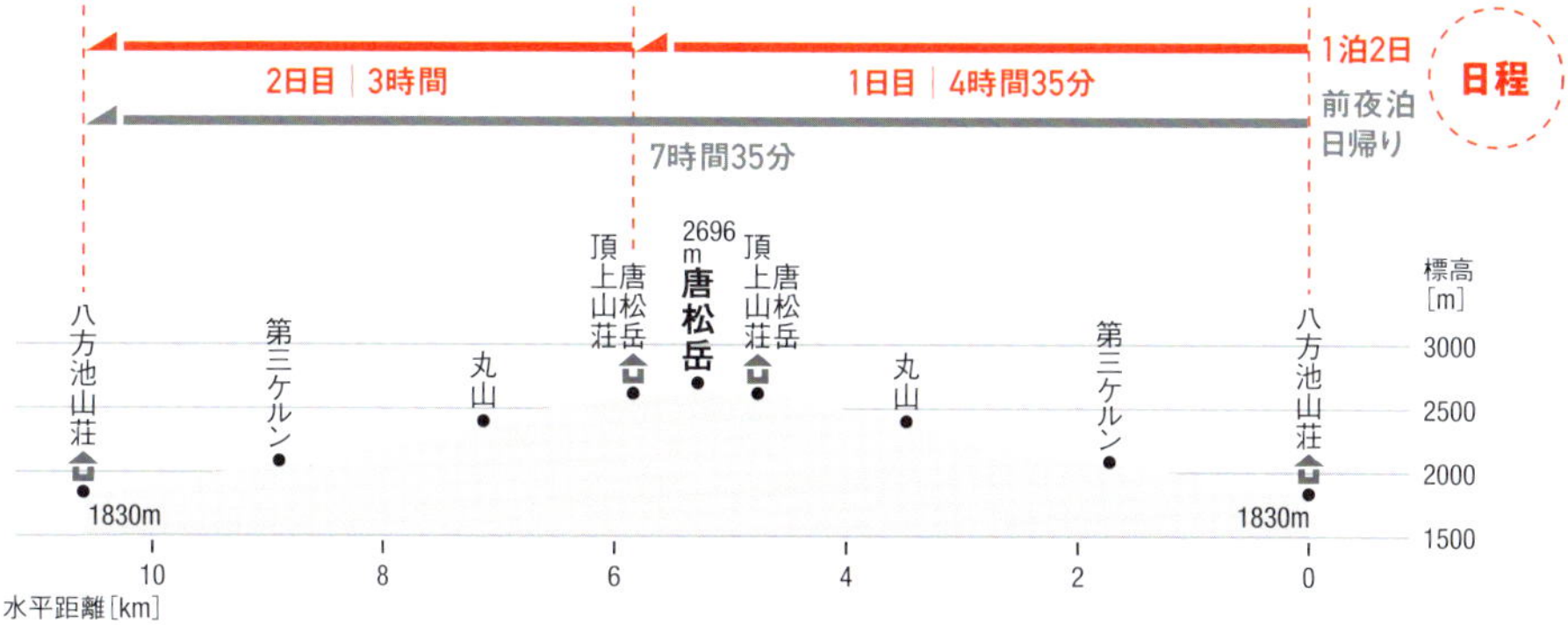

不帰Ⅰ峰付近からの不帰ノ嶮核心部

コースグレード｜**上級**

技術度｜★★★★☆ 4

体力度｜★★★☆☆ 3

前夜泊2泊3日

唐松岳 不帰ノ嶮 白馬岳

花咲く白馬岳から岩稜のキレット越えの縦走路

1日目	猿倉→白馬岳→白馬山荘　計6時間25分
2日目	白馬山荘→杓子岳→鑓ヶ岳→不帰キレット→唐松岳→唐松岳頂上山荘　計7時間30分
3日目	唐松岳頂上山荘→第三ケルン→八方池山荘　計3時間

写真・文／矢口 拓

日本三大雪渓のひとつ白馬大雪渓を有し、百花繚乱の花々が美しい白馬岳《しろうまだけ》。剱《つるぎ》・立山《たてやま》連峰の絶景が魅力の、整備された八方《はっぽう》尾根から続く北アルプス入門の山・唐《から》松岳《まつだけ》。この北アルプスのなかでも人気の高いふたつの峰を結ぶ縦走路には、いくつもの岩峰がそびえる不帰ノ嶮《かえらずのけん》（不帰キレット）が立ちはだかる。

白馬岳から不帰ノ嶮を経て唐松岳にいたるコースには、北アルプス屈指の高山植物群と高度感ある岩稜歩き、眼前に迫る山々とその向こうに広がる大パノラマなど、多彩な感動がつまっている。

しかし、白馬、唐松の二峰にいたる登山道は初・中級者向けだが、歩きづらい天狗《てんぐ》の大下り《おおくだ》に続いて不帰ノ嶮は各所にクサリやハシゴを配した険しい岩稜が連続する難コース。岩場の初心者が通過する際は、滑落の危険が高まる荒天時を避け、上級者とともに臨みたい。ゆったりとした縦走とスリルある岩稜歩きの両方を楽しんでほしい。

1日目　各コースから白馬岳へ

白馬岳までは**猿倉**《さるくら》から大雪渓経由、栂池《つがいけ》自然園、蓮華《れんげ》温泉からなどのコースがある。好みのコースで山頂の**白馬**《はくば》**山荘**か村営頂上宿舎へ（P12コース1、P22コース2、P34コース3）を参照のこと。

2日目　白馬岳から不帰ノ嶮を経て唐松岳へ

これから向かう杓子岳《しゃくしだけ》、鑓ヶ岳《やりがたけ》や剱・立山連峰、後立山《うしろたてやま》連峰の山々を一望する**白馬岳**をあとにし、唐松岳をめざす。岩稜歩きを含むコースタイム7時間半の長丁場のため、前日のうちに白馬岳山頂に登っておき、山小屋をできるだけ早朝に発ちたい。

小屋を出て、歩きやすい稜線から剱岳や白馬三山の展望が絶好の丸山《まるやま》を抜けると、さっそくお花畑が広がる。豊富な花の種類は圧巻だ。季節によっては珍しいウルップ

鑓ヶ岳を前にする天狗山荘のテント場

非対称山稜の天狗ノ頭。背後は後立山の山々

不帰Ⅱ北峰のクサリ場

ソウが見られる。

急な下りになり、最低鞍部まで標高を下げてから**杓子岳**へ登り返すと、山頂への道と巻き道の分岐に差しかかる。体力や時間によって道を選べるが、この先の長丁場を踏まえると、中腹をゆるやかに巻く道を行くのが無難だろう。そのまま進むと杓子沢《しゃくしざわ》のコルにいたる。遠くにコマクサの群生地が見えるが、くれぐれも立ち入らないこと。

鑓ヶ岳へ向け、稜線に沿って緩急ある道を上がる。登りの最後で東に折れて**鑓ヶ岳**山頂へ。振り返れば歩いてきた白馬岳と杓子岳がそびえ、南には盟主・鹿島槍ヶ岳《かしまやりがたけ》をはじめ後立山連峰の山々から、裏銀座《うらぎんざ》を経て槍《やり》・穂高《ほたか》連峰まで見渡せる。北アルプスが、富山県側がゆるやかなのに対して長野県側が切り立っている非対称山稜であることも、見渡す山々に確認できる。

山頂からつづら折りの斜面を下ると、**鑓《やり》温泉分岐**に出る。ここはまっすぐ進んで**天狗平**《てんぐだいら》へ。季節によっては雪が残っているため、下りは注意が必要だ。テント場を過ぎると天狗山荘が建っている。脇には雪どけ水が流れこむ天狗池がある。周辺は雪どけ後に高山植物のお花畑となり、季節を選べば多種多彩な花々が楽しめる。テント場の向こうには、歩いてきた白い山肌が美しい鑓ヶ岳が大きく堂々とそびえている。天狗山荘で休息をとり、水などを補給しよう。

天狗山荘を出てアップダウンのある道を通って稜線に登ると、一転して平坦な歩きやすい道が続く。その先の天狗ノ頭《てんぐのかしら》、眼下に白馬《はくば》村の町並みが見え、剱・立山連峰や黒部《くろべ》ダムの遠望がきれいだ。

天狗ノ頭からはハイマツのなかの下りがはじまり、その先で長く急な斜面が続く「天

不帰ノ嶮核心部にかかるハシゴ

不帰Ⅲ峰からのⅡ峰（右）方面。左は天狗の大下り

狗の大下り」に差しかかる。やせ尾根にはじまり、浮石の多い急な下り、露岩で歩きづらい場所やクサリ場を経て、不帰ノ嶮の最低鞍部まで一気に約300m標高を下げる手ごわい場所だ。広い稜線から一転して気が抜けない縦走路となるため、充分に気をつけて行動したい。

最低鞍部にいたるまでに、不帰ノ嶮の全容が目視できる。左手前から、Ⅰ峰、Ⅱ峰の北峰と南峰、その奥にⅢ峰。切り立ったⅡ峰北峰が核心部なのがわかるだろう。途中で休憩する都度、確認しておきたい。

下りきった平坦な最低鞍部（**不帰キレット**）で、難所となる不帰ノ嶮へ向けて、ゆっくり休憩しよう。振り返ると、大下りの名の由縁がわかるだろう。

最低鞍部を発ち、まずⅠ峰をめざす。難易度は高くないが、岩場を稜線沿いに上がるため、油断せずに歩みを進めたい。

Ⅰ峰より下った鞍部からⅡ峰北峰が核心部で、富山県側から取り付く。クサリを使

不帰ノ嶮の主要部（八方尾根から）

不帰Ⅱ峰への登り

って上がっていくが、手がかりや足がかりはわかりやすく、岩のトラバースも足場の幅があるので、落ち着いて登っていける。ただし、上部から落ちた小石がクサリ場にたまる場合もあるので気をつけたい。

　クサリが途切れたところでアングル（岩山の難所につけられた鉄杭）の橋を渡り、長野側に回りこむ。再度、クサリと短いハシゴで上がって、最後の難所に差しかかる。クサリで上ったところで溝を北峰直下へ回りこむように渡り、急な斜面をクサリに沿って慎重に上がれば、核心部を越えたことになる。北峰直下は以前、垂直なハシゴがかかっていたが、クサリに替わっている。高度感がある岩場なので、終始気を抜かずに行動したい。

　登り着いた北峰は開けているので、到着したらゆっくり休憩しよう。なお不帰ノ嶮では、緊張感からのバテや、水分不足による救助要請の事例があるので気をつけたい。

　Ⅱ峰南峰までは、富山県側につけられたハイマツと岩稜のゆるやかな縦走路が続く。南峰からⅢ峰へ向けて、急斜面を登る。岩峰基部を抜けて、Ⅲ峰の3つあるピークすべて富山県側に巻くようにつけられた道を進み、砂礫の斜面をジグザグに上がれば**唐松岳**の山頂だ。

　山頂からは、歩いてきた白馬岳から鑓ヶ岳、荒々しい不帰ノ嶮を一望できるほか、劔・立山連峰や五竜岳《ごりゅうだけ》の迫力あるパノラマが広がっている。北アルプス入門の山だけ

不帰Ⅰ峰～Ⅱ峰北峰間の核心部の通過

唐松岳付近からの唐松岳頂上山荘

不帰Ⅱ峰北峰からの唐松岳（左）と剱岳（右奥）

あり、人の少ない岩稜歩きから一転して、にぎわいを感じるだろう。

唐松岳からゆるやかに15分ほど下ると、**唐松岳頂上山荘**に到着する。玄関先からの剱・立山連峰の眺望はみごとで、朝夕はとくに必見だ。きれいな小屋で、長丁場の疲れと岩稜の緊張感を癒したい。

3日目 八方尾根を下山する

唐松岳頂上山荘を出発して、細い稜線の道を通る。すれ違いが難しい箇所は譲り合おう。**丸山**や**第三ケルン**がある八方池で、歩いてきた不帰ノ嶮が一望できる。白馬三山の眺めもすばらしい。

なお、下山コースの詳細は、P62コース6を参照のこと。

プランニング&アドバイス

本コースの核心部は不帰ノ嶮の通過で、とくにⅡ峰への登りが険しい。岩場やクサリ場が連続する場所だけに、充分に注意して通過すること。逆コースの場合はⅡ峰から下りとなるため、より難易度が高くなり、登り以上に注意が必要だ。健脚者ならば唐松岳からさらに五竜岳へ足を延ばし、遠見尾根から下山することもできる（P78コース8参照）。力量に合った計画を立てよう。本コースは、白馬三山や八方尾根の花が見ごろを迎える7月がおすすめの時期だ。

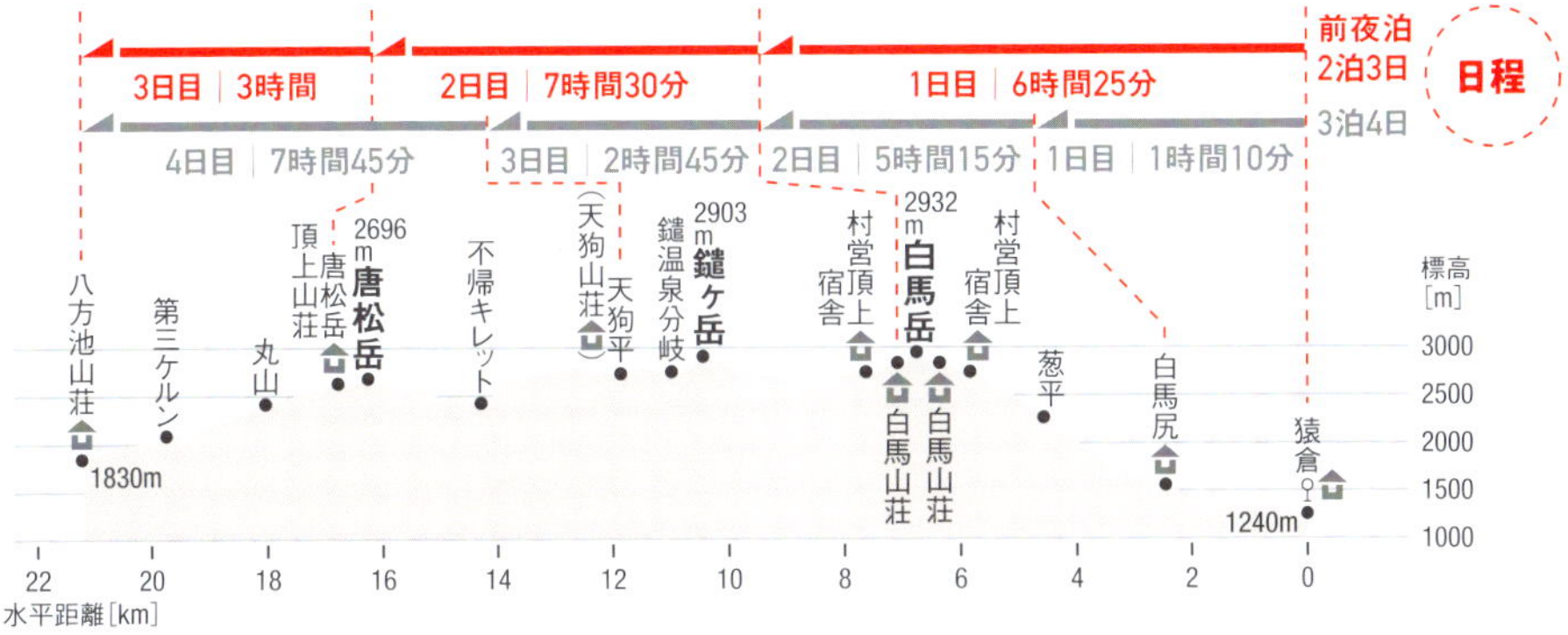

サブコース

唐松岳から祖母谷温泉

唐松岳頂上山荘↓餓鬼山↓南越沢↓祖母谷温泉↓欅平駅 計6時間30分

Map 4-2B 唐松岳頂上山荘
Map 3-2C 欅平駅

コースグレード	中級
技術度	★★★☆☆ 3
体力度	★★★☆☆ 3

唐松岳《からまつだけ》から大黒《だいこく》鉱山跡、餓鬼山《がきやま》を経て祖《ば》母谷《ばだに》温泉へ下る道は、長丁場で登り下りのある健脚向けのコースだが、稜線から黒部の谷の温泉へと向かう、静かで味わい深い道のりだ。登山道状況と天候を確認した上で、しっかりとした計画で楽しんでほしい。

1日目 **八方池《はっぽういけ》山荘**から**唐松岳**までのコースはP62コース6を参照のこと。

2日目 勇壮な剱《つるぎ》・立山《たてやま》連峰を正面に眺めながら、**唐松岳頂上山荘**前の斜面を富山県側へ下り、テント場を縫うように抜ける。露岩帯に入ると、ところどころガレている以外に、クサリ場や滑りやすい箇所がある。雪が残っている時期は、とくに滑落しないよう注意を払うこと。歩きやすくなる小尾根を越えた唐松岳西側までは、慎重な行動を心がけたい。

男性的な五竜岳《ごりゅうだけ》の大きな山容を左手に見ながら、ダケカンバの林を下る。シダも目立つ湿地帯の木道を抜けると、大正時代に銅の精錬が行われていた**大黒鉱山跡**に着く。足もとには精錬の残骸物が転がり、かつての面影を残している。

鉱山跡からは、樹林帯の急坂を稜線沿いに上がっていく。正面に見えるのが餓鬼山だ。階段状に続く道を登りきって右に入ると、**餓鬼山**山頂に出る。眺望がよく、昨日登った唐松岳や五竜岳が見える。

餓鬼山からは樹林帯の急な下り。細い尾根で、途中は金属製のハシゴやロープもあるので足もとに注意しよう。徐々に斜度がゆるやかになり、樹林帯の道を進むと**餓鬼**

唐松岳頂上山荘下部から望む剱岳

餓鬼ノ田圃の進行方向を示す印のある樹木

写真・文／矢口 拓

餓鬼岳山頂からの唐松岳（左）と五竜岳

山避難小屋に着く。きれいに扱われた小屋で、緊急時に使用できる。周辺ではクマの目撃例もあるため、とくに秋は要注意。

樹林帯をさらに下っていくと**餓鬼ノ田圃**《がきのたんぼ》だ。登山道の左側、一段低い場所に湿地帯が広がり、雨量計が見える。さらに進むとハシゴがあるが、ガスが濃いときなどはわかりづらい。樹木につけられたマーキングを目印にして進もう。

徐々に登山道はゆるやかになり、南越《なんごし》に出る。北西側が奥鐘山《おくかねやま》だ。右に折れて四十《しじゅう》八曲《はちまが》りを下るが、苔むした湿った石が多く、滑りやすいので要注意。

やがて**南越沢**に出て、沢沿いに整備された道を進むが、ここにも滑りやすい箇所がある。道なりに進み、樹林を抜けると祖父《じい》谷と祖母谷の合流地点で林道と交差する。目の前の橋を渡れば**山小屋祖母谷温泉**だ。広々とした黒部《くろべ》の秘湯で、長かった道のりの疲れを癒していこう。

3日目 祖母谷温泉を出たら、祖母谷に架かる鉄橋を渡って林道を進む。トンネルをくぐり、黒部の急流を眺めながら名剣《めいけん》温泉をすぎれば、黒部峡谷鉄道**欅平**《けやきだいら》**駅**にいたる。夏山のハイシーズンや紅葉の時期は観光客が増えるため、列車の待ち時間が長いことがあるので要注意。

プランニング&アドバイス

本コースは休憩時間を含むと7時間以上の長丁場となる。早立ちを心がける。コース中は細い尾根や滑りやすい斜面、ガスが濃いと見にくい目印など難所もあり、注意深く歩こう。標高が下がるにつれ気温も上がるため、水分補給に気をつけたい。唐松岳頂上山荘で登山道の状況など、事前に情報を入手しておこう。その上で、健脚向けの静かな山域を楽しんでほしい。

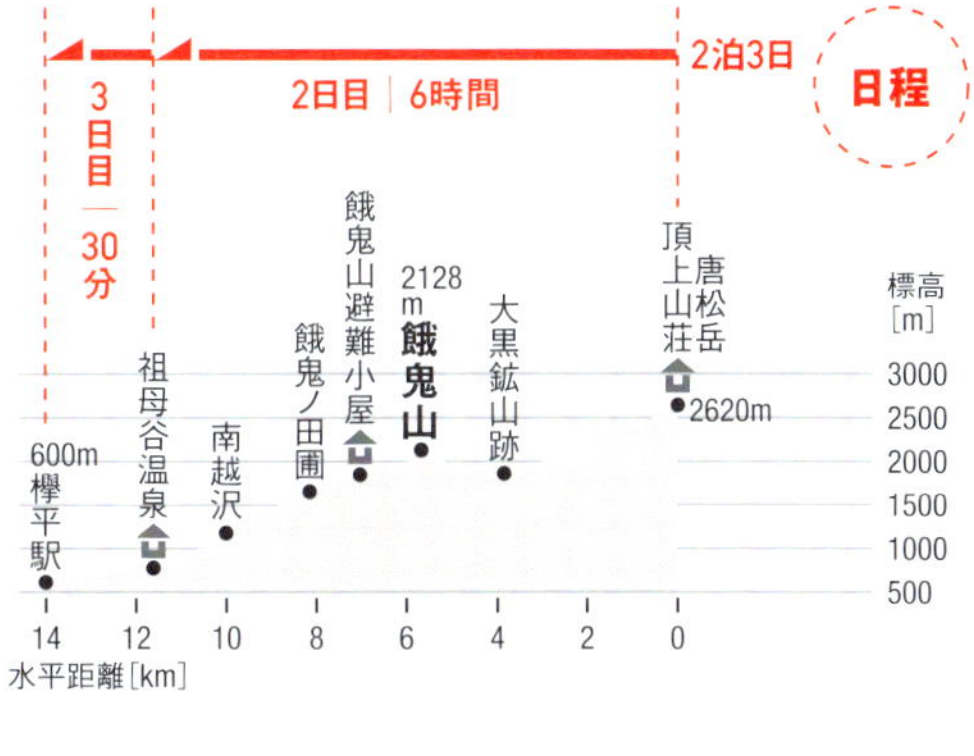

展望のよさで知られる八方《はっぽう》尾根と遠見《とおみ》尾根をつなぐ本コースは、唐松岳《からまつだけ》と五竜岳《ごりゅうだけ》のふたつのピークに立つことができ、入下山ともに索道の機動力を有効活用できるので体力的にも嬉しい。とくに登りは労せずして八方アルペンラインのトップ、標高1830mの八方池山荘まで到達できるので、大幅にアプローチを短縮できる。ここから1時間ほどのところに手ごろなトレッキングコースとして知られる八方池があり、白馬三山や不帰《かえらず》ノ《の》嶮《けん》を映す池の周りは多くの日帰りハイカーでにぎわっている。八方尾根は稜線までほとんど急登がなく、危険箇所も少ないため、北アルプス初心者に最適なルートといえるだろう。

一方、遠見尾根はテレキャビン終点のアルプス平《だいら》駅から稜線上の白岳《しらだけ》付近までアップダウンが多く、かなり登りごたえがある。それだけに鹿島槍《かしまやり》ヶ《が》岳《たけ》から五竜岳の大パノラマが疲れを癒してくれる。ここでは八方尾根を登り、ダイナミックな稜線を縦走して遠見尾根を下るプランを紹介しよう。

白岳の登りから歩いてきた唐松岳（左）、牛首を振り返る

唐松岳山頂より不帰ノ嶮方面の展望

丸山上部から唐松岳と不帰Ⅲ峰を望む

写真・文／菊池哲男

唐松岳 五竜岳

2泊3日

コースグレード	中級
技術度 ★★★☆☆	3
体力度 ★★★☆☆	3

登りやすい八方尾根から スリリングな稜線を縦走し あこがれの五竜岳へ

1日目	八方池山荘→ 第三ケルン→ 唐松岳頂上山荘→ 唐松岳（往復）	計4時間35分
2日目	唐松岳頂上山荘→ 大黒岳→ 五竜山荘→ 五竜岳（往復）	計4時間30分
3日目	五竜山荘→ 小遠見山→ アルプス平	計3時間50分

1日目

八方尾根をたどって唐松岳をめざす

　八方アルペンラインのゴンドラとリフトを2本乗り継いで**八方池山荘**へ。ここには通年営業の八方池山荘と公衆トイレがある。第二ケルン付近にある公衆トイレまでは尾根上のやや急な登山道と南側斜面をトラバースしながら徐々に登っていく道がある。前者の方が展望に優れているが、後者の方が傾斜もなく、登りやすい。第二ケルン付近にある公衆トイレの前で両ルートは合流し、不帰の岩峰を正面にしばらくは傾斜のない広々とした斜面を進む。八方ケルンをすぎてわずかに急斜面を登ると八方池へ行く道を右に分け、そのまま尾根上を進むと**第三ケルン**だ。眼下には八方池、その先には白馬三山から不帰ノ嶮、唐松岳に五竜岳そして鹿島槍ヶ岳と、すばらしいパノラマが展開する。

　昔の岩小屋跡をすぎ、大きなダケカンバが密集する下ノ樺《しものかんば》を抜け、尾根の南側をトラバースするようになると、さまざまな高山植物が咲くお花畑に出る。登山者が憩う扇《おおぎ》雪渓付近のガレ場から樹林帯に入ってふたたび尾根上に上がり、ハイマツのなかをわずかに登れば、大きなケルンが目印の**丸《まる》山《やま》**だ。ここからは五竜岳が大きく、不帰の岩峰がだいぶ近づいた印象だ。

　迫力のある展望を楽しんだら、しばらくは尾根を進んだあと、すぐに尾根を左（南）から何度か巻くように進む。以前はそのままトラバースしながら唐松岳頂上山荘が建

牛首から急なクサリ場を下る

つ稜線に出られたのだが、2018年の初夏に稜線へ出る最後のトラバース部分に崩壊があり、この道は通行できなくなった。最後は左右が切れ落ちた尾根上に固定されたパイプをつたって登るのだが、このあたりはすれ違いがあるときはぶつかってバランスを崩さないよう、慎重に行動したい。

　稜線上に飛びだすとそれまで見えなかった剱《つるぎ》・立山《たてやま》連峰の雄姿が目に飛びこんでくる。左右どちらの道でもわずかに下れば、展望のよさで知られる**唐松岳頂上山荘**に着く。小屋の前はちょっとしたテラスになっていて、ベンチもある。正面には剱・立山連峰が深い黒部《くろべ》の谷をへだてて大きくそびえ、南には五竜岳、北側にはこれから登る唐松岳がピラミダルな風貌を見せている。さっそく受付をすませたら、余分な荷物をデポして唐松岳を往復してこよう。

　いったん、ゆるやかに下った鞍部から主に稜線の南側を歩き、一度わずかに北側へ回りこむが、このあたりは右の唐松沢側へ

五竜岳山頂直下より白馬岳・唐松岳方面の展望

牛首のクサリ場と男性的な五竜岳

すっぱり切れ落ちているので、とくに下りの際は注意したいところだ。最後にやや急な斜面を登れば、**唐松岳**の山頂2696mで、北側には深く切れこむ不帰ノ嶮と、さらに続く鑓《やり》ヶ《が》岳《たけ》・白馬岳《しろうまだけ》方面や西側には剱・立山連峰から南側の五竜岳と、まさに大展望が展開する。

心ゆくまで展望を満喫したら、往路を**唐松岳頂上山荘**まで戻る。

2日目

唐松岳から大黒岳を経て五竜岳をめざす

早起きして唐松岳の山頂か、小屋裏の八方尾根ノ頭で東の頸城《くびき》山塊からのご来光を拝み、小屋に戻って準備を整えたら、いよいよ五竜岳へと向かう。

いきなり両側がスッパリ切れ落ちた牛首《うしくび》の岩稜が現れるが、足場はしっかりしており、とくに要所にはクサリもついているので慌てないことだ。ルートは主に黒部側を巻きぎみにつけられており、稜線上を行ったり来たりしながら高度を下げていく。左の信州側はまさに絶壁で、バランスを崩して落ちないように気をつけよう。

コブのような大黒岳《だいこくだけ》は黒部側から巻き、明るい砂礫の斜面を五竜岳へ向かい、さら

白岳分岐から見る五竜岳と五竜山荘

小遠見山の山頂はちょっとした広場でベンチもある

に樹林帯を下ると白岳との**最低鞍部**に出る。ここは、後立山連峰の稜線上でももっとも標高が低い場所で、低い灌木と草におおわれている。

　この先はハイマツ帯の登りが白岳まで続く。どっしりとした五竜岳がかなり近づいて、まるで羽根を広げて迎え入れてくれているようだ。白岳の右肩で左から遠見尾根の登山道を合わせ、赤い屋根が印象的な**五竜山荘**に下る。

最終鞍部手前から下ってきた唐松岳と牛首（右）を振り返る

　山荘でひと休みしたら、できるだけ荷物を軽くして、いよいよ五竜岳をめざそう。登山道は稜線の黒部側につけられており、上部に登るにつれて岩山の様相を呈してくる。山荘からG0、G2とよばれる岩峰のひだを右から巻くところでは、スリップしないよう、とくに足もとに注意したい。ちなみにGはグラードの略で岩尾根のピークをさし、五竜岳はG3となる。

　鹿島槍ヶ岳のビューポイントであるG2のトラバースを終えると山頂直下のクサリのついた岩場となり、ペンキ印に導かれて左から巻くようにやりすごしてそのまま稜線を登れば、鹿島槍ヶ岳への縦走路の分岐点。**五竜岳**の山頂は縦走路からわずかに奥

遠見尾根上部のクサリ場を下る

地蔵ノ頭にある大きなケルン

（西）へ行ったところで、山頂の標識と三角点がある。今さら展望のよさはいうまでもないが、岩と雪の殿堂・剱岳、そして八峰《はちみね》キレット越しにそびえる鹿島槍ヶ岳の雄姿が目に焼きつくだろう。

山頂からの下りは登りにも増して滑落・落石に注意しながら慎重に行動し、**五竜山荘**に戻る。

3日目 五竜山荘から遠見尾根を下山

五竜山荘から白岳分岐へ登り返して、ここから昨日歩いた稜線と分かれて右に折れて遠見尾根に入る。

少し登り、尾根状からわずかに左にはずれたところに白岳の展望台があり、東方面から北の唐松岳方面の眺めがよく、日の出を見るには最適な場所だ。この先、登山道はしだいに急な下りとなり、クサリがある露岩帯を2カ所、注意して下る。

左側が切れ落ちたコル（鞍部）から大き

五竜岳を映す西遠見ノ池

五竜岳山頂から望む鹿島槍ヶ岳。みごとな双耳峰だ

なダケカンバが目立つ西遠見山《にしとおみやま》へ登り返し、少し下ると樹林帯のなか、ぽっかりと視界が開けると西遠見ノ池のある広いスペースに出る。思わずキャンプしたくなるような場所で、ロープに沿って池を回りこむと迫力のある五竜岳が水面に映っているのが見えるだろう。

さらに展望を楽しみながら**大《おお》遠見山**、中《なか》遠見山、そして**小《こ》遠見山**へと進むが、それぞれけっこうな登り返しがあるため意外と時間がかかる。小遠見山は山頂の直前でわずかだが左への巻き道がある。

小遠見山からは白馬《はくば》村を正面に、トレッキングコースとして整備された気持ちのよい尾根道を下っていく。二ノ背髪《にのせがみ》、一《いち》ノ背髪とすぎ、そのまま見返り坂の急斜面を一気に下り、遭難碑の脇を通って**地蔵ノ頭《じぞうのあたま》**へとわずかに登る。

最後はリフト終点からコンクリートでできた白馬《はくば》五竜高山植物園内の遊歩道を下って、テレキャビン駅の**アルプス平**に出る。

プランニング&アドバイス

牛首の下りは切り立った岩稜のクサリ場が連続し、不帰ノ嶮（P70コース7）を彷彿させる悪場が続く。足場はしっかりしているのでクサリに頼り切らず、一歩一歩確実に歩を進めること。強風や雨など天候が悪いときは退避する場所がないので、無理しないことが賢明だ。逆コースのほうが、クサリ場の部分が登りになるのでかなり危険度は下がる。その代わり、アップダウンの多い遠見尾根を登ることになり、八方尾根と比べると体力的にはきつくなる。

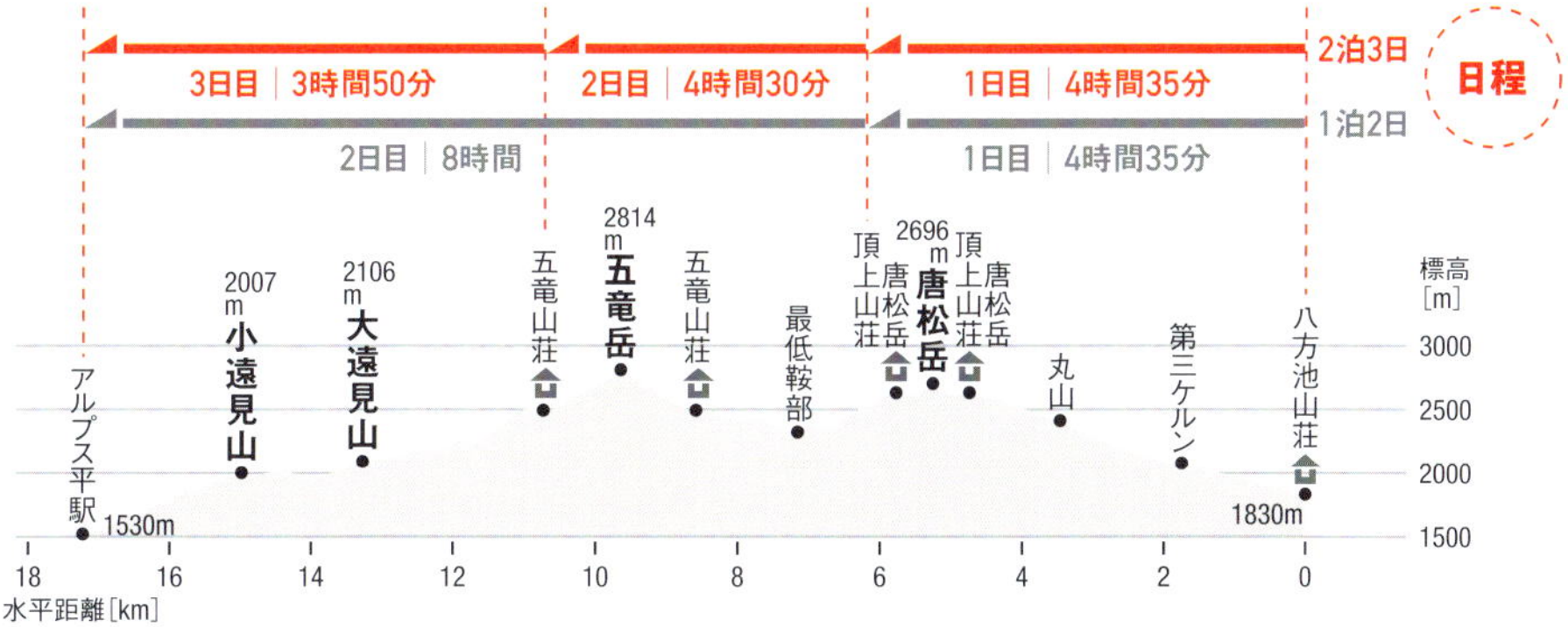

爺ヶ岳からの鹿島槍ヶ岳。ふたつのピークをつなぐ吊尾根が印象的（撮影／菊池哲男）

鹿島槍ヶ岳

アルペン的な山や
広大なお花畑
爽快な雪渓など
変化のあるエリア

2泊3日

鹿島槍ヶ岳
柏原新道・爺ヶ岳

爺ヶ岳から望む鹿島槍ヶ岳は美しい双耳峰だ

コースグレード | 中級

技術度 ★★☆☆☆ 2

体力度 ★★★☆☆ 3

お花畑と展望の稜線から
双耳峰の盟主をめざす

1日目	扇沢→ 種池山荘	計4時間15分
2日目	種池山荘→ 爺ヶ岳南峰→ 冷池山荘→ 鹿島槍ヶ岳北峰→ 冷池山荘	計7時間5分
3日目	冷池山荘→ 爺ヶ岳南峰→ 種池山荘→ 扇沢	計5時間30分

写真・文／中西俊明

鹿《か》島槍ヶ岳《しまやりがたけ》は後立山《うしろたてやま》連峰の盟主で、秀麗な双耳峰は登山者の心を魅了してやまない。北側の遠見《とおみ》尾根や五竜岳《ごりゅうだけ》から眺めると荒々しく険しい山容に圧倒され、南側の爺ヶ岳《じいがたけ》から眺望すると、優美でダイナミックな山容に感動させられる。鹿島槍ヶ岳は北アルプスのなかでも、双耳峰の美しさは他に類を見ない。

扇沢《おうぎさわ》から爺ヶ岳南斜面を登る柏原《かしわばら》新道は、冷池《つめたいけ》山荘の2代目・柏原正泰氏が独力で切り開いた歩きやすい登山道である。鹿島槍ヶ岳はその柏原新道から種《たね》池、爺ヶ岳を経て、往復するコースが登りやすく人気だ。種池にはチングルマやコバイケイソウが咲くお花畑が広がり、爺ヶ岳に立つとモルゲンロートに輝く剱《つるぎ》・立山《たてやま》連峰、雲海に浮かぶ槍《やり》・穂高《ほたか》連峰や富士山《ふじさん》がすばらしい。また、鹿島槍ヶ岳南峰からは、針ノ木岳《はりのきだけ》から白馬岳《しろうまだけ》までの後立山連峰が見渡せる。種池山荘と冷池山荘が絶好の位置に立っているので、2泊3日で計画すれば、誰もが気軽に双耳峰に立つことができよう。

柏原新道上部のガレ沢。クサリもある

ケルン付近からは扇沢駅が俯瞰できる

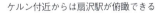

1日目

扇沢から柏原新道で種池へ

観光客でにぎわう**扇沢**バスターミナルから車道を10分ほど戻り、**柏原新道登山口**へ。堰堤脇を進み柏原新道に入ると、急斜面の樹林帯をジグザグに登る。はじめから急坂に苦しめられるが、自分のペースで登ることが大切だ。通称モミジ坂とよばれる急坂は10月上旬、色鮮やかなモミジの紅葉に励まされるところ。

うっそうとしたコメツガ、シャクナゲ、ヒノキなどの深い樹林帯を、ジグザグに高度をかせぐ。足もとには巨木の根が登山道に張りめぐらされている。東側に開けた展望地から、V字谷の篭川《かご》と大町《おおまち》市街地が見渡せる。尾根の西側に回りこむと、木陰に小さなベンチが現れる。登山口から苦しめられてきた急坂も、ここで一段落する。

この先、登山道は爺ヶ岳南尾根西斜面をたどり、登りやすいフラットな道が続く。しばらく展望のない樹林帯の道が続き、左

鹿島槍ヶ岳南峰からの爺ヶ岳、針ノ木岳方面の山々

下に扇沢バスターミナルが見渡せるようになる。左に小さなケルンが置かれた地点まで登ると、針ノ木岳をはじめ種池の稜線まで眺望できる。樹相が明るい広葉樹林に変われば、登山道脇にはゴゼンタチバナの白い花が目立ってくる。

左前方には針ノ木岳と蓮華岳《れんげだけ》が顔を見せ、紅葉の時期はダケカンバとナナカマドが美しい。コースには石畳、水平道、アザミ沢など特徴をつかんだ地名の標識がつけられている。名前どおりアザミ咲くアザミ沢の先で、初夏に残雪が見られるガレ沢を横切る。ガレ沢の先には本コース唯一のクサリがある。登山道脇にダケカンバの巨木が目立ってくれば、稜線上の種池は近い。

灌木に囲まれた急登を経てお花畑のなかを登ると、三角屋根の**種池山荘**前に出る。東京を早朝に出発すれば、午後の遅い時間帯に山荘に到着する。山荘前の広場から蓮華岳と針ノ木岳がすばらしい景観を見せてくれよう。山荘左側には爺ヶ岳の雪形、種まき爺さんに由来する種子モミをつけた小さな種池がある。さらに棒小屋乗越《ぼうごやのっこし》方面に進んだ地点に種池のキャンプ指定地がある。

2日目　種池から鹿島槍ヶ岳へ登頂後冷池山荘へ

2日目は、種池山荘から鹿島槍ヶ岳を往復して冷池山荘までの行程。種池山荘を出発してお花畑上縁を通って爺ヶ岳に向かう。種池のお花畑は7月下旬から8月上旬にかけてコバイケイソウやチングルマが群生す

お花畑のあいだを登り種池山荘へ

チングルマ咲く種池のお花畑と針ノ木岳

る。お花畑越しにはおおらかな蓮華岳とその右に鋭い山容の針ノ木岳が眺望できる。

　灌木帯を抜け、広いハイマツ帯の稜線に出ると、正面には三角形をした爺ヶ岳が眺められる。爺ヶ岳から北に延びた主稜を追うと、これから向かう鹿島槍ヶ岳が望める。

　山荘を出発してハイマツの尾根道を1時間ほどで**爺ヶ岳南峰**に立つ。正面には双耳峰の鹿島槍ヶ岳、西側には剱・立山連峰が凛とした山容を見せている。東遠方には槍・穂高連峰がはっきり眺望できる。爺ヶ岳は南峰、中央峰、北峰の3つのピークに分かれ、爺ヶ岳の三角点と標識は南峰に立てられている。

　登山者でにぎわう爺ヶ岳南峰をあとに、鹿島槍ヶ岳をめざす。山頂直下にはコマクサが咲く砂礫地が広がっている。登山道からはずれてお花畑に入らないよう、みんなで高山植物を見守りたい。

　爺ヶ岳中央峰には踏み跡があるがこれを見送り、黒部《くろべ》側の斜面を直進する。鹿島槍ヶ岳の山容が徐々に変化する。ハイマツ帯をゆるく下って**赤岩《あかいわ》尾根分岐**を見送る。冷《つべた》乗越《のっこし》までジグザグに下り、シラビソの樹林へ入る。赤茶色をした冷乗越の東側斜面は崩壊が著しく、危険なので近づかないよう

好展望の稜線にある冷池山荘付近のテント場

爺ヶ岳南峰は劔岳や鹿島槍の眺望がみごと

にしよう。鞍部からシラビソの樹林を登り返すと**冷池山荘**に着く。

2日目は冷池山荘泊まりとなるので、荷物は山荘に置き、行動食や雨具など必要な荷物をもち出発しよう。東側に切れ落ちたやせ崩壊地の縁を通過すれば、冷池山荘のテント場に出る。テント場は剱・立山方面が開けて展望に優れているが、荒天時には風をまともに受けるところだ。

テント場の先で二重山稜が見られる東斜面へと入る。7月下旬にはコバイケイソウやチングルマが咲くお花畑となり、鹿島槍ヶ岳周辺では数少ない貴重なお花畑になっている。前方には布引岳《ぬのびきだけ》と鹿島槍ヶ岳南峰、北峰の3つの峰が並んで眺められる。

稜線に出て、広々としたハイマツの急斜面をジグザグに登れば**布引岳**に着く。荷物が軽いと順調なペースで登れることが実感できる。布引岳からは鹿島槍ヶ岳南峰が、ひときわ大きく印象深く望める。

ミヤマダイコンソウが咲く岩まじりのハイマツ帯の道を、鹿島槍ヶ岳南峰をめざしてゆっくりと登る。鹿島槍ヶ岳から爺ヶ岳の稜線は顕著な非対称山稜が観察できるところ。黒部側のなだらかな斜面に対し、信州側は鋭く切れ落ちている。

岩礫の登山道をひと登りすれば待望の**鹿島槍ヶ岳南峰**に立つ。2889mの三角点が置かれた南峰は広々としている。360度の大パノラマで、爺ヶ岳から針ノ木岳に連なる後立山の主稜線、鹿島槍ヶ岳北峰から五竜岳までの険しい縦走路、逆光でシルエットが印象的な剱岳など豪快な眺望が楽しめる。時間が許せば鹿島槍ヶ岳北峰を往復してもいい。北峰までの往復は1時間ほどの行程だ。

午後の斜光に輝く山々を存分に楽しんだら、往路を**冷池山荘**まで戻ることにしよう。1時間30分で下れるので、あせらずゆっくりと下りたい。

爺ヶ岳南峰からの雲海に浮く槍ヶ岳方面

鹿島槍南峰は360度の大パノラマが楽しめる

3日目 冷池山荘から往路を扇沢へ

最終日は、冷池山荘から種池経由で扇沢に下る。山慣れた人なら赤岩尾根を大谷原《おおたんばら》まで下山してもよいが（P104コース11参照）、初心者は種池から扇沢へ往路を引き返すほうが危険箇所が少なくおすすめだ。

冷乗越から斜面をゆるく登って**赤岩尾根分岐**へ。朝の光で輝く剱岳の眺めがすばらしい。**爺ヶ岳南峰**まではハイマツ帯のゆるい登りが連続する。南峰から種池までは正面に立山連峰を望みながらのゆるい下りとなる。赤い屋根の**種池山荘**と剱・立山連峰は一枚の絵はがきを見ているようなすばらしい光景だ。種池でお花畑に咲く花を楽しんだら、柏原新道を**扇沢**に下山しよう。

布引岳からは正面に鹿島槍ヶ岳がせまる

プランニング&アドバイス

鹿島槍ヶ岳への人気コースだけに、全般的に歩きやすい登山道となっている。登路の柏原新道は標高差こそあるがよく整備され、初心者でも安心して歩くことができる。今回は余裕のある2泊3日としたが、2日間で計画する際は1日目が冷池山荘泊まり、2日目に鹿島槍ヶ岳を往復して扇沢まで下山する。山慣れた人は3日目に赤岩尾根から大谷原に下山してもよい（P104参照）。ただし下山路の赤岩尾根上部はガレ場やハシゴが多く、滑落や転倒に注意すること。7月下旬から花の季節で、種池のお花畑にはコバイケイソウとチングルマが群生する。紅葉は9月下旬〜10月上旬に見ごろを迎える。

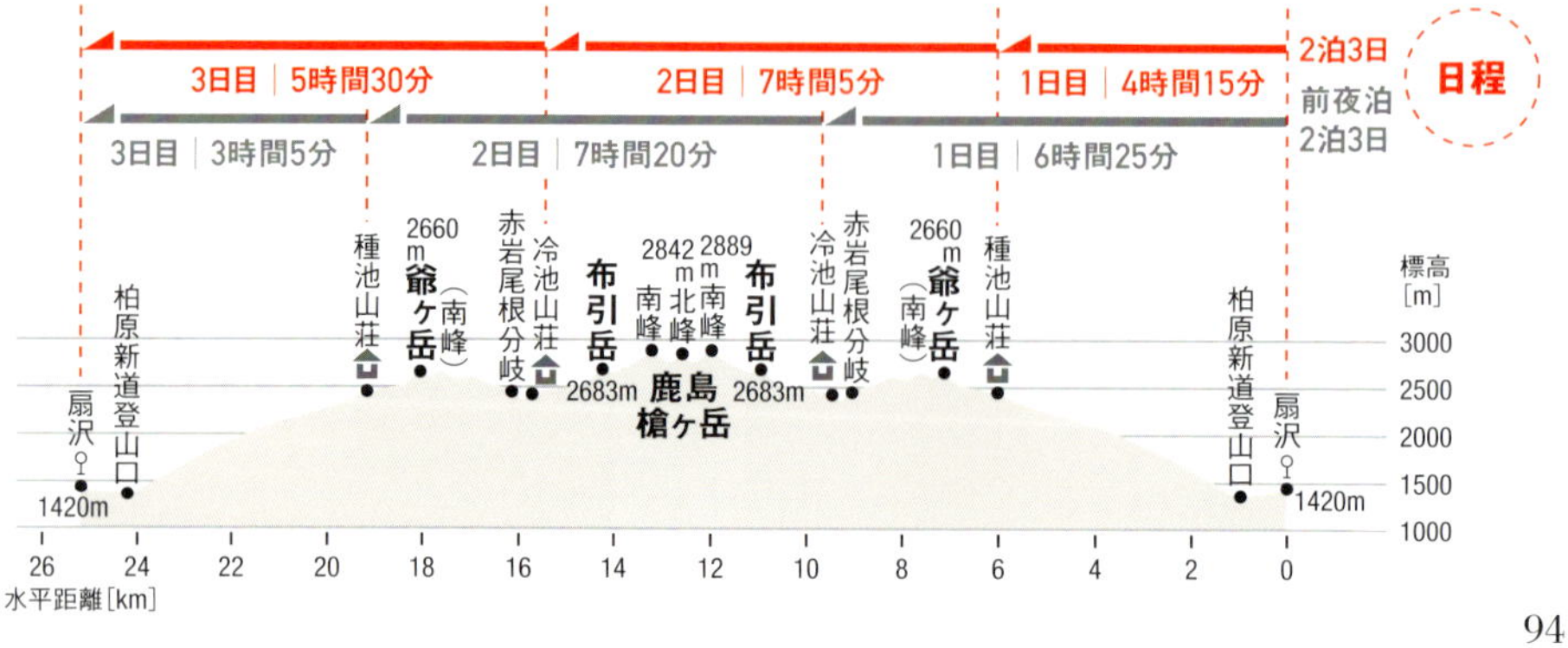

コラム4

後立山縦走のコツ教えます①

[コースプラン編]

後立山連峰は日本海に断崖が落ち込む親《おや》不知《しらず》から針ノ木岳《はりのきだけ》までつながり、さらに稜線は裏銀座《うらぎんざ》の北端・烏帽子岳《えぼしだけ》へと延びる。その間、枝を伸ばすように尾根沿いを中心に登山道が整備され、稜線の山小屋も間隔を置いて建ち、縦走にはもってこいの山域だ。

「どこの登山道から入ろうか」「何日間の縦走をしようか」「小屋泊まりか、テント泊か」などと考えながら地図を広げれば、無数のプランが浮かんでくる。まずは計画から。登りたい時期、歩きたい地形、眺めたい景色などを考えて選んでみよう（「実践編」はP107参照）。

日本三百名山の蓮華岳。コマクサ群落がある

後立山連峰は多様化する登山スタイルにも対応できる山域だ。テント泊で全域を縦走するのも可能。近年は日本海と北アルプスの稜線をすべてつなぐ登山者も増えている。途中下山しながら、山行記録をつなげていくのも楽しいだろう。ただしテント泊の際は、難所の岩場や水場のない長距離などは気をつけよう（P107コラム参照）。爺ヶ岳《じいがたけ》や唐松岳《からまつだけ》など「北アルプス入門」と称される山から、不帰ノ嶮《かえらずのけん》や八峰《はちみね》キレットなど岩稜歩きまで、初心者から上級者まで幅広い層にも対応できる地形も嬉しい。それぞれのレベルと好みに合わせ、自分たちにあった計画を立ててみよう。

小屋泊まりも、それぞれの日程や体力に合わせて、計画を延ばしていける。例えば一泊ならば、扇沢《おうぎさわ》から針ノ木雪渓を通って針ノ木峠へ。針ノ木小屋で一泊して蓮華岳《れんげだけ》と針ノ木岳に登る計画が立てられるが、健脚ならば日程を延ばして船窪《ふなくぼ》小屋方面、さらに烏帽子岳へ行程を延ばして。針ノ木岳から種池《たねいけ》山荘方面へ向かうのも可能だ。

白馬岳《しろうまだけ》周辺は高山植物のホットスポットで、種池山荘周辺はチングルマやコバイケイソウが咲き誇る。蓮華岳は国内屈指のコマクサの群生地で、不動岳《ふどうだけ》、南沢岳《みなみさわだけ》、烏帽子小屋周辺もコマクサが広範囲に見られる。その他の山域もそれぞれ特色ある花々が咲く。高山植物が好きな人なら、計画に盛りこもう。

季節によって表情も変わるので、涼しい時期に紅葉を楽しんで歩いてもよい。また、後立山連峰は日本三大雪渓のうちふたつの雪渓を有しているので、残雪を歩いて稜線まで上がる時期は、針ノ木雪渓と白馬《はくば》大雪渓を盛りこむと楽しさが増しそうだ。

花の最盛期は梅雨明けの7月下旬～8月上旬ごろ（白馬大雪渓上部）

写真・文／矢口 拓

切り立った岩峰が続く
後立山連峰きっての
難コースを踏破する

鹿島槍ヶ岳をバックに北尾根ノ頭へ向かう

後《うしろ》立山《たてやま》連峰の中央部に位置する優美な双耳峰・鹿島槍《かしまやり》ヶ《が》岳《たけ》と、羽根を広げたようなダイナミックで男性的な五竜岳《ごりゅうだけ》をつなぐコースは「八峰《はちみね》キレット越《ご》え」とよばれ、昔は悪路の連続でエキスパートにのみ許される難路だった。今では要所にクサリやハシゴが取り付けられるなど整備が進み、三点支持など簡単な岩登りの基礎をマスターしていれば通過にそれほど問題はなくなったが、一歩間違えれば大事故につながり、相変わらず後立山連峰きっての難コースであることには変わらない。

鹿島槍ヶ岳〜五竜岳間はところどころアップダウンが激しい岩場の連続で、距離の割には思いのほか時間がかかる。稜線に水場はなく、キレット小屋以外にエスケープする場所がないので、小屋の営業期間や当日の天候の見極めも重要になってくる。実際、毎年のように転落による死亡事故も起きているので、実施に際しては必ず経験者の同行を条件に、初心者だけのパーティはできるだけ自粛するようにしたい。

緊張するコース中でオアシスのようなキレット小屋

鹿島槍ヶ岳南峰山頂より爺ヶ岳、槍ヶ岳方面の展望

写真・文／菊池哲男

前夜泊2泊3日

鹿島槍ヶ岳 五竜岳
八峰キレット

コースグレード | 上級

技術度 | ★★★★☆ 4

体力度 | ★★★★☆ 4

1日目	扇沢→ 種池山荘→ 爺ヶ岳→ 冷池山荘	計6時間25分
2日目	冷池山荘→ 鹿島槍ヶ岳→ キレット小屋→ 五竜岳→ 五竜山荘	計9時間45分
3日目	五竜山荘→ 小遠見山→ アルプス平	計3時間50分

布引岳より間近に迫った鹿島槍ヶ岳を望む

1日目

扇沢から爺ヶ岳を越えて冷池山荘へ

立山黒部《たてやまくろべ》アルペンルートの信州側玄関口である**扇沢《おうぎさわ》駅**から車道を少し戻って扇沢に架かる橋を渡ると**爺ヶ岳《じいがたけ》柏原《かしわばら》新道の登山口**だ。ここから**種池《たねいけ》山荘**に上がり、**爺ヶ岳**を経由して**冷池《つめたいけ》山荘**に入る。詳細はP88コース9を参照のこと。このほか赤岩《あかいわ》尾根を登り、直接、冷池山荘に入ることもできる(P104コース11参照)。

八峰キレットからキレット小屋へクサリ場のトラバース

2日目

冷池山荘から八峰キレットを経て五竜山荘へ

このルートの核心部を行く大事な日なので、しっかり天候を見極めてから出発しよう。

冷池山荘から崩壊地を右に見て、少し登ると展望のよいテント場がある。ここを通って鹿島槍ヶ岳を見ながら信州側につけられたお花畑のなかを行く。このあたりは夏にはチングルマやコイワカガミ、コバイケイソウなどが咲く、鹿島槍ヶ岳では数少ない花見スポットだ。ダケカンバとハイマツの稜線に上がり、しだいに急な斜面をジグザグに登れば**布引岳**《ぬのびきだけ》だ。ここからは鹿島槍ヶ岳の双耳峰が眼前に迫り、とても迫力がある。

一度わずかに下ったあと、ところどころ可憐な高山植物が咲く稜線を鹿島槍ヶ岳に向かい、高度を上げていく。左には深い黒部の谷をはさみ剱《つるぎ》・立山連峰がすばらしい。このあたりは信州側が切れ落ち、黒部側が

鹿島槍ヶ岳山頂より五竜岳・白馬岳方面の展望

八峰キレット付近の高度感のある岩場を行く

なだらかという非対称山稜の特徴がよくわかる。最後は急な岩礫の斜面をジグザグに登って**鹿島槍ヶ岳の南峰**に立つ。標高２８８９ｍの山頂からはさすがにすばらしい展望が広がるが、とくにこれから向かう八峰キレット越しの五竜岳が印象的だ。

ひと休みしたら落石に注意して吊尾根の岩場を下っていく。夏、遅くまで雪田が残る鞍部から少し行くと**北峰分岐**で、時間があればぜひ**北峰**を往復してこよう。主稜線から少し東にはずれているだけに新鮮なアングルで後立山連峰を眺めることができるだろう。何より北峰から見下ろすカクネ里《ざと》雪渓が迫力満点で、２０１８年、立山・剱に続き国内４例目の氷河であると認定されている。

北峰分岐に戻ったら、いよいよ八峰キレットへと一気に高度を下げていく。足場の悪い登山道を慎重に下り、最低鞍部（八峰キレット）の手前で垂直に切り立った岩場の左（黒部）側をクサリにサポートされながらトラバース気味に下降する。降り立ったところが八峰キレットの核心部で、ここから鉄バシゴで上がり、今度は稜線の右（カクネ里）側をトラバースするようにクサリやハシゴを使って登る。

核心部のひとつ、G5を通過する

五竜岳に向かって口ノ沢のコル付近を行く

キレット小屋を出発し、五竜岳方面へ

その先でふたたび黒部側に回りこみ、クサリ場を下る。キレット小屋まで気が抜けない岩場の連続だ。

やっとの思いで降り立った**キレット小屋**は稜線上の鞍部にピタッとはまるように建っており、よくこんなところに小屋を建てたものだと感心する。厳しいルート中、唯一ゆっくりできるオアシス的存在だ。小屋の前で英気を養ったら、後半戦へ向けて出発しよう。

最初のピークは途中クサリをつたって黒部側を巻き、キレット沢のコルに出る。ここから岩がゴロゴロした沢状の道を登り、五竜岳側から見て「三段登り」とよばれる急なクサリ場を慎重に下降する。主に黒部側につけられた、赤茶けた岩と土が目立つ登山道をしばらく行くと**口《くち》ノ《の》沢《さわ》のコル**だ。

さらに歩きやすい道をゆるやかに登ると北尾根ノ頭に出る。展望がよく、振り返ると越えてきた鹿島槍ヶ岳がそそり立ち、めざす五竜岳がだいぶ近づいて

縦走路分岐から五竜岳の山頂へ

G4を越えて最後のクサリ場を直登する

きたのを実感できるだろう。ここで少し休憩をとり、水分やエネルギーを補給して終盤の登りに備えよう。

すぐに傾斜のあるハシゴを下り、小岩峰は黒部側から巻いてガレ場を進んでいく。ジャンダルム（前衛峰）のようなＧ５は切り立った岩峰でクサリ場が連続するが、主に黒部側につけられた道の足場はしっかりしているので、落ち着いて行動すればそれほど問題なく通過できる。さらにクサリ場が続くＧ４はピークを通過せずに左側を巻き、最後は山頂直下のクサリ場を登れば五竜岳の肩に到着だ。右に下れば五竜山荘方面で、わずかに左（西）へ行ったところが道標と三角点がある**五竜岳**の山頂だ。山頂からの展望は雄大で、まさに後立山連峰のど真ん中にいるような印象だ。

大展望を満喫したら、五竜山荘へ下る。ただしすぐに黒部側にクサリ場の下りがあり、ここでは事故も起きているので慎重に行動しよう。さらにＧ２、Ｇ０の岩峰を黒

G4のトラバースを終え、いよいよ五竜岳が目前に迫る

五竜岳山頂より雲表の鹿島槍ヶ岳を望む

部側から巻くところも滑落に要注意で、あとは稜線の黒部側につけられた登山道を下っていく。

五竜山荘に着くころには緊張を強いられた長い稜線縦走から解放された安堵感と満足感で、胸がいっぱいになるだろう。最終日に備えて、ゆっくり休息をとりたい。

3日目 五竜山荘から遠見尾根を下る

五竜山荘から五竜岳を背にして白岳《しろだけ》分岐に登り返し、ここで唐松岳《からまつだけ》方面へ向かう稜線を離れて右に折れてわずかに登ると白岳だ。ここから西遠見山《にしとおみやま》、**大《おお》遠見山**、中《なか》遠見山そして**小《こ》遠見山**とアップダウンのある遠見尾根を下り、テレキャビン駅のある**アルプス平《だいら》**に出る。詳細はP78コース8を参照。

プランニング&アドバイス

今回は前夜泊2泊3日のプランとして紹介しているが、初日を種池山荘泊とし、翌日、爺ヶ岳と鹿島槍ヶ岳を越えてキレット小屋で宿泊、3日目、五竜岳を越えて五竜山荘で泊まり、最終日に遠見尾根を下るか、唐松岳まで縦走し、八方尾根を下る3泊4日のプランとするとかなり行動が楽になる（唐松岳方面へはP78コース8を参照）。鹿島槍ヶ岳から五竜岳の核心部はクサリやハシゴが連続し、ミスの許されない登下降が続くので、できるだけ持ち物を少なくしてザックを軽くコンパクトにするように心がけたい。

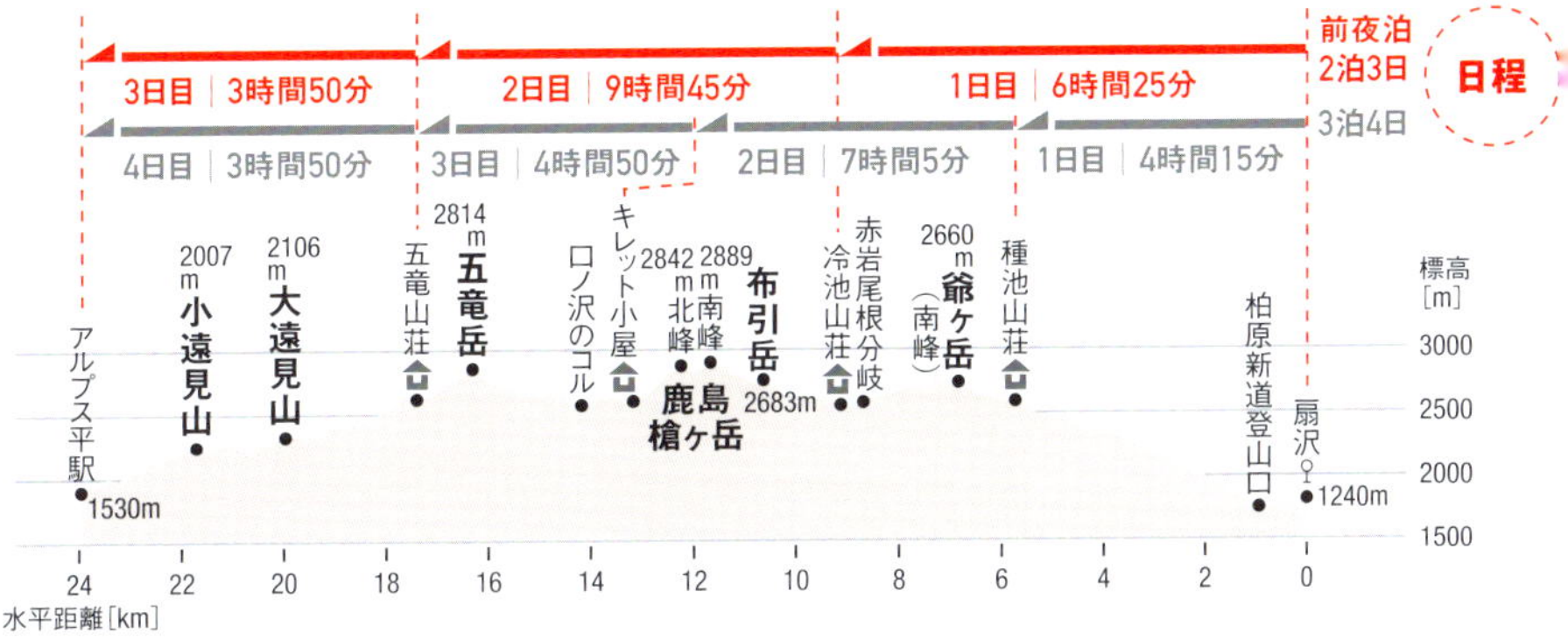

前夜泊1泊2日

鹿島槍ヶ岳

赤岩尾根

秀峰・鹿島槍ヶ岳への最短ルートを登る

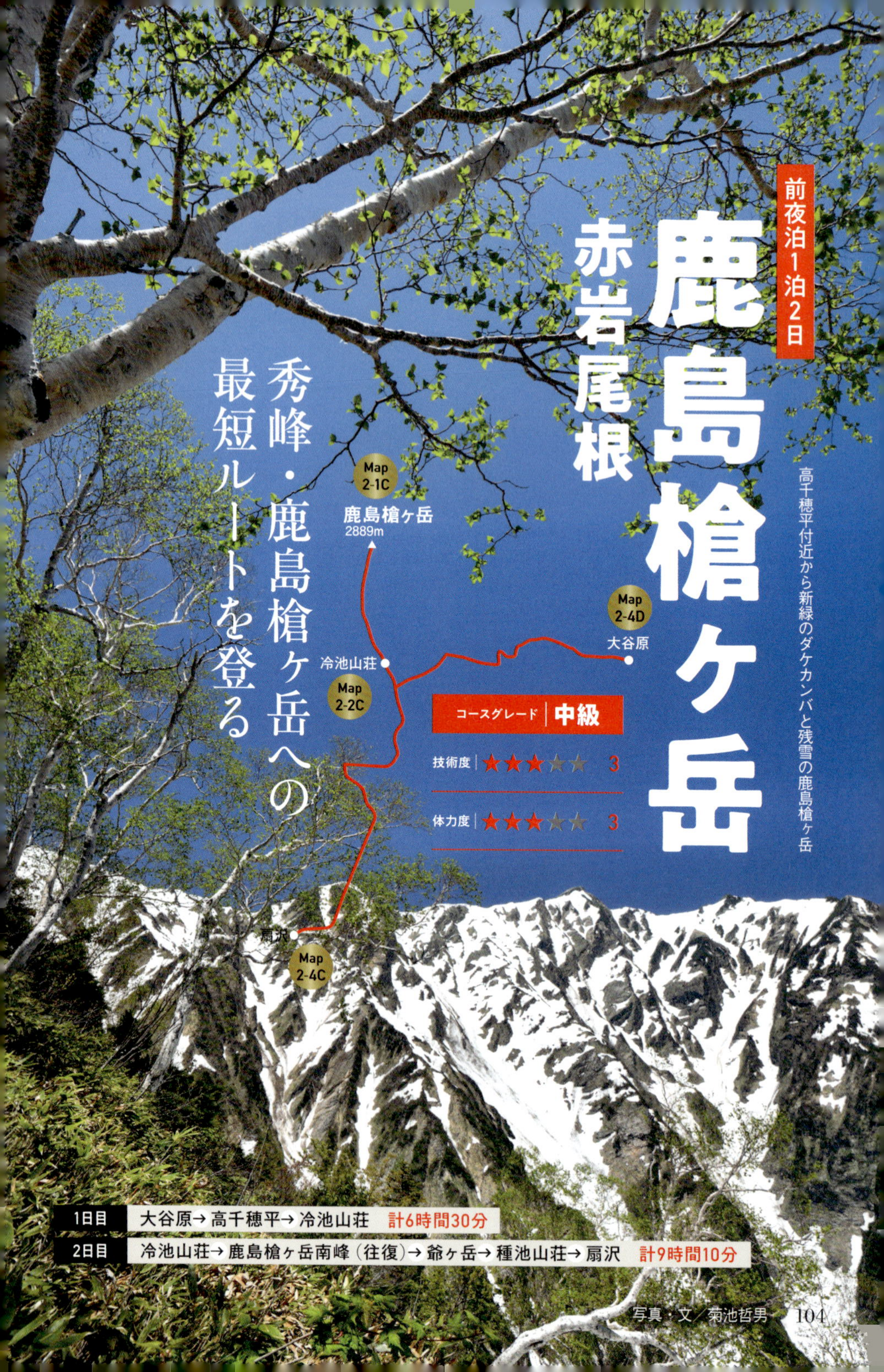

高千穂平付近から新緑のダケカンバと残雪の鹿島槍ヶ岳

コースグレード	中級
技術度	★★★☆☆ 3
体力度	★★★☆☆ 3

1日目	大谷原→高千穂平→冷池山荘	計6時間30分
2日目	冷池山荘→鹿島槍ヶ岳南峰（往復）→爺ヶ岳→種池山荘→扇沢	計9時間10分

写真・文／菊池哲男

美しい双耳峰が特徴の鹿島槍ヶ岳《かしまやりがたけ》への最短ルートである赤岩《あかいわ》尾根は西俣《にしまた》出合より急登の連続で、稜線の冷乗越《つべたのっこし》付近まで一気に駆け上がる印象だ。ほとんどが樹林帯の登りで展望のないなか、つらい登りを強いられるが、それだけに高千穂平《たかちほだいら》からの鹿島槍ヶ岳の眺めはすばらしく、その大きな懐に入りこんだような迫力を感じる。登山口となる大谷原《おおたんばら》は鹿島集落のさらに奥にあり、橋の手前にちょっとした公園と駐車場がある。

1日目 赤岩尾根を登り冷池山荘へ

ベンチと駐車場がある**大谷原**登山口から大冷沢《おおつべた》に架かる橋を渡ったら、突き当たりを左へ折れて林道を行く。ここにも数台の駐車スペースがある。そのまま林道を行くとすぐに一般車両通行止めのゲートが現れ、さらに川に沿って進むと堰堤と取水口がある。この先で一度大きく右へ回りこみ、ブナ林のなかをふたたび左へ曲がって大冷沢に沿ってゆるやかに登っていくと、正面に爺ヶ岳《じいがたけ》の東面が見えてくる。爺ヶ岳の西沢と鹿島槍ヶ岳の北股《きたまた》本谷が合わせるところが西俣出合で、北股本谷は珍しいコンクリートのトンネルを通って対岸に渡る。トンネルを抜けたら左へ少し行くと、**西俣出合**の道標が立っていて、ここから本格的な登山道がはじまる。

視界のない樹林帯の急登はところどころ鉄バシゴやちょっとした露岩のクサリ場もあって息が切れるので、できるだけゆっくり登るようにしよう。ときどき樹間から見える鹿島槍ヶ岳や爺ヶ岳に励まされながらひたすら高度を上げていくと、急に視界が開けて鹿島槍ヶ岳の北峰が視界に飛び込んでくる。この先は大きなダケカンバが目立つようになり、急な鉄バシゴを登れば、やがて展望台のような開けた**高千穂平**だ。振り返ると、歩きだした登山口の大谷原の河原も認められるだろう。

西俣出合を示す道標をすぎると本格的な登りがはじまる

高千穂平上部の赤茶けた岩場にかかるハシゴ

ゆっくり休憩をとったら、大きなダケカンバのなかを爺ヶ岳や鹿島槍ヶ岳の雄姿を見ながら稜線めざして赤茶けた色が特徴的な山道を登る。さらに上部に行くにつれてナナカマドも目立つようになり、秋には鹿島槍ヶ岳をバックに美しい色合いを見せてくれる。やせた細い尾根を鉄バシゴで登り、最後は尾根上を離れて急斜面を右へ横切って稜線（**赤岩尾根分岐**）に飛び出す。

稜線に出ると真っ先に目に飛びこんでくるは荒々しい剱岳《つるぎだけ》と立山《たてやま》連峰で、しばしその雄姿に見とれてしまいそうだ。ここには冷乗越と書かれた道標と「守　山の規則」と刻印された平たい岩を積み上げたモニュメントがある。鹿島槍ヶ岳を正面にハイマツのガレ場を鞍部へ下ると本来の冷乗越で、樹林帯のなかをわずかに登り返すと、**冷池《つめたいけ》山荘**だ。山荘の手前には名前の由来となった小さな冷池がある。

鹿島槍ヶ岳と爺ヶ岳が大きく迫る高千穂平

2日目 冷池山荘から鹿島槍ヶ岳を往復

翌日は**鹿島槍ヶ岳南峰**を登頂し、下山は往路の赤岩尾根を大谷原へ戻るか、**爺ヶ岳**を越えて**種池《たねいけ》山荘**から**扇沢《おうぎさわ》**へ（P88コース9参照）、または鹿島槍ヶ岳・五竜岳《ごりゅうだけ》を越えて遠見《とおみ》尾根を下る（P96コース10参照）。

プランニング&アドバイス

赤岩尾根を下る際は、とくに転落に注意すること。大谷原までは公共交通機関がなくタクシーかマイカー利用となる。大谷原にタクシーをよぶ場合、西俣出合からの下りで1カ所電波が入るところがあるが、メーカー限定だったりするので、冷池山荘から連絡したほうが賢明だ。下りとはいえ西俣出合まではかなり時間がかかるので、予約時間には余裕をもっておこう。

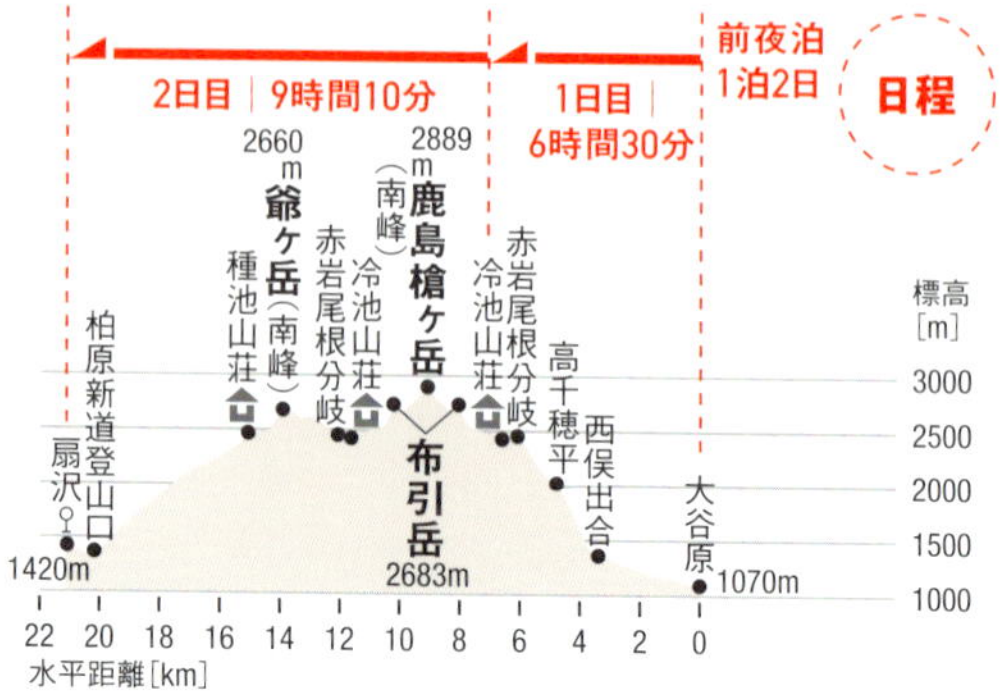

コラム5

後立山縦走のコツ教えます②［実践編］

山は体調、装備、天候などさまざまな要素が旅の楽しさの土台となる。縦走はどれを抜いても成り立たない。しっかりとした計画と状況判断を心がけよう。

天候

夏は午後になると長野県側からガスが湧きやすい。夕方にかけて雷にも注意が必要だ。初夏の早い時期や晩秋に稜線へ上がると、登山口では想像しなかった低温になることもあり、10月には降雪もある。

また、荒天などに備えて、エスケープルートも確認すること。荒れた天気のときは行動を控え、停滞したり、近い登山道で下山しよう。もしもに備え、事前にエスケープルートは想定しておかなければならない。

山小屋

後立山連峰は要所に山小屋があるので、計画が立てやすいのと同時に、天候急変時にも心強い。その山小屋での時間も、縦走の楽しみのひとつ。自慢の食事があったり、絶景が広がっていたり、小屋を訪ねる旅を計画するのも一興だ。雲上の露天風呂が嬉しい白馬鑓《はくばやり》温泉小屋、手づくりピザが食べられる種池《たねいけ》山荘など、特色もさまざまだ。

また、近年増えているテント泊の場合は荷物が多くなるため、コースタイムが延びやすい。余裕のある日程を立てる必要があるほか、荷物で体勢を崩しやすいため、険しい岩場の通過の際はくれぐれも注意したい。

縦走路に湧くガス。午後からが多く早めの行動が大事

水

装備は計画を踏まえてそろえよう。携行する水は重要で、事前に水場を確認しよう。場所によっては残雪時は水が豊富でも、盛夏になると水が貴重になる山小屋もある。また、栂海《つがみ》新道や船窪《ふなくぼ》小屋〜烏帽子《えぼし》小屋間など、長距離で水場の少ないコースもある。変化に富んだ後立山連峰は楽しさがつまっている一方、備えも必要だ。

写真撮影

各所に絶景が広がる後立山連峰は、撮影ポイントの宝庫。事前に情報収集すれば、シャッターチャンスも増える。季節ごとに登り、表情を変える山々を捉えるのも楽しいものだ（P32、120コラム参照）

数多い登山道や山小屋と、多彩な楽しみなどを、自分なりに組み合わせるのが縦走のコツだろう。安心安全な登山に心がけながら、自分なりの山旅を楽しんでほしい。

運がよければ後立山でも雷鳥に出会える

写真・文／矢口 拓

6月の針ノ木雪渓はまだ雪が多く残る

コースグレード | 中級

技術度 ★★★★★ 3

体力度 ★★★★★ 3

前夜泊1泊2日

針ノ木岳
針ノ木雪渓
蓮華岳

日本三大雪渓から
コマクサ咲く稜線へ

1日目	扇沢→針ノ木峠→針ノ木岳→針ノ木峠	計6時間40分
2日目	針ノ木峠→蓮華岳→針ノ木峠→扇沢	計4時間50分

写真・文／矢口 拓

日本三大雪渓のひとつ針ノ木雪渓《はりのきせっけい》から、峠をはさんだ針ノ木岳《はりのきだけ》と蓮華岳《れんげだけ》をめざすコースは、歴史と文化、刻々と表情が変わる登山道など多彩な見どころがつまった、盛りだくさんな山旅だ。

尖った山容が男性的な針ノ木岳に対し、蓮華岳はゆったりと女性的で、峠の南北に対象的な二峰が並ぶ景色は印象的だ。

蓮華岳は麓の大町《おおまち》市にある若一王子《にゃくいちおうじ》神社の奥宮があり、さらに神が降り立ったとされる神奈備（カムナビ）とよばれる信仰の山でもある。山頂直下には国内屈指のコマクサの群生地がある。

針ノ木岳と蓮華岳の鞍部となる針ノ木峠は、かつて信州と越中を結ぶ交通の要衝で、戦国武将の佐々成政《さっさなりまさ》が浜松城主の徳川家康に直訴するために、雪深い冬の峠を越えた「さらさら越え」伝説が残っている。

日本で初の山岳ガイド組織「大町登山案内人組合」を発足させ、大沢《おおさわ》小屋と針ノ木小屋を建て、「山を想えば人恋し、人を想えば山恋し」と山の名句を唄った百瀬慎太《ももせしんた》郎《ろう》ゆかりの針ノ木雪渓では、6月上旬に開山祭「針ノ木岳慎太郎祭」が開かれる。

1日目

扇沢から針ノ木雪渓を登り針ノ木岳へ

立山黒部《たてやまくろべ》アルペンルートの信州側の玄関口、**扇沢《おうぎさわ》**バスターミナルを右手に見ながら進むと、百瀬慎太郎ゆかりのコースらしく、「山を想えば人恋し、人を想えば山恋し」と大きく紹介された案内板がある。その先の登山口から樹林のなかを道標に沿って、関西電力の管理用道路と交差しながら進むと、工事用道路との分岐がある。左は沢沿いに進むコースで、ここは車道を進み、広場から針ノ木自然歩道を行く。高山植物と沢のせせらぎを楽しみながら、緑の樹林に囲まれた登山道を歩こう。ブナ林を抜けて、鳴《なる》沢、赤《あか》沢と2つの大きな沢を渡って大沢小屋へ向かう。

大沢小屋創業者・百瀬慎太郎レリーフ

大沢小屋に前泊すれば余裕がもてる

6月第1日曜に行われる針ノ木岳慎太郎祭

樹林のなかに建つ**大沢小屋**の前の岩には、百瀬慎太郎のレリーフが埋めこまれ、名句とともに、アイガー東山稜を初登攀し、日本隊のマナスル初登頂を成功させた槇有恒《まきゆうこう》らの名前も並んでいる。小屋の裏には夏でも冷たい苔《こけ》沢の水場がある。小屋で雪渓の状況などを聞いてから出発したい。

灌木帯を登ると徐々に視界が開け、正面に白馬大《はくばだい》雪渓（P12コース1）、剱沢《つるぎさわ》雪渓とともに日本三大雪渓のひとつ針ノ木雪渓が堂々とした姿を現す。峠に向かう谷間を埋めた残雪は迫力がある。雪の量が年によって違い、登山道から雪渓に降りる場所も変わるため、目印などを確認しながら進もう。

雪渓に取り付いたら、アイゼンを装着しよう（軽アイゼンでもよい）。雪渓上では、左右からの落石が音もなく近づく危険性や本流上など雪が薄い箇所での踏み抜き、シュルンド（雪渓下に沢の流れで生じる空洞）への滑落などに注意が必要で、ルートを選んで進むこと。雪上に、赤いベンガラや色札、鯉のぼりで道筋がつくられているときは、目印にしたがって登る。

雪渓は徐々に狭まり、左右の岩壁がせまる。もっとも細くなった「ノド」とよばれる場所を抜けると、いったん傾斜がゆるむ。ひと休みするポイントとなるが、落石に注意を払おう。右手には針ノ木岳から続くスバリ岳《だけ》や赤沢岳《あかさわだけ》、鳴沢岳《なるさわだけ》、岩小屋沢岳《いわごやさわだけ》が連なり、振り向けば爺ヶ岳《じいがたけ》が眺められる。

雪渓の状況は年や時期によって違う。7月は峠まで雪がつながり、雪上を歩いて登れることが多いが、雪どけが早い年は、夏

360度の展望が広がる針ノ木岳山頂

鳴沢岳や岩小屋沢岳を背に針ノ木雪渓を登る

道と併用しなければならないこともある。事前に小屋で情報を集め、道中は目印などを見落とさないようにしたい。

大岩を目印に左側に進みながら上がると、右手のマヤクボ沢との出合に着く。雪がつながっているとき、ガスが濃い状況などは、迷いこまないように注意したい。

マヤクボ沢をやりすごし、峠に向かって急登を進む。初夏は峠まで雪がつながっているので、そのまま上がる。ステップ（足場）があることが多く、階段状になっているが、脚力に自信がなければジグザグに登ろう。雪どけ後の時期は、つづら折りの登山道を登っていく。雪渓脇には、季節によってシラネアオイやミヤマキンポウゲ、チングルマなどの花々が咲いている。季節の花々を楽しみながら登っていこう。

急な斜面を登りきると、狭い鞍部の**針ノ木峠**に到着する。目の前に針ノ木小屋が建ち、左に蓮華岳、右に針ノ木岳へ続く登山道がある。小屋の表側に回ると、谷間の景

南側の針ノ木谷方面の眺望

ハイマツ帯のなかを行く蓮華岳への登り

色から一転して、裏銀座《うらぎんざ》から槍《やり》・穂高《ほたか》連峰へ続く大パノラマが眼前に広がる。しばし絶景を眺め、休んでいこう。

小屋に荷物をデポし、針ノ木岳を往復する。小屋の脇から急な登山道を上がる。露岩帯が続くが、初夏は残雪を見ることもある。雪がとければお花畑が美しい。

斜面を横切って稜線に出て、正面の**針ノ木岳**の山頂へ登り上がれば、絶景が広がる。眼下には湖面がグリーンやブルーに輝く黒部湖が見え、顔を上げれば剱・立山連峰がせまる。後立山《うしろたてやま》連峰から裏銀座から槍・穂高連峰にかけて、ぐるりと北アルプスの山々が見渡せる。

存分に景色を楽しんだら**針ノ木峠**へ登ってきた道を戻るが、滑りやすい砂礫や、残雪があるときはスリップに注意したい。

2日目 針ノ木峠から蓮華岳に登り扇沢へ下山

針ノ木峠からジグザグにハイマツのなかの道を登ると、徐々に開けて傾斜がゆるむようになる。稜線沿いに登ると、振り向けば針ノ木岳が勇壮にそびえ、その向こうに鹿島槍《かしまやり》ヶ岳《がたけ》へ続く山々が見える。

２７５４ｍの小ピークまで上がり、ゆるやかにアップダウンしながら広い礫地の稜線を進むと、沿道にコマクサが広がってくる。途中、珍しい白いコマクサを見つけることもできる。

蓮華の大下りのコマクサ。花期は7月下旬〜8月上旬

鞍部に建つ針ノ木小屋。中央右が針ノ木岳

若一王子神社の奥宮の祠を抜けて、一段上がると**蓮華岳**山頂だ。北アルプスの山々を一望し、眼下には大町市街が見える。烏《え》帽《ぼ》子《し》岳《だけ》方面は蓮華の大下《おおくだ》り。斜面にはコマクサの群生地が広がり、斜面をピンク色に染めている。時間が許せば、北葛岳《きたくずだけ》方面に少し下ると、無数の可憐な花が咲いているのを間近で見ることができる。

　山頂から**針ノ木峠**まで、針ノ木岳を眺めながら、石車に気をつけながら下っていく。針ノ木峠からの針ノ木雪渓の下りは、慎重に進みたい。小屋直下は登りよりも下りのほうが急斜面に感じ、滑りやすい。アイゼンやストックを有効に使って、ゆっくり通過すること。また、残雪や急な下りで疲労が増しやすい。適宜休憩をとりながら、**大沢小屋**や**扇沢**をめざしたい。

蓮華岳から眺める迫力ある針ノ木岳

プランニング&アドバイス

針ノ木雪渓は針ノ木峠直下とノドのあいだが急斜面のため、登り下りとも要注意。アイゼンをしっかりとつけよう。また残雪の影響で季節によって登山道が大きく変化するため、事前に情報を収集しておきたい。蓮華の大下りに広がるコマクサの群生は国内有数で、山頂から少し足を延ばせば見ることができる。花の見ごろは7〜8月にかけて。健脚ならば、針ノ木岳から種池山荘方面へ足を延ばすのもよい（P114コース13参照）。比較的静かな稜線歩きが楽しめる。種池山荘経由で扇沢に戻るため、マイカーでのアクセスも可能だ。蓮華岳から北葛岳、七倉岳方面は険しい山域となる（P122コース14参照）。

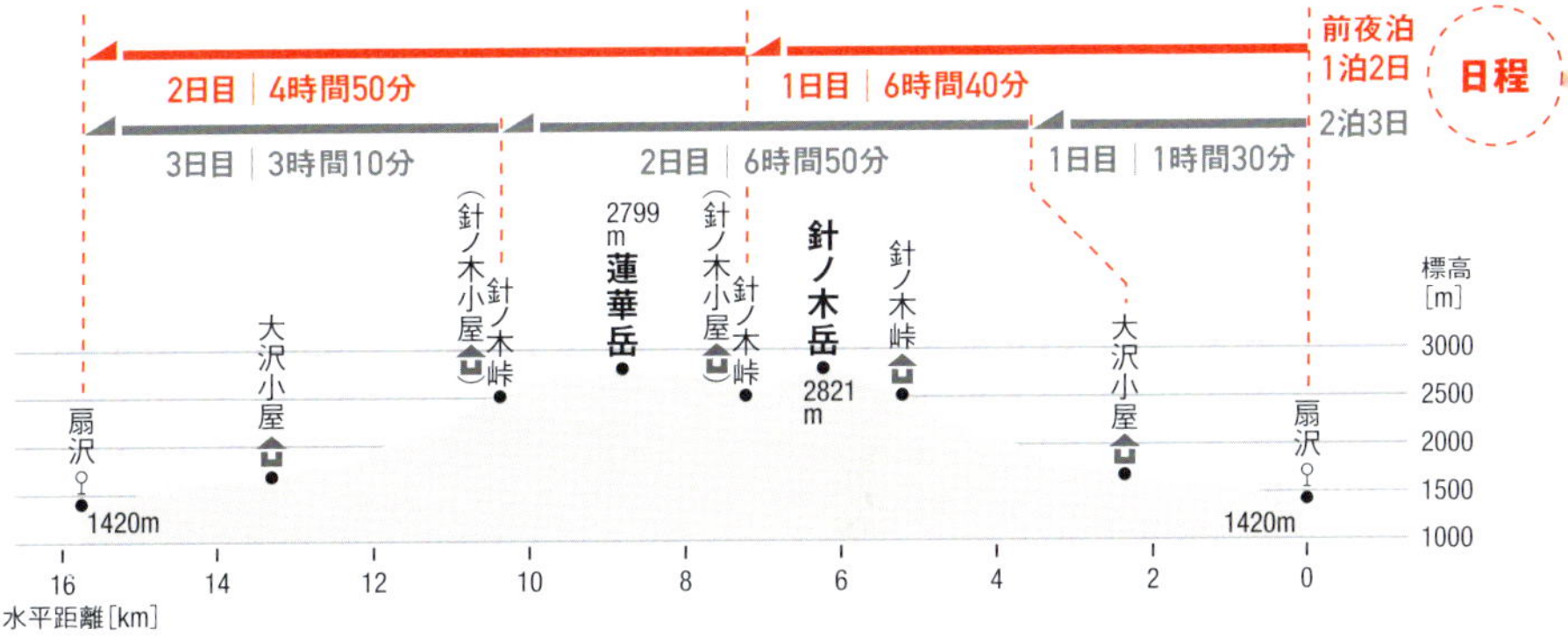

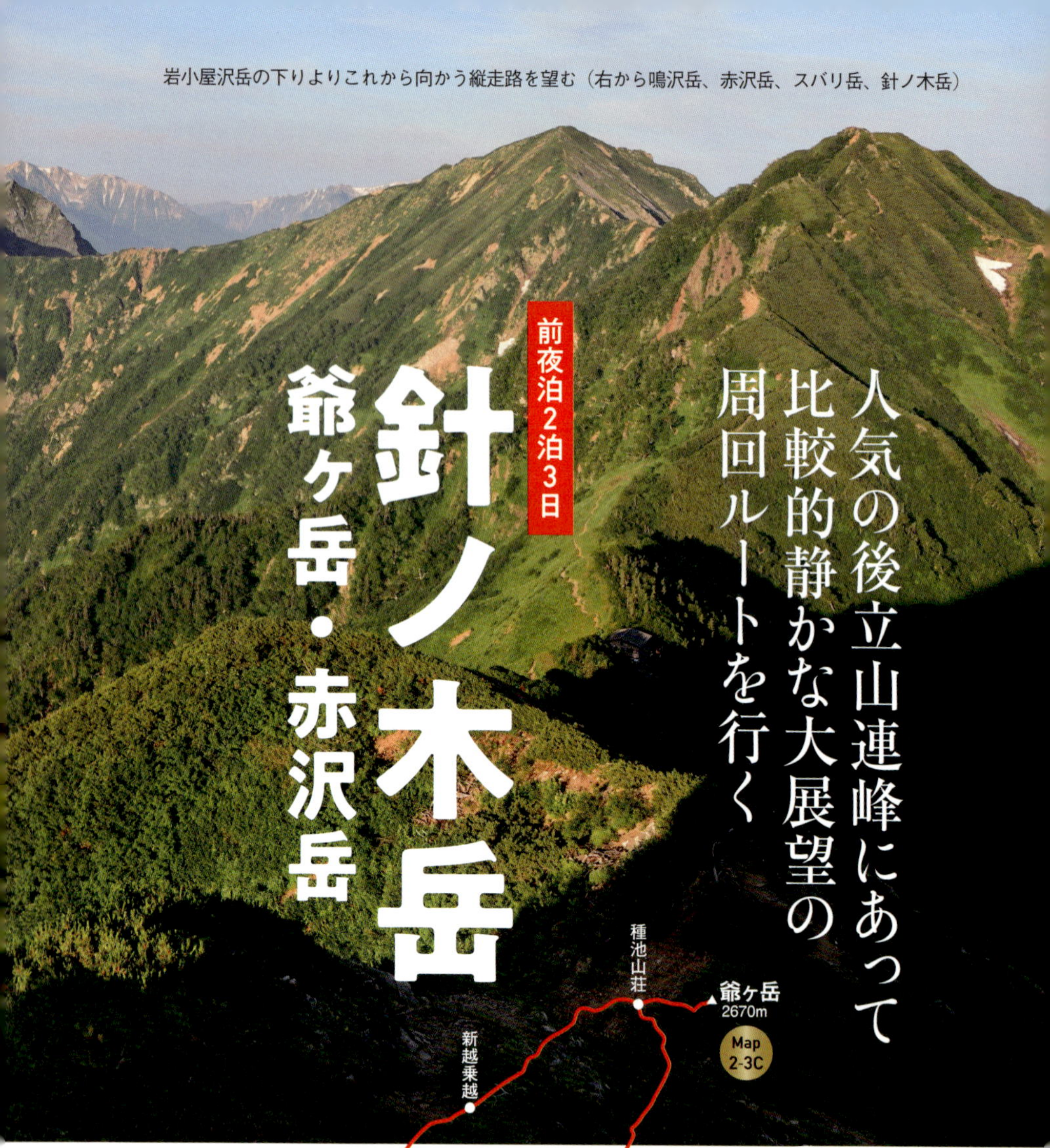

岩小屋沢岳の下りよりこれから向かう縦走路を望む（右から鳴沢岳、赤沢岳、スバリ岳、針ノ木岳）

前夜泊2泊3日

針ノ木岳

爺ヶ岳・赤沢岳

人気の後立山連峰にあって比較的静かな大展望の周回ルートを行く

コースグレード	中級
技術度	★★★☆☆ 3
体力度	★★★☆☆ 3

1日目	扇沢→ 種池山荘→ 爺ヶ岳（往復）	計5時間55分
2日目	種池山荘→ 新越乗越→ 赤沢岳→ 針ノ木岳→ 針ノ木峠	計7時間30分
3日目	針ノ木峠→ 大沢小屋→ 扇沢	計3時間10分

写真・文／菊池哲男

後《うしろ》立山《たてやま》連峰南部に位置する爺ヶ岳《じいがたけ》から鳴沢岳《なるさわだけ》や赤沢岳《あかさわだけ》、針ノ木岳《はりのきだけ》、さらに針ノ木峠を越えた蓮華岳《れんげだけ》への縦走は、扇沢《おおぎさわ》を起点とする周回コースがとれるだけに、マイカー利用でのアクセスにもとても便利だ。稜線の右手には終始、剱《つるぎ》・立山《たてやま》連峰が迫り、赤沢岳から針ノ木岳間は眼下に黒部《くろべ》ダムが見下ろせる、とにかく展望がすばらしいコースである。その割に縦走する登山者はそれほど多くなく、比較的静かな山旅が味わえるのも魅力だ。

1日目　柏原新道登山口から種池山荘、爺ヶ岳へ

立山黒部アルペンルートの信州側玄関口・**扇沢駅**から少し車道を戻り、扇沢に架かる橋を渡ったところが爺ヶ岳への**登山口**。この橋から遠いながらもめざす種池《たねいけ》山荘が確認できる。最初は急だが、しだいに爺ヶ岳南尾根を巻くように歩きやすい登山道が続く。要所に「石畳」「水平道」「包優岬《ほうゆうざき》」など黄色い看板がつけられていて面白い。

鳴沢岳側から見た、ひっそりとたたずむ新越山荘

種池山荘より岩小屋沢岳に向かって稜線を行く

最後の「鉄砲坂」の急坂を登ると森林限界で、両側のお花畑のなかを登れば**種池山荘**だ。種池山荘は鹿島槍《かしまやり》ヶ岳《がたけ》へ向かう多くの登山者が集う交差点で、爺ヶ岳は展望もすばらしく、大町《おおまち》市が眼下に見降ろせる。

ひと休みしたら爺ヶ岳を往復してこよう。チングルマのお花畑をトラバースして尾根上へ上がり、鹿島槍ヶ岳の雄姿を左に見ながらガレた斜面を登って**爺ヶ岳南峰**に立つ。山頂からは、明日以降向かう針ノ木岳までの稜線がよく見渡せる（ここまでの詳細はP88コース9参照）。

2日目 種池から新越山荘経由で針ノ木岳、針ノ木山荘へ

後立山連峰は基本的に南北に連なるが、このルートは爺ヶ岳より逆「コ」の字状に西側へ折れ曲がり、黒部の谷を見下ろすように剱・立山連峰にせまるため、とにかく剱・立山が近い。針ノ木峠まではそれなり

針ノ木岳山頂からの後立山連峰

岩小屋沢岳山頂への登り。背景は白馬岳から鹿島槍ヶ岳（右）

に距離がある縦走だが、岩小屋沢岳《いわごやさわだけ》を越えた新越乗越《しんこしのっこし》には新越山荘があるので、体調や天候の急変時には心強い。

　種池のキャンプ場を通り、左にキヌガサソウの群落がある樹林帯を少し下って、蓮華岳や針ノ木岳を眺めながらところどころ左側が切れ落ちた登山道を行く。棒小屋《ぼうごや》乗越付近は高山植物が多く、可憐なお花畑が見られる。尾根上に出て黒部側へと回りこむように少し急登すると右側の視界が開け、振り返ると爺ヶ岳とオレンジ色の屋根が印象的な種池山荘が見えるだろう。

　左の扇沢側が切れ落ちた急斜面を登り、だいぶ近くなった剱岳を見ながらハイマツの海のなかをさらに登れば、**岩小屋沢岳**の山頂だ。大展望を楽しんだら鳴沢岳との鞍部・**新越乗越**へと稜線を下る。ここには新越山荘があり、にぎやかな種池山荘や針ノ木小屋と比べてひっそりとしたオアシス的な雰囲気が漂う。小屋からは、大きな剱岳を望むことができる。今日の目的地である針ノ木峠に立つ針ノ木小屋を望みながら、信州側から黒部側に回りこみ、途中ちょっとした岩場を急登するとハイマツに囲まれた鳴沢岳に到着だ。ここまで来ると、ぐっと剱岳と立山連峰が迫ってくるようだ。

剱・立山連峰を望む鳴沢岳山頂

スバリ岳山頂からは黒部湖と剱・立山連峰が迫力満点だ

赤沢岳へ延びるゆるやかなハイマツの尾根は黒部側につけられた登山道をたどり、鞍部から登り返して広い**赤沢岳**山頂へ。さらに大きくなった劔・立山の左には薬師岳や水晶岳が並び、エメラルドグリーンの水が印象的な黒部湖と遊覧船が見下ろせる。

小スバリ岳から見る針ノ木岳は威風堂々としている

　ここからスバリ岳《だけ》までが今回いちばん長いパートで、右下に黒部湖、正面には岩が露出したスバリ岳を見ながら急斜面を落石に注意して下る。鞍部からは小さなアップダウンを繰り返しながら高度を稼ぎ、最後は岩屑のジグザグ道を登れば**スバリ岳**の山頂だ。小スバリ岳との鞍部へわずかに砂礫地を下ると一面のコマクサの群落が迎えてくれる。

　小スバリ岳からはマヤクボのコルに向かって大きく下っていく。ここからは岩陰に咲く高山植物たちに助けられながらゴツゴツした岩のなかを登ると**針ノ木岳**の山頂に着く。２８２１ｍの山頂からは、高瀬《たかせ》ダムの向こうに槍《やり》・穂高《はたか》も見える。**針ノ木峠**までの下りは慎重に行動すること（針ノ木岳

歴史がある針ノ木峠は南北の展望がよい

赤沢岳より望むスバリ岳や黒部湖、黒部源流の山々

〜針ノ木峠間はP108コース12参照）。

3日目
針ノ木峠から針ノ木雪渓を下って扇沢へ

最終日は針ノ木峠から針ノ木雪渓を下るが、時間があれば峠をはさんで針ノ木岳と対峙する蓮華岳まで足を延ばしてもいいだろう。蓮華岳には高山植物の女王・コマクサの大群落があり、あまりの数の多さに足の踏み場もないほどだ（針ノ木峠〜蓮華岳間はP108コース12を参照）。

日本三大雪渓のひとつ針ノ木雪渓の下りは、途中のノド付近にかなり傾斜があるので軽アイゼンがあると便利で、針ノ木小屋でレンタル（大沢《おおさわ》小屋に返却）もある。雪渓末端からは**大沢小屋**を経由して**扇沢駅**へ（詳細はP108コース12参照）。

赤沢岳よりスバリ岳、針ノ木岳そして蓮華岳と続く稜線

プランニング&アドバイス

足の速いパーティなら初日に新越山荘に入り、翌日針ノ木岳を越えて針ノ木雪渓を下山する1泊2日も可能だ。逆コースの場合、初日は針ノ木小屋まで、翌日、蓮華岳を往復して針ノ木岳を越えて新越山荘泊とし、最終日に種池から爺ヶ岳を往復し、柏原新道を下山するのがよい。ただし新越山荘は針ノ木小屋、種池山荘より少し早く閉まるので、営業日に注意すること。針ノ木雪渓には通称ノドとよばれる細く急な斜面があり、登下降には軽アイゼンとトレッキングポールがあると便利だ。

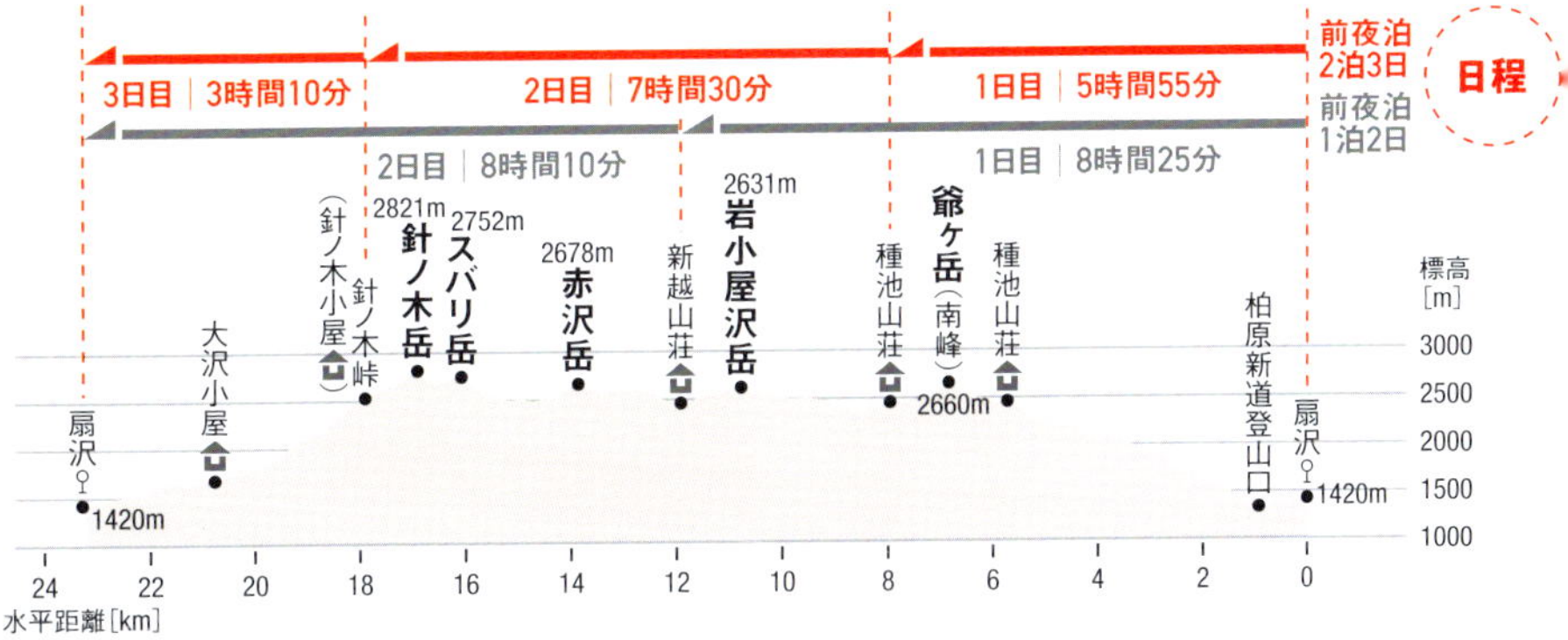

コラム6

後立山のおすすめ撮影ポイント

後立山《うしろたてやま》連峰はどのピークも眺めがよく、隣の山に対して絶好の撮影ポイントとなる。信州側が絶壁で黒部《くろべ》側がゆるやかという非対称山稜の特徴からか、山と山をつなぐ鞍部に滝雲が出やすい。ただし、鹿島槍ヶ岳《かしまやりがたけ》から爺ヶ岳《じいがたけ》や五竜岳《ごりゅうだけ》のように高いピークから低いピークを撮影するとやや高度感がなくなる傾向があるので、むしろ登りすぎないなど、撮影する標高に注意が必要だ。また深い黒部の谷をはさんで並列する剱《つるぎ》・立山《たてやま》連峰の存在も大きい。こちらは朝、山自体が赤焼けし、夕方は近くに太陽が沈んで空が焼けるなど、いくつもの撮影パターンが考えられる。後立山南部は爺ヶ岳から稜線が直角に折れ曲がり、反時計回りにゆるいカーブを描き、また針ノ木岳《はりのきだけ》で蓮華岳《れんげだけ》へと直角に曲がっていくという複雑な連なり方をしている。ここが後立山南部の特徴で、朝夕に隣の山や空が焼けたりするのを直接撮影することが可能になる。

八方池に映る白馬三山

撮影場所：八方尾根

八方尾根はその名の如く、終始展望に恵まれ、撮影ポイントが目白押しだ。ここで紹介する八方池は白馬大池とともに白馬岳周辺における山上の瞳のような存在で、白馬三山や不帰ノ嶮を水面に映している。このほかにも丸山付近も五竜岳や不帰ノ嶮を写す絶好の撮影ポイントになっている。

三段紅葉の五竜岳

撮影場所：遠見尾根

後立山連峰には紅葉の撮影ポイントもたくさんあるが、なかでも遠見尾根は背景の五竜岳や鹿島槍ヶ岳などが荒々しい姿を見せるので、とくにすばらしい。小遠見山や中遠見山、大遠見山、西遠見山と鹿島槍ヶ岳の角度が変わっていくところも見せ場だ。そのほか、柏原新道上部から種池周辺でも美しい紅葉が見られる。

写真・文／菊池哲男

滝雲流れる鹿島槍ヶ岳

撮影場所：五竜岳

鹿島槍ヶ岳は山自体が優美な双耳峰でどこから撮っても写真映えする山であるが、なかでも迫力ある北壁の眺めがすばらしい遠見尾根と八峰キレット越しに撮影できるG2や五竜岳山頂がよく知られている。とくに深く切れ落ちた八峰キレットは雲が滝のように流れる滝雲の名所のひとつで、ほかに爺ヶ岳山頂から冷乗越に流れる滝雲越しの鹿島槍ヶ岳もすばらしい。

コバイケイソウ咲く種池平と針ノ木岳・蓮華岳

撮影場所：種池平

種池平は雪どけとともにチングルマやコバイケイソウの群落が咲き、後立山連峰の南部では数少ないお花畑スポットになっている。立山黒部アルペンルートの信州側玄関口である扇沢ターミナルを囲むようにそびえる蓮華岳や針ノ木岳、岩小屋沢岳などと組み合わせて撮影することができる。

黒部湖と黒部源流の山々を望む

撮影場所：赤沢岳

赤沢岳は後立山連峰が剱・立山連峰にもっとも近づくピークで、眼下にはエメラルドグリーンの水をためる黒部湖が見下ろせ、よく見ると湖面を動く遊覧船も認めることができる。黒部湖の周りには黒部源流部の山々、剱・立山連峰をはじめ、薬師岳、赤牛岳、水晶岳などが連なっている。この作品の中央、多くの雪を抱く山が薬師岳、その左が赤牛岳と水晶岳。

前烏帽子岳からの烏帽子岳。右は南沢岳。そのあいだに立山が見える

前夜泊3泊4日

蓮華岳 船窪岳 烏帽子岳

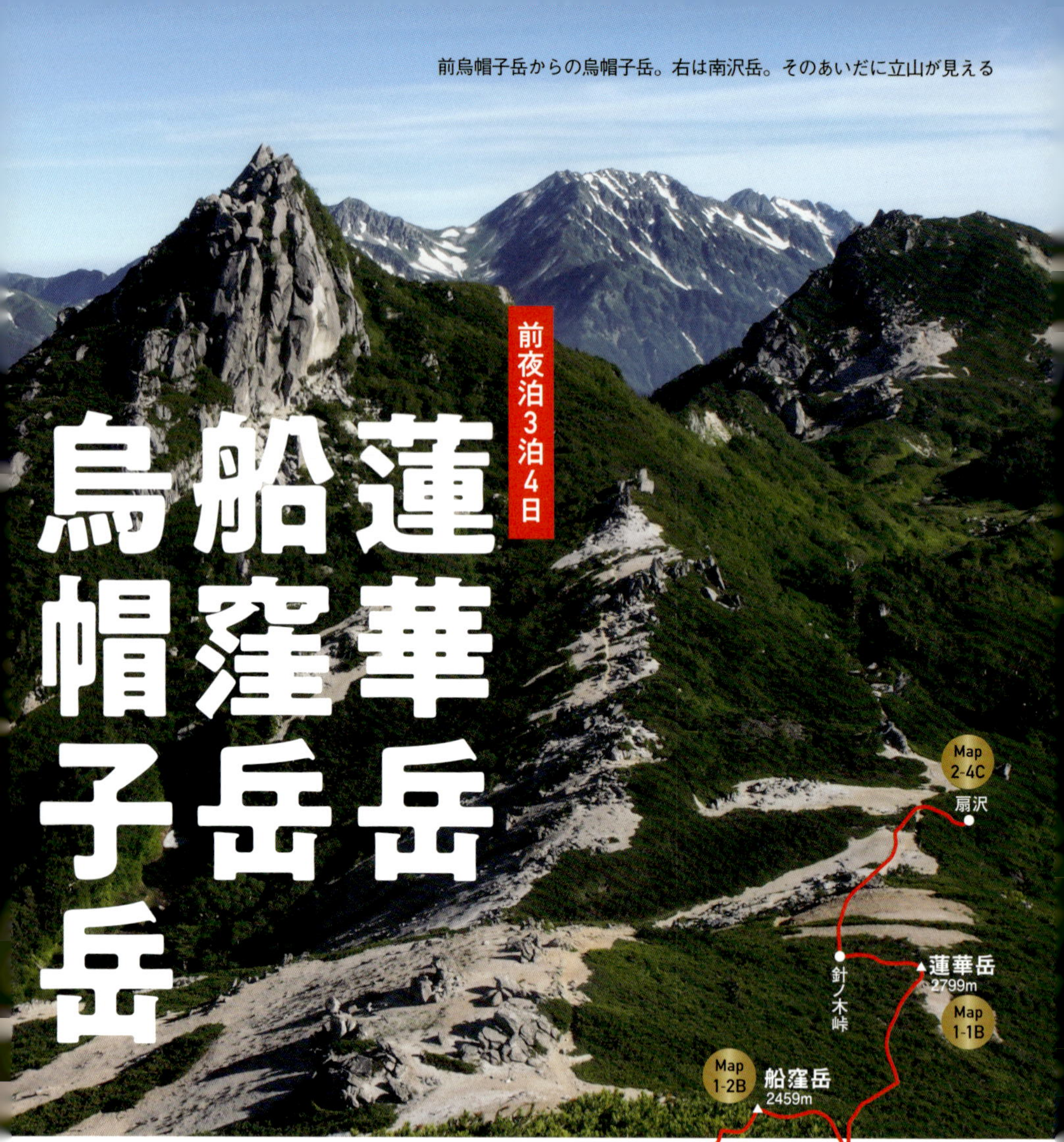

1日目	扇沢→針ノ木峠 計5時間
2日目	針ノ木峠→蓮華岳→北葛岳→船窪小屋 計5時間45分
3日目	船窪小屋→船窪岳→烏帽子岳→烏帽子小屋 計8時間30分
4日目	烏帽子小屋→ブナ立尾根登山口→高瀬ダム 計4時間10分

写真・文／矢口 拓

コースグレード | 上級

技術度 | ★★★★☆ 4

体力度 | ★★★★☆ 4

後立山と裏銀座を結ぶ野趣あふれる道

後《うしろ》立山《たてやま》連峰南端に位置する蓮華岳《れんげだけ》と、槍《やり》ヶ《が》岳《たけ》へ続く裏銀座《うらぎんざ》の北端に位置する烏帽子岳《えぼしだけ》を結ぶ縦走路は、登山者が少なく、静かで野趣あふれるコースだ。北から北葛岳《きたくずだけ》、七倉岳《ななくらだけ》、船窪岳《ふなくぼだけ》、不動岳《ふどうだけ》、南沢岳《みなみさわだけ》と続き、道中には急な下りやガレ場、崩落地、急登などの難所が連続する、北アルプス屈指の累積標高差と距離を誇る、健脚向きの縦走路となっている。その反面、美しい池塘群や高山植物の女王・コマクサの群生地、名だたる山々を一望する大パノラマなど、北アルプスの多彩な魅力がつまっている場所でもある。

　コース中は山小屋と水場、エスケープルートが限られ、しかも1日の行動時間が長くなるため、天候を踏まえ、しっかりした計画と判断力で臨みたい。天候悪化など緊急時のエスケープルートは、船窪小屋から七倉登山口に下りる七倉尾根の船窪新道となる（P130参照）。

　スリルと眺望を併せもつ、変化に富んだ縦走路が待っている。

蓮華の大下り下部にあるクサリ場

夏でも快適な針ノ木雪渓（背後は爺ヶ岳）

1日目

扇沢から針ノ木峠へ

立山黒部《たてやまくろべ》アルペンルートの**扇沢駅**《おうぎさわ》から日本三大雪渓の針ノ木《はりのき》雪渓を登り、**針ノ木峠**までの詳細はP108コース12を参照のこと。

2日目

針ノ木峠から蓮華岳を経て船窪小屋へ

針ノ木峠から**蓮華岳**までの詳細はP108コース12を参照のこと。蓮華岳山頂からは、これからめざす北葛岳から烏帽子岳へ続く稜線、さらに裏銀座から続く槍・穂高《ほたか》連峰まで、北アルプス南部を一望できる。

蓮華岳からは「蓮華の大下り《おおくだり》」とよばれる急な縦走路を行く。砂礫のつづら折りを下っていくと、斜面がピンク色に染まる、国内屈指といわれるみごとなコマクサの群生地がある（花期は7月下旬～8月上旬）。徐々にガレ場のあるもろい露岩の道になっていく。岩峰は右から巻いて通過するが、その際足もとに注意すること。前半は道筋が明瞭だが、鞍部に近づくとクサリが連続する険しい道になる。一部迷いやすい箇所があるが、マーキングや下方のクサリ位置などを確認して進むこと。急な岩場を抜けると、平らな**北葛乗越**《きたくずのっこし》に着く。

北葛乗越からは、いったん急な斜面を上がっていく。登山道は北葛岳の山頂までゆるやかだが、左手の北葛沢側が崩れた道は幅が細く、足もとの滑りやすい箇所があるので、慎重に通過する。初夏に残雪がある場合も注意すること。

ハイマツに囲まれた**北葛岳**の山頂から振り返れば、針ノ木峠をはさんで、切り立った男性的な針ノ木岳と、ゆったりと女性的な蓮華岳が対照的に並ぶさまが印象的だ。

眺めのよい北葛岳の山頂

船窪小屋のテント場にある日本一怖い水場

先には次に向かう七倉岳と、青い屋根の船窪小屋が見える。

山頂から右に折れて下ると七倉乗越に出る。東側が崩壊して切り立っているので、注意しながらハシゴを登る。さらに登山道沿いが崩れている細い尾根を進むが、途中、ワイヤーが張られた露岩や急斜面を横断する箇所などがあり、慎重に行動したい。

やせた尾根を上がると**七倉岳**山頂に到着する。翌日にめざす烏帽子岳方面を見ると、縦走路脇の崩落が目に飛びこんでくる。

船窪岳核心部。花崗岩の幅の狭い稜線歩き

山頂から下ると、明日西へ向かう分岐に出る。船窪岳への道を右手にやりすごし、少し登ってから下ると**船窪小屋**に着く。ランプの灯る、静かで趣のある小屋で、翌日の長丁場に備えたい。

3日目 船窪小屋から船窪岳を経て烏帽子岳へ

船窪小屋から烏帽子小屋までは、難所が多数あるのに加え、ピークをいくつも越えるため登り下りを繰り返す、長い道のりとなる。船窪小屋のテント場近くの水場を最後に給水場所がなく、エスケープルートもないため、充分な備えの上で臨みたい。

小屋を出てハイマツに囲まれた道を上がり、少し下って前日に通過した分岐を西へ折れる。単管パイプで組まれた階段を下ってテント場へ。少し下った場所に水場があるが、周辺の崩壊が激しい。足場がわるいので荷物はテント場に置き、両手を空ける

船窪乗越。この先は南沢岳まで難所が続く

補助ロープのある足場のわるい船窪岳の登り

ためにサブザックなどで水場へ行き、充分な量を確保していこう。

船窪乗越への下りは、左手の不動沢側が切れ落ちている。道は稜線の一段下につけられているが、崩落した旧道跡などが残っているため注意すること。**船窪乗越**には針ノ木谷出合へ向かう分岐があるが、やりすごして船窪岳へ向かう。

山頂まで3つの小ピークを越えるが、途中、ハシゴやワイヤーがある。脆弱な箇所が多く、滑りやすい場所もあり、慎重に通過する。船窪岳手前には花崗岩が崩れたリッジ（やせた岩稜）状のやせ尾根、さらに細い丸太の桟橋や崩れやすい細い道が続く。滑落しないよう、細心の注意を払うこと。

船窪岳山頂からも急なアップダウンが続く。急登を上がると、船窪第二ピークの**2459m地点**に着く。樹林に囲まれて見晴らしはさほどよくないが、休憩ポイントとなる。ここでひと息つこう。

樹林帯を不動岳へ向けて出発する。激しい登り下りの連続で、体力が奪われるのでペースに注意し、休憩をとりながら進みたい。2459mピークと2299mピークとの鞍部の周辺は不動沢側が崩落しており、切り立った斜面の縁を歩くような箇所がある。滑落しないように慎重に行動しよう。

左側が切れ落ちた急斜面の登りから、富山県側に少し回りこみ、クサリのある岩を越える。南北に延びた上部の稜線を進むと**不動岳**山頂に到着する。山頂南側の砂礫はみごとなコマクサの群生地だ。

山頂をあとにハイマツ帯を抜け、灌木帯

静かな船窪岳山頂

とガレた沢状の道を下るが、勢いづいて足をとられないようにしたい。下り着いた濁《にごり》沢源頭の南沢乗越は崩落が激しい場所で、ここも注意して通過すること。

南沢乗越からふたたび登り返す。細かい砂礫で登りづらい箇所を通過し、お花畑や小さな池を抜けてササとハイマツが混在した道を上がると**南沢岳**の山頂だ。白砂が広がり、めざす烏帽子岳が見える。剱《つるぎ》・立山連峰の眺めも迫力がある。

南沢岳からは灌木帯を抜け、砂礫の道を下る。コマクサの姿が徐々に増えてくる。花崗岩の点在する道を経て、ハイマツのあいだを抜けると池が現れる。無数の地塘が点在しお花畑が広がる、「烏帽子田んぼ」ともいわれる四十八《しじゅうはち》池だ。烏帽子岳の北側の窪地状の一帯で、「北アルプスの楽園」と称される場所だ。時間が許す限り、ゆっくり散策したい。ただし初夏の雪が残るころやガスが濃いときは、道迷いに注意すること。

不動岳からの烏帽子岳と南沢岳

四十八池をすぎると**分岐**がある。ここを右にとり、烏帽子岳をめざそう。花崗岩の点在する砂礫を抜けて、灌木帯の道を登っていく。岩場に出たらクサリ場を一段上がり、細い登山道を慎重にトラバースする。さらに一段上がると**烏帽子岳**の山頂だ。登山者が多いときは渋滞する場合もあるので、道を譲り合いたい。

展望を楽しんだら**分岐**まで戻り、「ニセ烏帽子」ともよばれる前烏帽子岳《まええぼしだけ》へ登り返す。山ノ神が祀られた山頂は、烏帽子岳がもっとも美しく見られる場所といわれるだけあって、鋭く尖りながらも悠々とした美しさをもつ岩塔が眺められる。

砂礫の道を下り、ハイマツ帯を抜けてコマクサの群生が続くなかを進み、灌木帯に入ると**烏帽子小屋**に着く。

小屋の前には一面にイワギキョウが広がり、白い花も含むコマクサも咲く。お花畑の向こうには赤牛岳《あかうしだけ》と薬師岳《やくしだけ》が見える。存分に眺めて、長丁場の疲れを癒そう。

4日目

烏帽子小屋からブナ立尾根を高瀬ダムへ下山

烏帽子小屋は富山県側の窪地に建つため東側はシラビソの林だが、近くのヘリポートから表銀座《おもてぎんざ》の山並みと朝日が眺められる。景色を楽しんでから出発してもよい。

下降路のブナ立《たて》尾根は「日本三大急登」とされるが、整備が行き届いており、思いのほか歩きやすい。

小屋を出発して階段を上がり、一気に下りていく。出発点の烏帽子小屋から登山口まで0～12の番号がつけられた看板があり、歩く際の目安になる。ダケカンバが美しい道を下り、巨岩「たぬき岩」を抜けて、**三角点**のある4番でひと休み。さらに樹林帯

縦走路上には不動沢側（右）へ崩壊した場所がある

船窪岳付近の丸太を3本渡しただけの桟道

を下っていくと、平坦な中間地点の6番「中休《なかのやす》み」に着く。

後半部に入り、なおもひたすら標高を下げていく。ベンチがある8番をすぎ、9番の権《ごん》太《た》落《お》としの岩を抜けて急な斜面をジグザグに下る。ブナの巨木を横目に標高を下げ、川の音が大きくなるころに階段を下ると、ようやく12番の**ブナ立尾根登山口**だ。

目印にしたがって濁沢を対岸に渡り、広い河原を進んで、樹林を抜けるとテント場に着く。不動沢の吊橋を渡り、不動沢トンネルを抜けると国内第二位の高さを誇るロックフィルダムの**高瀬《たかせ》ダム**に到着する。七倉までは徒歩かタクシーでの移動となる。先には七倉、葛《くず》の温泉があるので、ゆっくり浸かっていこう。

烏帽子岳を背にする雲上の別天地・四十八池

プランニング&アドバイス

本コースで気をつけたいのは、3日目の船窪小屋～烏帽子小屋間だ。難所が多い長丁場で、さらにエスケープルートがない。天候を見極めて早立ちを心がけ、足もとに気をつけたい。また途中に水場がないので、充分に水分を用意しよう。2日目もやせ尾根やクサリ場のある蓮華の大下りなどを通過する険しい行程になる。日程に余裕がもてなければ、1日目を七倉から七倉尾根経由で船窪小屋に登る行程にして（P130参照）、2泊3日にすることも考えられる。このコースは、アクシデントの際のエスケープルートとしても使える。

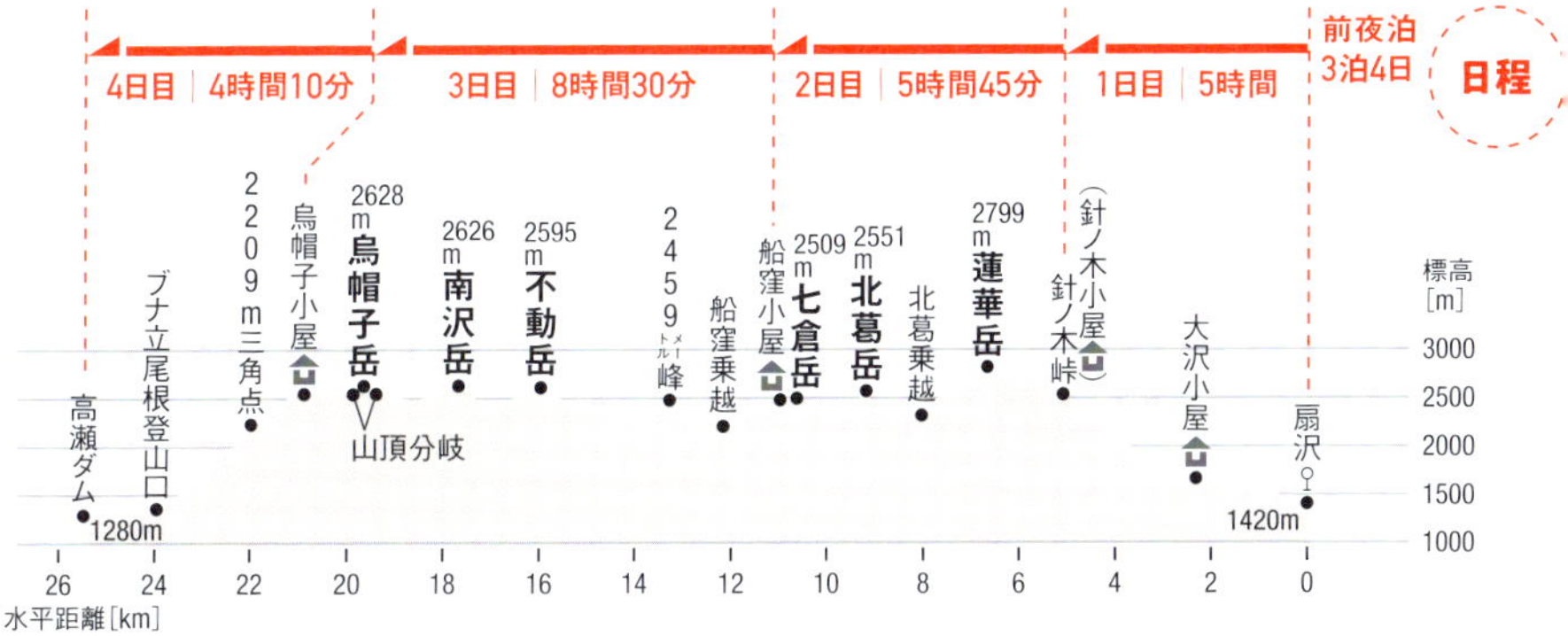

サブコース

七倉尾根から七倉岳へ

七倉→船窪小屋→七倉岳（往復） 計10時間10分

七倉《ななくら》登山口から七倉尾根にひらかれた船《ふな》窪《くぼ》新道を通って七倉岳《ななくらだけ》をめざすコースは、北アルプスでは珍しくなった、ランプを灯す山小屋として知られる船窪小屋を訪れる登山客に多く利用されている。後立山《うしろたてやま》連峰と槍ヶ岳《やりがたけ》に続く裏銀座《うらぎんざ》のあいだ、北アルプスの南北をつなぐ山域に位置する、比較的静かな場所だ。稜線に出れば、高瀬《たかせ》川から槍ヶ岳の眺望が目に飛びこみ、剱岳《つるぎだけ》（や後立山連峰も望むパノラマが広がる。

1日目 七倉を起点に船窪小屋に宿泊して七倉岳を踏んで、七倉尾根を往復しよう。

信濃大町《しなのおおまち》駅からのタクシーかマイカーで**七倉**へ。七倉山荘から七倉沢に架かる橋を渡って、東京電力管理用道路のゲート先からトンネル手前を右に折れる。七倉沢沿いを上がると船窪新道の登りがはじまる。

樹林帯が大半の道中は、目印となる景色などが少ないが、登山口から船窪小屋まで、標高ごとに赤字で番号がつけられているので、自分がいる位置の目安となる。これを利用してペースをつくるとよい。

道標を左に折れて、急な登山道をジグザグに上がる。ブナ林を抜けて露岩帯を越えて登っていくと、尾根の上部に取り付く。ここが唐沢《からさわ》のぞきで、ここまで視界が開けるところがなかったが、高瀬川をはさんで対岸の唐沢岳《からさわだけ》が望める。

さらに樹林のなか、標高を上げていくと、休憩に適した大きな岩小舎が現れる。この先は岩の点在する急登をこなしていくが、平坦な場所がところどころにあり、ひと息

Map 1-3C 七倉

Map 1-3B 七倉岳

コースグレード	中級
技術度 ★★☆☆☆	2
体力度 ★★★☆☆	3

船窪小屋は7月〜10月上旬の営業

ハイマツ帯の静かなピーク・七倉岳

写真・文／矢口 拓

高瀬ダムや裏銀座の山々を望む天狗ノ庭

つける。難所の鼻突八丁《はなつきはっちょう》は急なハシゴの連続で、滑落に注意したい箇所もある。足もとが滑りやすい雨天時は、とくに気をつけたい。

ダケカンバやシラビソの木々を抜けるとハイマツ帯となり、さらに進むと9合目の天狗《てんぐ》ノ庭《にわ》に着く。眼下に高瀬ダム湖、向こうに槍ヶ岳と穂高《ほたか》連峰の遠望が広がる。

ゆるやかな登山道を進み、遅い雪どけ後のお花畑をすぎて尾根を向こう側に越えると**船窪小屋**に到着し、鐘の音が出迎えてくれる。ランプで灯りをとる、囲炉裏のある素朴な小屋で、静かな夜を過ごしたい。

2日目 船窪小屋から稜線沿いに歩けば、まもなく**七倉岳**に着く。山頂としては特徴がないが、南には烏帽子岳《えぼしだけ》に続く崩落の激しい縦走路が印象的に広がっている。

山頂の先の分岐を左に折れたテント場の近くに、「日本一怖い水場」と称される湧水がある。時間が許せば、見学を兼ねて給水していこう（P122コース14参照）。ただし、くれぐれも慎重に行動したい。

船窪小屋に戻り、往路を**七倉**に下る。縦走する場合は、蓮華岳《れんげだけ》経由で針ノ木《はりのき》雪渓を下るか、烏帽子岳を経てブナ立《たて》尾根を下ることになる（ともにP122コース14参照）。

プランニング&アドバイス

船窪新道は急な斜面となる鼻突八丁のハシゴが滑りやすく、とくに雨の日は足もとに注意しよう。初夏のころは小屋直前に雪が残るため、滑らないように歩きたい。テント場近くの水場は、崩れやすい急斜面にある。年ごとに崩れて道が変わるため、船窪小屋で状況を聞いてから出かけよう。素朴なランプの小屋でゆっくりとすごすだけでも価値のある山旅となる。

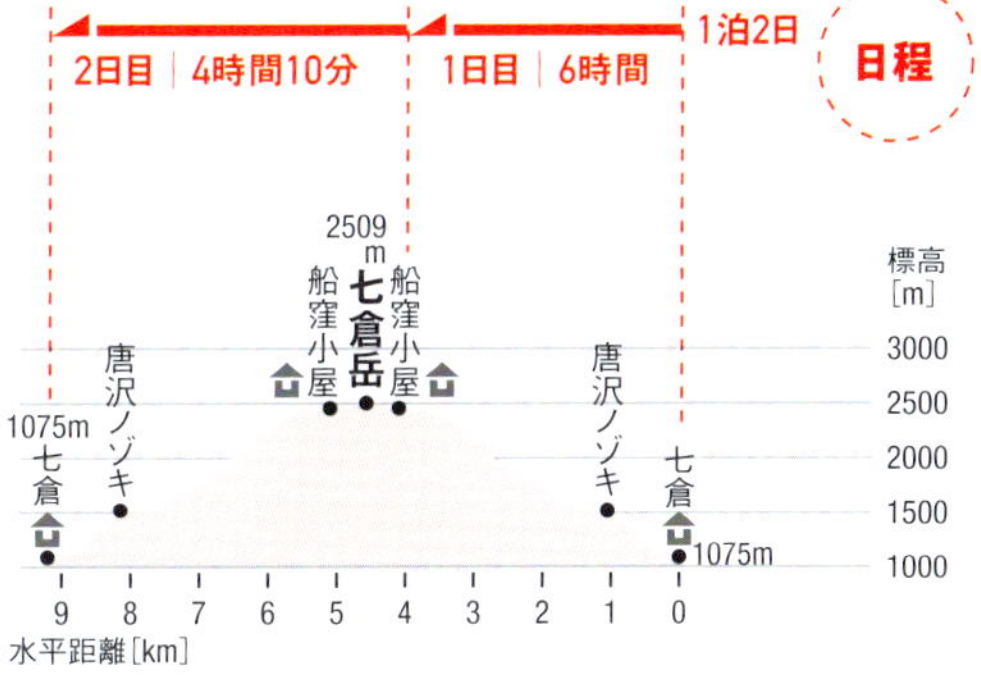

牛首からのモルゲンロートに染まる五竜岳（撮影／中西俊明）

積雪期

雪原散策から
雪山登山まで
幅広く楽しめる
フィールド

積雪期モデルコース

栂池自然園

自然園駅↓展望湿原（往復）

2時間50分

積雪期の栂池《つがいけ》自然園は限られたエキスパートのみに許されたフィールドであった。最近では春山シーズンに限られた期間だが自然園駅までのパノラマウェイが運行されるようになり、雪の栂池自然園に容易に入山できるようになった。また、ゴールデンウィークには山小屋が営業しているので、余裕をもって園内を楽しむことができ、積雪期は夏よりも短いコースタイムで展望《てんぼう》湿原まで往復できるメリットもある。

乗鞍岳《のりくらだけ》から小蓮華山《これんげやま》の山懐に位置する栂池自然園は積雪が多く、5月になっても一面雪におおわれている。展望湿原まで雪原を直登すると、正面には積雪期の厳しさと美しさを備えた白馬三山が凛とした光景を見せている。

歩く際は、早朝は雪面が凍結しているので、アイゼン、ピッケル、防寒具は必須となる。雪原は吹雪いたりすると見通しがきかなくなり遭難の危険があるので、晴天が見こまれる日を選ぶことが大切だ。

ロープウェイ**自然園駅**から雪道を栂池自然園に向かう。栂池ヒュッテ、栂池山荘ともに4月下旬〜5月初旬のゴールデンウィークには営業しているのでありがたい。これらをベースに、積雪期の自然園で白馬三山の眺望を満喫しよう。

早朝は雪面が凍っているので、アイゼンをつけて展望湿原に向かう。日の出の時刻に白《しろ》ミズバショウ湿原まで進むと、正面の白馬岳《うまだけ》が真っ赤に染まる光景が楽しめる。

自然園入口から広い雪原をまっすぐ進む。

Map 11-1B 自然園駅

Map 11-2A 展望湿原

コースグレード　中級

技術度	★★☆☆☆	2
体力度	★★☆☆☆	2

5月の自然園は残雪が豊富だ

春には雪の斜面には模様ができる

栂池自然園から望む朝焼けの白馬岳

ワタスゲ湿原や楠《くす》川などは、気づかずに通過してしまう。右の斜面にはダケカンバが多く、数mの積雪のため、雪原にはツガが木の先端を出している。東方には妙高《みょうこう》山《さん》や高妻山《たかつまやま》などの頸城《くびき》山塊が眺望できる。

しばらくゆるい斜面が続き、急斜面を乗り越えれば**展望湿原**に出る。湿原は深い雪の下で、平坦な稜線からは右から白馬岳、杓子岳《しゃくしだけ》、鑓《やり》ヶ《が》岳《たけ》が朝の斜光で輝いている。ヒュッテを未明に出発すれば、展望湿原でモルゲンロートに輝く白馬三山が眺められる。

白馬三山をじっくり眺めたら、雪原を**自然園駅**に戻ることにしよう。

プランニング&アドバイス

4月下旬~5月初旬のパノラマウェイの運行時期に計画する。運行時期に合わせて2軒の山小屋が営業し、宿泊すれば山々がモルゲンロートに染まる光景が楽しめる。降雪直後は雪崩の危険があり、斜面には近づかないこと。朝は雪面が凍結し、アイゼンは必須。危険箇所はないが標識がないので、どこが展望湿原かわからない。荒天時で見通しがないときは行動しないこと。

ミズバショウ湿原付近からの白馬三山方面

八方尾根

八方池山荘↓唐松岳頂上山荘↓唐松岳（往復）↓唐松岳頂上山荘↓八方池山荘

計6時間10分

Map 11-3B 八方池山荘

Map 11-4A 唐松岳

コースグレード	中級
技術度	★★★★☆ 4
体力度	★★★☆☆ 3

積雪期に八方《はっぽう》尾根から唐松岳《からまつだけ》をめざすコースは、荘厳で神々しい雪の白馬三山や五《ご》竜岳《りゅうだけ》、不帰ノ嶮《かえらずのけん》を眺められる雪山の入門コースとして人気がある。急な雪稜を登り唐松岳山頂に立つと、剱《つるぎ》・立山《たてやま》のシルエットと茜色に輝く富山湾が印象的な光景を見せてくれる。また、早朝には剱岳《つるぎだけ》と五竜岳がモルゲンロートに染まる、感動の光景を眺望できる。

4月下旬、白馬山麓はコブシの花が咲き春爛漫の季節を迎える。五竜岳では武田菱《たけだびし》、白馬岳《しろうまだけ》では代掻《しろか》き馬の雪形が現れる。季節の垂直分布を肌で感じながら登れる時期である。ゴールデンウィークには唐松岳頂上山荘が営業しているので、小屋泊まりの雪山計画を立案できる。春の陽光を浴びながら登山が楽しめるが、天候の急変で冬山になるので、しっかりとした冬山装備で登りたい。また、八方尾根は尾根が広いので、荒天になるとホワイトアウトになり、遭難の危険がある。天候が安定した3月下旬から5月上旬にかけ、晴天が続く日をねらって計画しよう。

1日目 山麓駅からゴンドラと2本のリフトを乗り継いで**八方池山荘**前に出る。八方尾根は人気のスキー場だけに、八方池山荘付近はボーダーやスキーヤーが多い。八方池山荘から先は厳しい雪山のフィールドとなる。アイゼンを確実に装着して、状況に対応した準備を整えて出発しよう。早朝は雪が締まっているので、アイゼンをきかせ

丸山上部から唐松岳をめざす登山者

下ノ樺はダケカンバの巨木の脇を登る

写真・文／中西俊明

八方尾根上部から唐松岳（左）と不帰ノ嶮を望む

ながら小気味よく登れる。右手には白馬三山が青空に整った山容を見せている。積雪期は稜線を爽快に登れるだけに、夏山よりも短時間で八方山《はっぽうやま》ケルンに到着する。振り返れば前方には八ヶ岳《やつがたけ》連峰、富士山《ふじさん》、南アルプス、浅間山《あさまやま》をはじめ、妙高山《みょうこうさん》や雨飾山《あまかざりやま》など頸城《くびき》山塊の山々が目の前に広がる。休憩をとりながら冬の山々を眺められることがうれしい。

広々とした雪稜は傾斜がゆるくなり、白馬三山と五竜岳、鹿島槍ヶ岳《かしまやりがたけ》を眺めながらのんびりと登れる。積雪が少ないときや5月になると、日当たりがよければ第三ケルンまでは夏道が現れていることがある。トイレの先には第二ケルンがあるが、この付近は吹きたまり場所で、厳冬期は深いラッセルと烈風に苦しめられるところ。広い斜面には何本もトレースがついているが、どこを登っても大差なく第三ケルンまで登れる。

第三ケルンでは、不帰ノ嶮と白馬三山の眺めがすばらしい。この季節、八方池は深い雪におおわれて平坦な雪原になっている。

雪稜を進むと、ダケカンバの巨木が目立つ下ノ樺《しものかんば》に着く。この付

山頂直下からの五竜岳は豪快な山容を見せる

ゴールデンウィークの唐松岳は登山者が多い

近は風がさえぎられ、絶好の休憩ポイントになっている。

ダケカンバ帯から左側を回りこんで稜線の南側に出れば、鹿島槍ヶ岳と五竜岳が大きく眺められる。稜線では風があると烈風をまともに受けるので、苦しいところだ。この先は夏道とは異なり、稜線の高いところを進んでいく。

アップダウンを繰り返して小ピークを越えて進むと、いつしか上ノ樺《うえのかんば》を通過する。急な雪面を直登すれば**丸山**《まるやま》に着く。ケルンが立つ丸山は、白馬岳から鹿島槍ヶ岳までの後立山《うしろたてやま》連峰が望める、八方尾根屈指の展望台になっている。

丸山から先は主稜に近づくほど雪稜が細くなる。滑落しないように慎重に登る。前方には斜光に輝く不帰ノ嶮と、左奥にはめざす唐松岳も眺められる。迫力を増した不帰Ⅱ峰、Ⅲ峰を見ながら雪稜を登り、急な雪壁を越えれば主稜線に出る。正面には烈風とともに剱岳が顔を見せてくれる。

唐松岳から望む残雪豊富な剱岳・立山連峰

ダケカンバと白馬三山（八方池付近から）

唐松岳頂上山荘に入り、ひと休みしたら唐松岳を往復しよう。山荘からは整った三角形の唐松岳が目の前に眺められる。山頂までは傾斜のきつい雪稜が続くので、アイゼンをきかせて慎重に登りたい。

唐松岳の山頂に立つと、豪快な五竜岳がひときわ目立つ。寒さに耐えて夕方まで山頂にいると、残照で輝く富山湾と能登《のと》半島方面が印象深く眺められる。

2日目 **唐松岳頂上山荘**からは、朝日に輝く剱・立山連峰がすばらしい眺めだ。山荘をあとに、八方尾根を下山する。

山荘裏の主稜線から八方尾根に下る地点では、滑落に注意する。**丸山**まで来れば、**八方池山荘**まで眺望を楽しみながらのんびりと下ることができる。

プランニング&アドバイス

前夜に八方池山荘に宿泊すれば、早朝に出発して余裕ある行程がとれる。3月下旬から5月になると稜線の雪が締まり、アイゼンをきかせて登れる。広々とした稜線が多い八方尾根は、悪天時にホワイトアウトになり遭難の危険があるので、天候が安定した日程をねらって計画を立てることが安全登山につながる。丸山から上部は雪稜がやせて滑落の危険が増す。主稜線に出る地点は雪庇ができていることがあるので注意する。またコース上部は急斜面なので、下山時には滑落に注意。雪山初心者は経験者同行のうえ、唐松岳頂上山荘が営業をはじめる4月下旬から5月上旬に計画しよう。

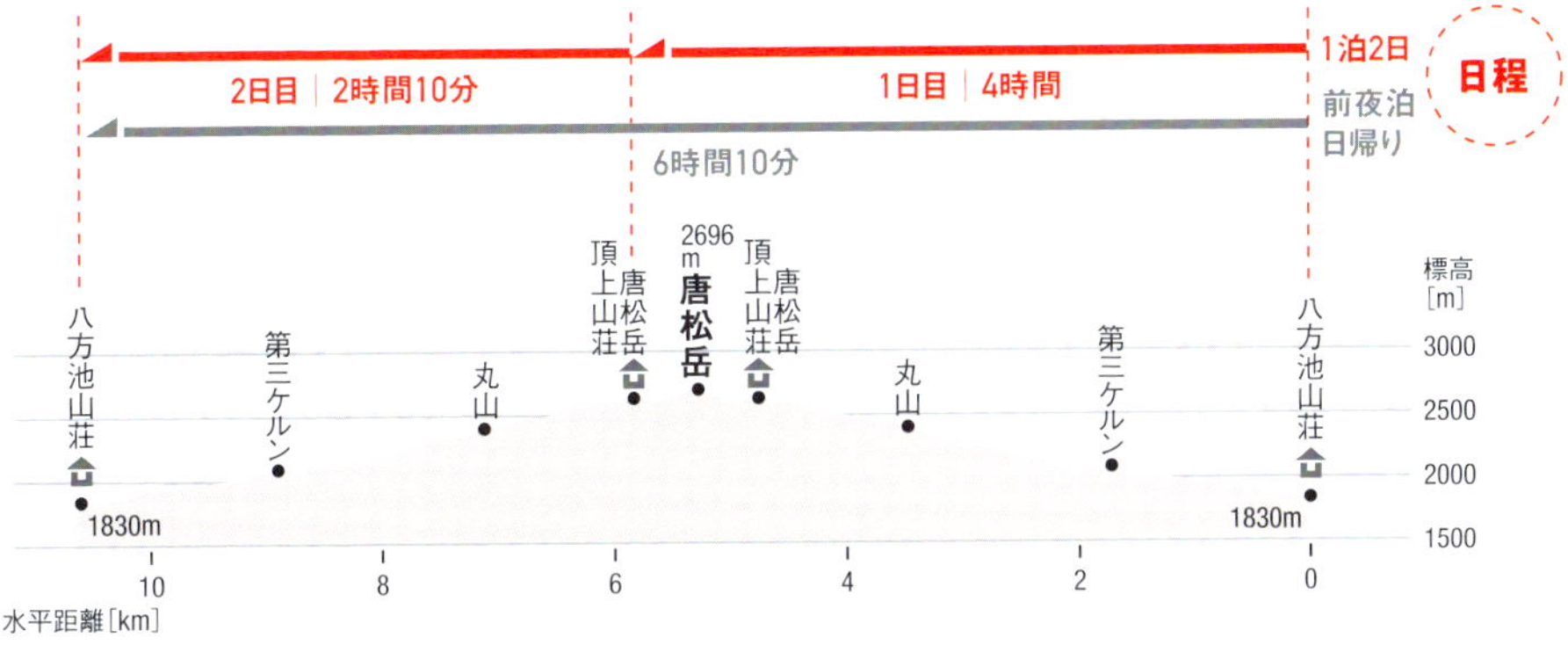

白馬・後立山連峰へのアクセス

公共交通機関利用

白馬岳および後立山連峰の各登山口へは、JR大糸線の信濃大町駅と神城駅、白馬駅、平岩駅が起点となる。首都圏からは、新宿発のJR中央本線特急あずさを利用する。朝の1便が大糸線に直通運転され（神城駅には停車しないので、信濃大町駅で普通列車に乗り換える）、その他は松本駅で大糸線に乗り換える。また、東京駅からJR北陸新幹線で長野駅に行き、アルピコ交通バスで八方や栂池高原、扇沢などに行く方法もある。大阪・名古屋方面からは、名古屋駅からJR中央本線特急（ワイドビュー）しなので松本駅に行き、大糸線に乗り換える。なお、夏期を中心に白馬駅行きの臨時便が運行されることもある。

シーズン中には、東京／大阪・京都方面から扇沢・白馬・栂池高原へアルピコ交通の予約制直行バス「さわやか信州号」が運行される（大阪行きの上り便は扇沢に停車しない）。下りは夜行便もあるので、早朝に各登山口に立つことができる。

富山県側の祖母谷温泉の下山口に利用される黒部峡谷鉄道欅平駅からは、黒部峡谷鉄道・富山地方鉄道（宇奈月温泉乗り換え）で新黒部駅に行き、隣接する黒部宇奈月温泉駅でJR北陸新幹線に乗り換える。

鉄道の各駅から登山口へは、白馬駅からはアルピコ交通バス、平岩駅からの糸魚川バスのほか、タクシーを利用する。路線バスの運行形態は、通年運行のほか、夏期を中心とした特定日運行などがあるので、乗車の際は事前にチェックしておきたい（主要駅から主な登山口へは、P144「登山口ガイド」も参照のこと）。

アクセス図 凡例

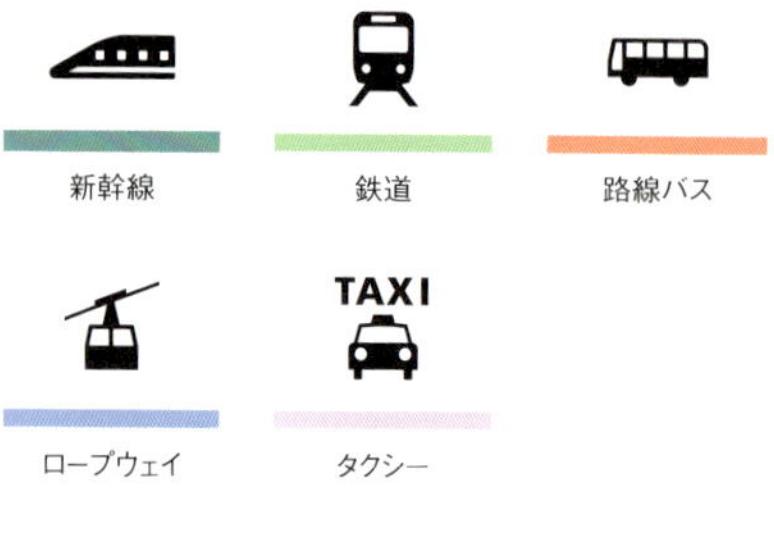

↑白馬岳の登山拠点・JR白馬駅。駅前に登山等の総合案内所がある
↓栂池ゴンドラリフト（所要約20分）。下山時は最終便の時間に注意

マイカー利用

白馬岳の登山口となる猿倉や栂池高原、唐松岳の登山拠点の八方へは、東京方面からは上信越自動車道長野ICから国道19号、県道31号（オリンピック道路）を走り、大町市青具で右に進んで白馬村中心部へ向かう。名古屋・大阪方面からは、長野自動車道安曇野ICからアルプスパノラマロードや国道147・148号を北上して白馬方面へ。

五竜岳の登山拠点・五竜遠見へは上記の方法で白馬方面に進み、白馬村中心部手前の神城で左へ。

朝日岳、白馬岳の入下山口である蓮華温泉へは、先述の白馬村中心部からさらに国道148号を北上。平岩駅先の平岩信号で右折し、県道経由で向かう。

鹿島槍ヶ岳や針ノ木岳の登山口となる扇沢へは、先述の長野ICから大町市青具へ行き、左に進んで大町方面へ。名古屋・大阪方面からは、長野自動車道安曇野ICから先述の白馬と同じルートで大町方面へ。大町から県道45号(大町アルペンライン)で扇沢に向かう。赤岩尾根登山口の大谷原や、烏帽子岳への七倉へも、同様に大町市街から県道でアクセスする。

富山県側の登山拠点となる北又や欅平へは北陸自動車道を利用するが、前者は小川温泉、後者は宇奈月温泉に車を置いて、タクシーや鉄道で移動することになる。

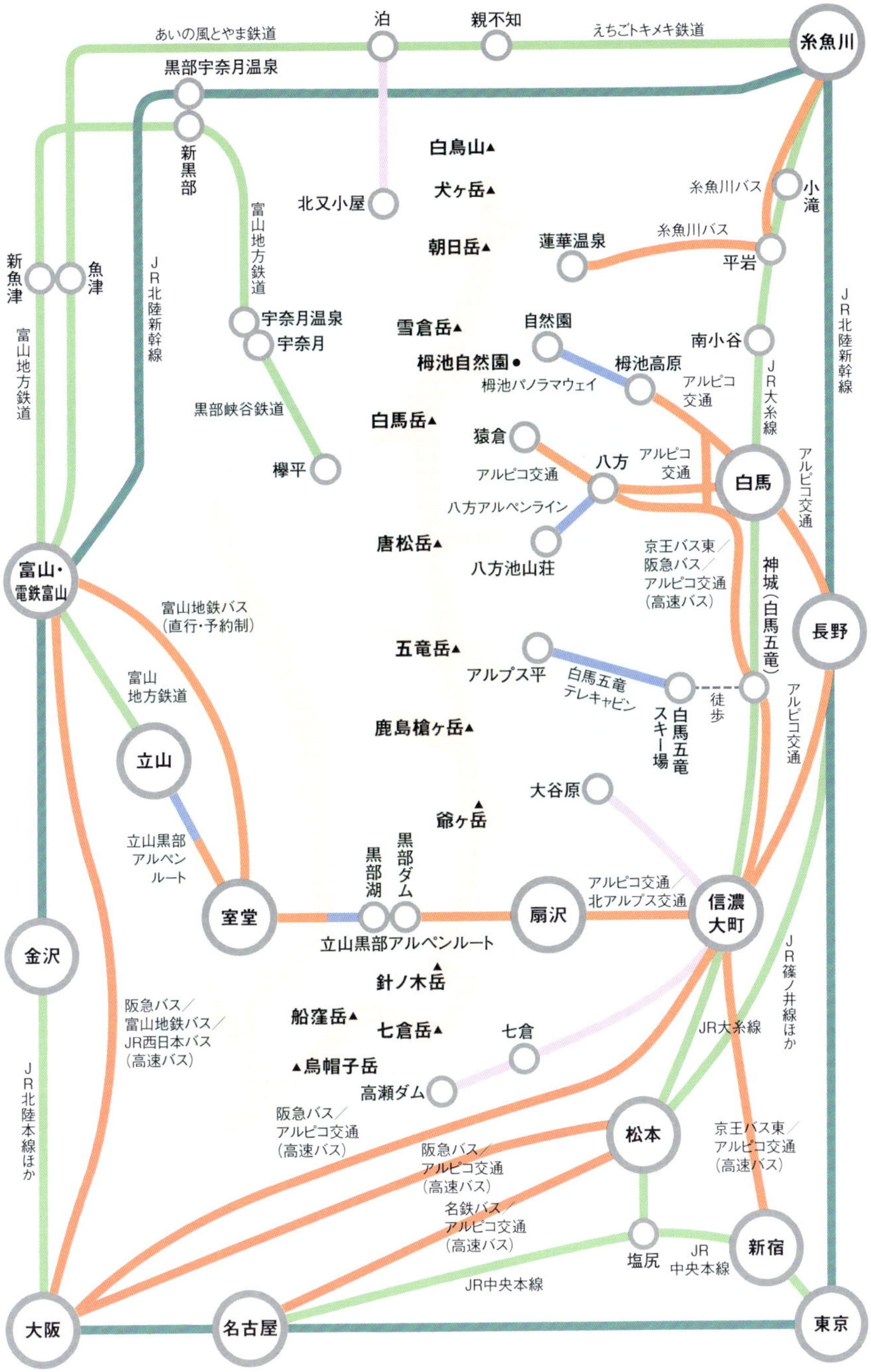

泊
親不知
あいの風とやま鉄道
えちごトキメキ鉄道
糸魚川
黒部宇奈月温泉
新黒部
白鳥山▲
犬ヶ岳▲
北又小屋
糸魚川バス
小滝
富山地方鉄道
朝日岳▲
蓮華温泉
糸魚川バス
平岩
新魚津
魚津
JR北陸新幹線
宇奈月温泉
宇奈月
雪倉岳▲
自然園
南小谷
JR北陸新幹線
富山地方鉄道
梅池自然園●
梅池高原
梅池パノラマウェイ
アルピコ交通
JR大糸線
黒部峡谷鉄道
白馬岳▲
猿倉
欅平
アルピコ交通
八方
アルピコ交通
白馬
アルピコ交通
八方アルペンライン
唐松岳▲
八方池山荘
京王バス東／阪急バス／アルピコ交通（高速バス）
神城（白馬五竜）
富山・電鉄富山
長野
富山地鉄バス（直行・予約制）
五竜岳▲
アルプス平
白馬五竜テレキャビン
徒歩
富山地方鉄道
白馬五竜スキー場
アルピコ交通
鹿島槍ヶ岳▲
立山
大谷原
爺ヶ岳▲
立山黒部アルペンルート
黒部湖
黒部ダム
アルピコ交通／北アルプス交通
室堂
扇沢
信濃大町
立山黒部アルペンルート
金沢
針ノ木岳▲
JR篠ノ井線ほか
阪急バス／富山地鉄バス／JR西日本バス（高速バス）
船窪岳▲
七倉岳▲
七倉
JR大糸線
▲烏帽子岳
JR北陸本線ほか
高瀬ダム
阪急バス／アルピコ交通（高速バス）
松本
京王バス東／アルピコ交通（高速バス）
阪急バス／アルピコ交通（高速バス）
名鉄バス／アルピコ交通（高速バス）
塩尻
JR中央本線
新宿
JR中央本線
大阪
名古屋
東京

白馬・後立山連峰周辺図

N
0
2
10km
1:340,000
富山湾
富山市
富山駅
東富山駅
岩瀬浜駅
水橋駅
寺田駅
上市駅
金沢方面
常願寺川
道の駅ウェーブパークなめりかわ
滑川駅
滑川市
滑川IC
東滑川駅
越中中村駅
富山地方鉄道本線
新魚津駅
魚津駅
魚津IC
魚津市
白倉山
879
電鉄石田駅
黒部駅
生地鼻
生地駅
黒部川
あいの風とやま鉄道
黒部宇奈月温泉駅
黒部IC
新黒部駅
入善駅
朝日IC
入善スマートIC
入善町
泊駅
北陸自動車道
北陸新幹線
道の駅うなづき
内山駅
黒部市
宇奈月温泉駅
宇奈月温泉
宇奈月駅
1274
烏帽子山
森石駅
黒薙駅
黒薙温泉
僧ヶ岳
1855
駒ヶ岳
2003
黒部峡谷鉄道
鐘釣駅
鐘釣温泉
猫又駅
突坂山
1504
毛勝山
2415
小屋平駅
名剣温泉
祖母谷温泉
百貫山
1970
不帰岳
2053
猫又山
2308
清水岳
2603
白馬八方温泉
おびなたの湯
白馬村
杓子岳
2812
鑓ヶ岳
2903
鑓温泉
白馬岳
2932
鉢ヶ岳
2563
雪倉岳
2611
朝日岳
2418
長栂山
2267
(黒倉山)
黒負山
2070
猪頭山
1374
越道峠
定倉山
1406
負釣山
959
朝日小川ダム
小川温泉
小川温泉元湯・ホテルおがわ
朝日町
黒菱山
1043
焼山
910
初雪山
1596
犬ヶ岳
1592
白鳥山
1287
越中宮崎駅
市振駅
登山口
栂海新道
親不知
親不知IC
親不知駅
尻高山
677
えちごトキめき鉄道
青海駅
黒姫山
1221
村杉山
1173
明星山
1189
聖山
1527
赤禿山
1158
蓮華温泉
風吹大池
1888
風吹岳
乗鞍岳
2437
白馬大池
赤倉山
1649
自然園駅
栂池温泉・栂の湯
栂池高原
猿倉
岩菅山
1290
八方駅
白馬大池駅
白馬
塩の道温泉・倉下の湯
信濃森上駅
長野市
小谷村
南小谷駅
千国駅
中土駅
北小谷駅
道の駅小谷
一難場山
1518
平岩駅
姫川温泉
小滝駅
大網峠
雨飾温泉
駒ヶ岳
1498
糸魚川市
根知駅
頸城大野駅
姫川駅
糸魚川IC
糸魚川駅
梶屋敷駅
浦本駅
上越JCTへ
長野方面
大糸線

富山IC
スマートIC
立山町
上市町
富山市
岩峅寺駅
有峰口駅
尖山
立山駅
美女平駅
弥陀ヶ原
極楽坂山
大品山
鍬崎山
小佐波御前山
御鷹山
笹津駅
楡原駅
桧峠
高頭山
鉢伏山
大坂森山
有峰林道小口川線
有峰林道小見線
東笠山
有峰ダム
道の駅細入
猪谷駅
茂住峠
横岳
大多和峠
有峰林道東谷線
杉原駅
越中西街道
越中東街道
漆山岳
打保駅
飛騨市
天蓋山
山吹峠
桑崎山
道の駅宙ドーム・神岡
流葉山
高山方面
安峰山
大雨見山
飛騨古川駅
高山市
寺地山
太郎山
薬師峠
薬師岳
(上ノ岳)
北ノ俣岳
雲ノ平
(黒岳)
水晶岳
野口五郎岳
真砂岳
鷲羽岳
三俣蓮華岳
(中ノ俣岳)
黒部五郎岳
双六岳
樅沢岳
赤岳
硫黄岳
抜戸岳
笠ヶ岳
道の駅奥飛騨温泉郷上宝
新穂高温泉駅
錫杖岳
新穂高温泉
西穂高口駅
西穂高岳
前穂高岳
奥穂高岳
北穂高岳
南岳
中岳
槍ヶ岳
西岳
東天井岳
大天井岳
常念岳
蝶ヶ岳
大滝山
鍋冠山
上高地温泉
上高地
松本市
黒沢山
剱岳
仙人山
池ノ平山
大熊山
クズバ山
大日岳
奥大日岳
立山
別山
室堂
大汝山
龍王岳
鷲岳
五色ヶ原
鳶山
越中沢岳
丸山
黒部別山
黒部ダム
岩小屋沢岳
鳴沢岳
針ノ木岳
蓮華岳
扇沢
籠川臨時
鹿島槍ヶ岳
爺ヶ岳
大谷原
白沢天狗山
船窪岳
北葛岳
不動岳
南沢岳
烏帽子岳
高天原温泉
赤牛岳
三ッ岳
七倉
高瀬ダム
唐沢岳
餓鬼岳
湯俣温泉
燕岳
中房温泉
有明山
清水岳
葛温泉
高瀬館
大町市
大町温泉郷
湯けむり屋敷
薬師の湯
鍬ノ峰
北大町駅
信濃大町駅
南大町駅
南鷹狩山
信濃常盤駅
安曇沓掛駅
神明原
唐沢山
信濃松川駅
松川村
神戸原
細野駅
道の駅安曇野松川
池田町
道の駅池田
生坂村
大城
安曇追分駅
富士尾山
有明駅
穂高駅
浅川山
安曇野市
柏矢町駅
明科駅
豊科駅
道の駅アルプス安曇野ほりがねの里
安曇野IC
梓川スマートIC
一日市場駅
松本方面
岡谷JCTへ
田沢駅
長野自動車道
更埴JCTへ
おみ駅
道の駅白馬
白馬姫川温泉・竜神の湯
天狗岳
簗場駅
権現山
海ノ口駅
木崎湖
青木湖
ぼかぼかランド美麻
天狗山
長野へ
長野市
大姥山
小川村

白馬・後立山連峰の登山口ガイド

猿倉《さるくら》 標高約1240m 白馬岳・鑓温泉方面

Map 5-3D

大雪渓から白馬三山縦走コース、白馬岳から栂池自然園に下山するコースなどの入山口として人気が高い猿倉へは、白馬駅からアルピコ交通バスでアクセスする。マイカーは猿倉荘への分岐を進んだ登山者用無料駐車場を利用する。手前には主に夏期の週末に開かれる臨時駐車場もある。

公共交通：JR大糸線 **白馬駅** →（アルピコ交通バス 約30分 1000円）→ 猿倉

マイカー：上信越道 **長野IC** →（19 148 ほか 約60km）→ 猿倉

●猿倉が満車の場合、八方の第5駐車場（駐車場の位置はP145の地図を参照）などに誘導され、バスかタクシーで猿倉へアクセスすることになる。第5駐車場からタクシーを利用する場合は約3300円。

←猿倉バス停。バスは例年4月下旬～10月上旬の運行。運行日により本数が増減するので事前に調べておく

栂池高原《つがいけこうげん》 標高約1830m（自然園駅） 白馬岳方面

Map 範囲外

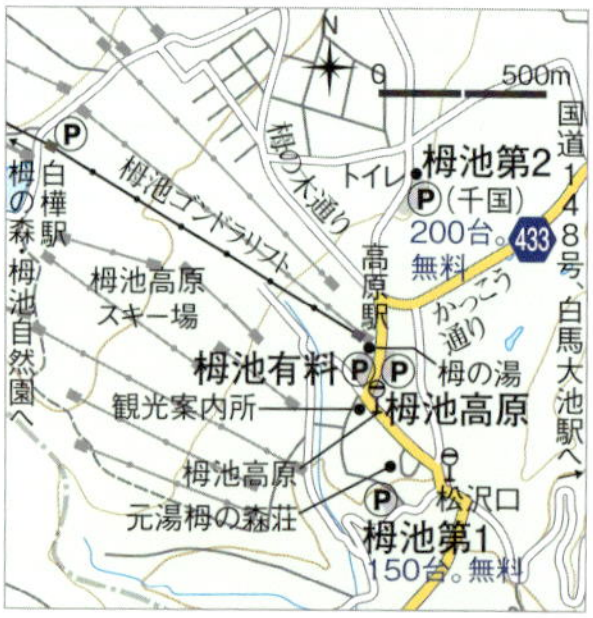

←起点の栂池高原駅。駅の有料駐車場は日帰り観光客の利用が多い。登山者は周辺の無料駐車場へ。駅は日帰り温泉の「栂の湯」も隣接する

白馬岳の小谷村側の入下山口・栂池高原は、白馬駅からの路線バスの便もよく、大規模な無料駐車場も整備されている。起点となる栂池自然園へは、ゴンドラリフトとロープウェイを乗り継いでアクセスする。栂池パノラマウェイは例年6月上旬～10月下旬運行。運行時間は変動するので注意。

公共交通：JR大糸線 **白馬駅** →（アルピコ交通バス 約25分 560円）→ 栂池高原

マイカー：上信越道 **長野IC** →（19 148 ほか 約54km）→ 栂池高原

栂池高原 →（栂池パノラマウェイ（ゴンドラ・ロープウェイ） ゴンドラ約20分 ロープウェイ約5分 片道1920円 往復3600円）→ **自然園駅**

●栂池高原へは、JR北陸新幹線長野駅からのアルピコ交通バス（1時間30分、2000円）や、東京・大阪方面からのバス「さわやか信州号」なども運行されている。

あります。登山計画時には、自治体や交通機関、各施設のホームページなどで最新情報をご確認ください。

白馬《はくば》八方《はっぽう》 標高約1830m（八方池山荘） 八方池・唐松岳方面

Map 4-1D

八方尾根の入山口。八方駅からゴンドラリフトと2基のクワッドリフトを乗り継いで八方池山荘まで容易にアクセスできる。八方駅までは、JR大糸線白馬駅からアルピコ交通バスで5分ほどの白馬八方ターミナルから徒歩10分。マイカーは八方駅前に日帰り観光客用の有料駐車場のほか、周辺に無料の公共駐車場が点在する（八方駅へ徒歩5〜15分程度）。駅の近くには立ち寄り温泉も2軒（郷の湯、八方の湯）ある。

↓黒菱平〜八方池山荘間を5分で結ぶグラートクワッドリフト。八方アルペンラインの運行期間は6月上旬〜10月下旬

公共交通 ／ マイカー

JR大糸線 **白馬駅** ／ 上信越道 **長野IC**

↓ アルピコ交通バス **約5分** 180円 ／ ↓ **約48km** 19 148 ほか

八方

↓ 徒歩 **約10分**

八方駅

↓ 八方アルペンライン **約20分** 片道1550円　往復2900円

八方池山荘

●白馬八方バスターミナルへは、白馬駅のほかJR北陸新幹線長野駅からのアルピコ交通バス（1時間15分、1800円）や、東京・大阪方面からの直行バス「さわやか信州号」も運行されている

←白馬八方バスターミナル。高速バスやリフトのチケット販売のほかにモンベルショップもあるので、ギアを忘れた場合でも心強い

→八方からのゴンドラリフト終点・兎平駅。レストランやカフェ、八方尾根の自然を紹介するネイチャールームがある

←第3駐車場のそばにある郷の湯（入浴料600円）。第3駐車場はゴンドラを利用の際には便利な場所だが、無料のため満車になるのが早い

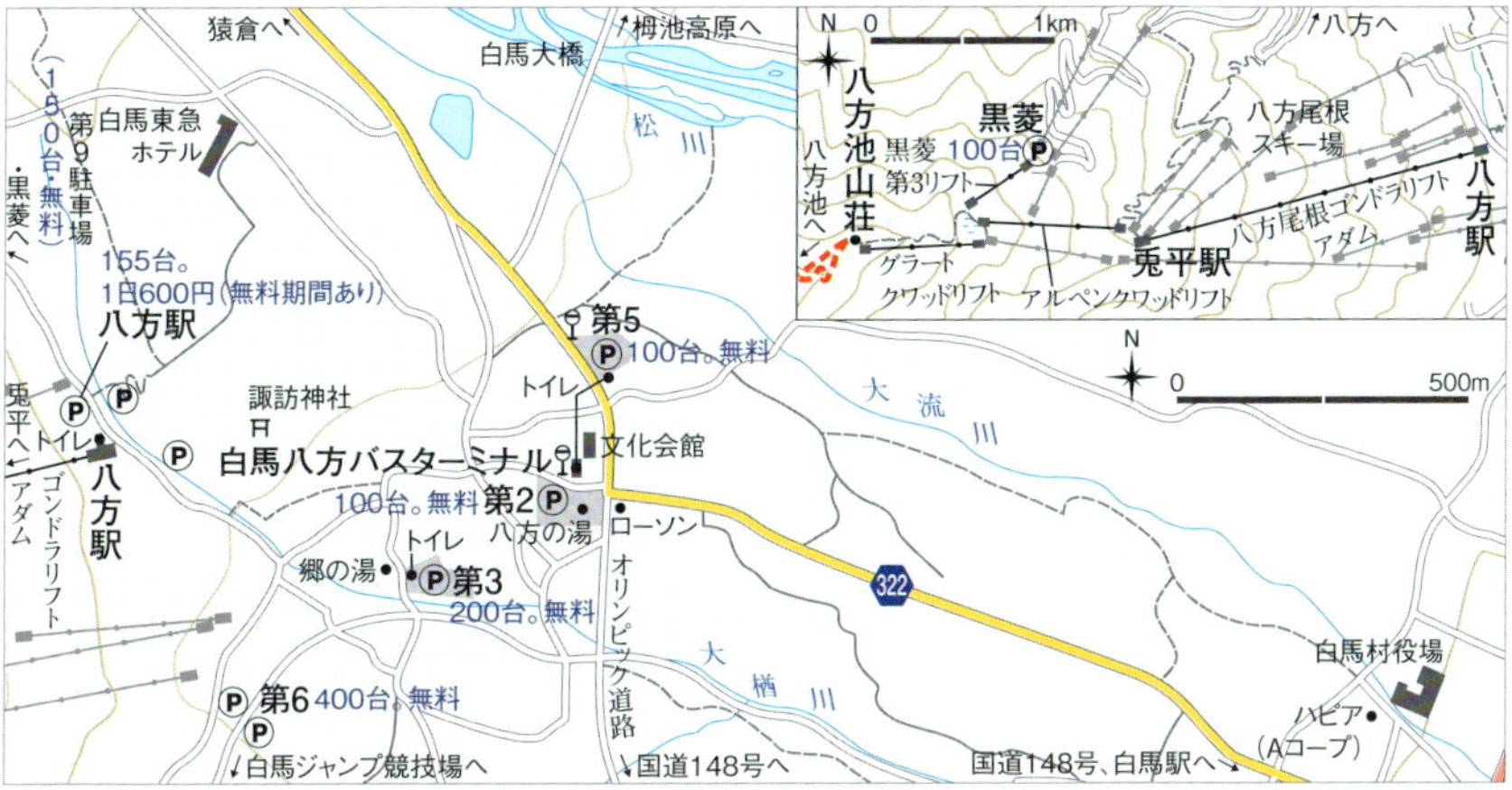

写真／中西俊明・渡辺幸雄・吉田祐介

※交通機関や道路、駐車場、宿泊施設などの情報は、本書の発行日時点のものです。発行後に改定・変更になることが

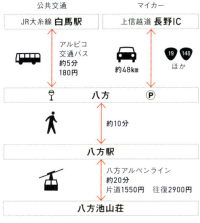

扇沢《おうぎさわ》　標高約1420m　鹿島槍ヶ岳　針ノ木岳方面

Map 2-4C

扇沢は、立山黒部アルペンルートの長野県側の起点であるとともに、鹿島槍ヶ岳・針ノ木岳の登山基地としても利用される。JR信濃大町駅からの路線バスの便はよく、周辺駐車場は臨時を含めて約1200台を収容、マイカー利用にも便利である。

→扇沢駅の有料駐車場の下に無料の公共駐車場がある。最盛期は大町温泉郷に臨時駐車場が設置される

←扇沢駅。大町からのバスのほか、JR北陸新幹線長野駅からのバスや、東京・大阪からのバス「さわやか信州号」なども運行

公共交通

JR大糸線 **信濃大町駅**

↕ アルピコ交通 北アルプス交通 **約40分 1360円**

マイカー

長野道 **安曇野IC**

↕ **約43km** アルプスパノラマロード、大町アルペンライン

扇沢 (P)

●信濃大町駅～扇沢間のバスは例年4月中旬～11月30日、1時間に1～2便運行される

蓮華温泉《れんげおんせん》　標高約1475m　白馬岳・朝日岳方面

Map 6-4D

白馬岳、朝日岳への入下山口のひとつである蓮華温泉は、JR北陸新幹線糸魚川駅からJR大糸線平岩駅を経由する路線バスが運行されている。野趣満点の野天風呂があることでもよく知られ、夏や秋の週末は登山者や温泉目当ての観光客でにぎわう。

公共交通

JR大糸線 **平岩駅**

↕ 糸魚川バス **約1時間 1210円**

マイカー

上信越道 **長野IC**

↕ **約94km** 19 148 ほか

蓮華温泉 (P)

●JR大糸線平岩駅からのバスは7月中旬～10月中旬の季節運行で、例年夏期は1日4往復、それ以外の時期は1日2往復の運行。バスは別途荷物料310円が必要

→ロッジから15分ほど歩いた山中に仙気の湯、黄金湯など4つの野天風呂がある（写真は薬師湯）。いずれ脱衣所はない

←蓮華温泉へのバスが立ち寄る平岩駅。南小谷方面へのJR大糸線との接続が悪く、糸魚川まで行き北陸新幹線に乗る方法もある

←平岩から蓮華温泉まで約22km。舗装された林道を走り、蓮華温泉ロッジ手前に70台収容する無料駐車場が整備されている

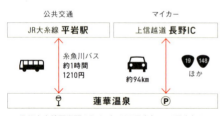

五竜遠見《ごりゅうとおみ》 標高約1530m（アルプス平駅） 五竜岳・鹿島槍ヶ岳方面

Map 4-3D

遠見尾根・五竜岳への起点となるテレキャビンとおみ駅へは、JR大糸線神城駅が起点となる。JR北陸新幹線長野駅からのアルピコ交通バスや、東京・大阪方面からのバス「さわやか信州号」などを利用する場合は、神城駅前の白馬五竜バス停で下車する。神城駅からとおみ駅へは徒歩20分ほど（ハイシーズンには同区間を無料シャトルバスが運行）。

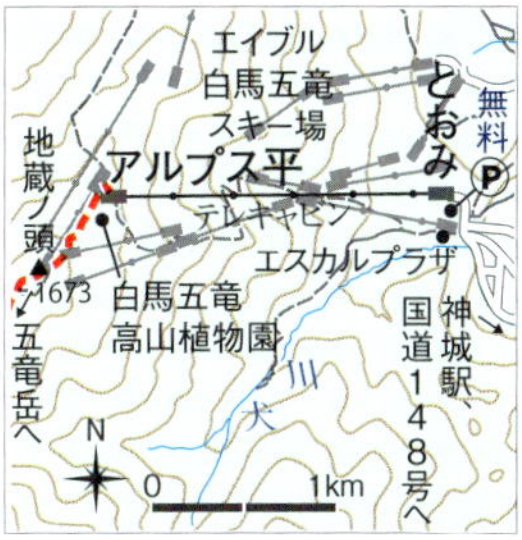

公共交通：JR大糸線 **神城駅** →（徒歩）約20分→ **白馬五竜スキー場**

マイカー：上信越道 **長野IC** →（国道19・148ほか）約42km→ **白馬五竜スキー場** Ⓟ

白馬五竜スキー場 →テレキャビン約8分 片道1000円 往復1800円→ **アルプス平駅**

●テレキャビンの運行期間は例年6月中旬～10月下旬、通常8時15分～16時30分（夏期は7時30分～・特別早朝運転日は7時～）。下りの最終は運行期間を通じて16時30分。マイカーの場合、白馬五竜スキー場の大駐車場（無料）を利用できる。

↑とおみ駅のそばにある拠点施設「エスカルプラザ」。レストランや土産物店、入浴施設などが入っている

七倉《ななくら》・高瀬《たかせ》ダム 標高約1075m（七倉） 針ノ木岳・七倉岳・烏帽子岳

Map 1-3C

七倉は、烏帽子岳や七倉岳への入下山口で、七倉から先の東京電力管理道路は地元特定のタクシー会社のみ（4月中旬～11月上旬）高瀬ダムまで乗り入れる。乗り入れ時間は6時30分（7月中旬～9月上旬は5時30分～）から19時（9月以降は短縮）。下山時は高瀬ダムの公衆電話からタクシーをよぶことができる。

公共交通：JR大糸線 **信濃大町駅** →（TAXI）タクシー 約30分 約6500円→ **七倉**

マイカー：長野道 **安曇野IC** →（国道148・326ほか）約54km→ **七倉** Ⓟ

七倉 →（TAXI）タクシー約15分 約2200円（要予約）→ **高瀬ダム**

●七倉登山口にある七倉山荘に宿泊する場合は、JR大糸線信濃大町駅から予約制乗合タクシーが利用できる。料金が1700円と通常料金より安く乗車できる。宿への予約の際に乗合タクシーの乗車の旨をつたえておく。タクシーは往路が14～16時台の30分発、復路は8～10時台の55分発の3本ずつ

↑七倉には七倉山荘やトイレ、駐車場、登山相談所がある。七倉山荘では立ち寄り入浴ができるので、タクシーの待ち時間に汗を流せる

欅平《けやきだいら》 標高約600m 白馬岳・唐松岳方面

Map 4-2C

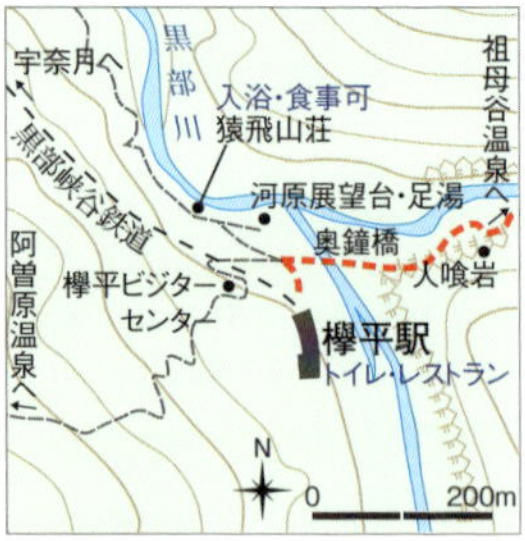

トロッコ電車の愛称で親しまれる黒部峡谷鉄道の終着駅・欅平。白馬岳方面への登山の起点となる。電車は定員制のため最盛期は予約客優先となるので、事前に予約し、時間に余裕をもった行動が必要だ。駐車場はないので、宇奈月駅前の有料駐車場（約350台、1日900円・1泊2日1100円）に駐車して黒部峡谷鉄道で移動する。

公共交通
富山地方鉄道 **新黒部駅**
↓ 富山地方鉄道 約25分 630円
宇奈月温泉駅
↓ 徒歩 約2分

マイカー
北陸道 **黒部IC**
↓ 約13km 14 13

黒部峡谷鉄道 **宇奈月駅** Ⓟ
↓ 黒部峡谷鉄道 約1時間20分 1980円
欅平駅

●新黒部駅はJR北陸新幹線黒部宇奈月温泉駅に隣接している。乗り換え時間は5〜10分程度。黒部峡谷鉄道はゴールデンウイークごろ〜11月30日、1時間に1〜3本の運行。欅平からの終発は17時すぎなので、乗り遅れないように下山時間に注意

←宇奈月温泉駅。宇奈月駅への乗り継ぎには15〜20分は要するため、時間に注意したい。ホームの先端に「駅の足湯くろなぎ」がある

→黒部峡谷鉄道はとくに秋の休日は混雑するため、早めに予約しておこう（3カ月前から予約可）予約は電話以外にインターネットからも可

←黒部峡谷鉄道の終点・欅平駅。駅の1階に売店、2階にレストランがあるほか、屋上が展望台となっている。近くには温泉もある

大谷原《おおたんばら》 標高約1070m 鹿島槍ヶ岳方面

Map 2-4D

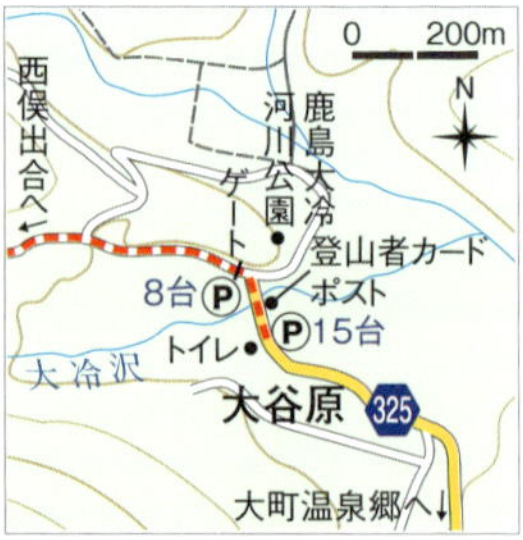

大谷原は鹿島槍ヶ岳への赤岩尾根の登山口で、主に下山コースとして利用される。公共交通機関はなく、JR信濃大町駅からタクシーか、マイカーを利用してアクセスする。

公共交通
JR大糸線 **信濃大町駅**
↓ TAXI タクシー 約30分 約6000円

マイカー
上信越道 **安曇野IC**
↓ 約52km アルプスパノラマロード 325 ほか

大谷原 Ⓟ

●大谷原は携帯電話の電波が入りづらいので、下山時はあらかじめ冷池山荘で予約しておくとよいだろう

←橋の手前の鹿島大冷公園脇が駐車場で、トイレと登山者カードポストがある

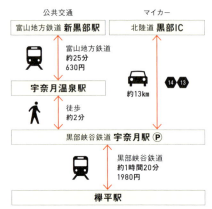

白馬・後立山連峰の山小屋ガイド

＊山小屋の宿泊は基本的に予約が必要です。
＊掲載の営業期間や宿泊料金などの情報は、本書の発行日時点のものです。発行後に変更になることがあります。予約時に各山小屋・宿泊施設へご確認ください。
＊宿泊料金等の消費税表示（税込み・税別）は、山小屋・宿泊施設によって異なります。予約時に併せてご確認ください。
＊キャンプ指定地の飲料水については各山小屋へお問合せください。指定地以外でのキャンプは禁止されています。

写真／中西俊明・菊池哲男・矢口 拓・吉田祐介

凡例＝①連絡先住所 ②収容人数 ③営業期間 ④宿泊料金（1泊2食、素は素泊まり料金） ⑤キャンプ指定地 ⑥ホームページ ⑦備考

村営猿倉荘《そんえいさるくらそう》

猿倉 Map 5-3D

連絡先 TEL0261-75-3788　現地 TEL0261-72-4709

標高1250m、白馬駅からバス30分の猿倉にある村営の宿泊施設 ①〒399-9211長野県北安曇郡白馬村神城21474-1（一財）白馬村振興公社 ②89人 ③ゴールデンウィーク 6月中旬～10月中旬 ④9000円 素6300円 ⑤なし ⑥あり ⑦予約希望 期間外閉鎖 アイゼンの販売あり FAX0261-75-3884

白馬尻小屋《はくばじりごや》

白馬尻 Map 5-3C

連絡先 TEL0261-72-2002

白馬大雪渓入口、標高1560m地点にあり、白馬岳登山の拠点となる山小屋 ①〒399-9301長野県北安曇郡白馬村北城6307-ロ ㈱白馬館 ②150人 ③7月上旬～9月末 ④10300円 素7000円 ⑤15帳 利用料1人1000円 ⑥あり ⑦予約希望 期間外は解体 FAX0261-72-2280

村営白馬岳頂上宿舎《そんえいはくばだけちょうじょうしゅくしゃ》

白馬岳 Map 5-3B

連絡先 TEL0261-75-3788

白馬岳南西下1km、大雪渓分岐の標高2730mにあり、白馬岳登山や縦走の中継点となる ①〒399-9211長野県北安曇郡白馬村神城21474-1（一財）白馬村振興公社 ②416人 ③6月中旬～9月末 ④10300円 素7000円 ⑤100帳 利用料1人1200円 ⑥あり FAX0261-75-3884

白馬山荘《はくばさんそう》

白馬岳 Map 5-3B

連絡先 TEL0261-72-2002

白馬岳山頂直下、標高2832mにあり、白馬岳登山や縦走の中継点となる ①〒399-9301長野県北安曇郡白馬村北城6307-ロ ㈱白馬館 ②800人 ③4月下旬～10月中旬 ④10300円 素7000円 ⑤なし ⑥あり ⑦予約希望 個室は要予約 期間外閉鎖 アイゼンのレンタルあり（有料） FAX0261-72-2280

白馬《はくば》大池《おおいけ》山荘《さんそう》

白馬大池　Map 5-2C

連絡先 TEL 0261-72-2002

白馬大池の北西池畔標高2380mにあり、栂池自然園や蓮華温泉から白馬岳登山の中継点となる　①〒399-9301長野県北安曇郡白馬村北城6307-ロ　㈱白馬館　②150人　③7月上旬〜10月上旬　④10300円　素7000円　⑤30帳　利用料1人1000円　⑥あり　⑦予約希望　期間外閉鎖　FAX 0261-72-2280

栂池《つがいけ》ヒュッテ

栂池　Map 5-2D

連絡先 TEL 0261-72-2002　**現地** TEL 0261-83-3136

栂池自然園の入口、標高1860mにあり、栂池自然園散策や白馬岳、風吹大池への登山の拠点となる　①〒399-9301長野県北安曇郡白馬村北城6307-ロ　㈱白馬館　②70人　③4月下旬〜5月上旬　6月上旬〜10月下旬　④9100円〜13500円　素7200円　⑤なし　⑥あり　⑦要予約　期間外閉鎖　アイゼンのレンタルあり（有料）　FAX 0261-72-2280

村営《そんえい》栂池《つがいけ》山荘《さんそう》

栂池　Map 5-2D

連絡先 TEL 0261-83-3113

栂池自然園入口標高1860mにあり、栂池自然園散策や白馬岳、風吹大池への拠点となる　①〒399-9422長野県北安曇郡小谷村千国乙12883-1　②70人　③4月中旬〜5月上旬、6月上旬〜10月末　④2人1室9800円〜13500円　素6500円〜10200円　⑤なし　⑥あり　⑦要予約　期間外閉鎖　FAX 0261-82-3988

白馬《はくば》鑓《やり》温泉《おんせん》小屋《ごや》

鑓温泉　Map 5-4C

連絡先 TEL 0261-72-2002

白馬鑓ヶ岳南東下、標高2100mにあり、白馬三山縦走などの中継点となる温泉山小屋　①〒399-9301長野県北安曇郡白馬村北城6307-ロ　㈱白馬館　②150人　③2019年度は施設内工事のため未定　④10000円　素6800円（2018年度）　⑤15帳　利用料1人1000円　⑥あり　⑦予約希望　期間外解体　入浴可（500円）　FAX 0261-72-2280

山小屋《やまごや》祖母谷《ばばだに》温泉《おんせん》

祖母谷　Map 3-2D

連絡先 TEL 04-7198-4528（FAX兼）　**現地** TEL 0765-62-1038

白馬岳山頂、唐松岳山頂から約7時間30分、祖母谷・祖父谷出合の標高780m地点にある温泉山小屋　①〒270-0222千葉県野田市木間ヶ瀬2550-11　峰村保利　②50人　③6月中旬〜11月上旬（2018年度）　④10000円　素6500円（2018年度）　⑤30張　利用料1人700円　⑥なし　⑦予約希望　期間外閉鎖　入浴可（10〜16時、600円）

名剣温泉《めいけんおんせん》

祖母谷　Map 3-2C

連絡先 TEL0765-52-1355　**現地** TEL0765-62-1307

宇奈月駅から黒部峡谷鉄道約1時間20分、欅平駅下車。祖母谷左岸標高630m。白馬岳、唐松岳登山の拠点となる　①〒938-0043富山県黒部市犬山198-1 平田昌邦　②40人　③5月下旬～11月中旬（2018年度）　④16350円～（2018年度）　⑤なし　⑥あり　⑦要予約　期間外閉鎖　入浴可（10～14時、750円）FAX0765-52-3334

不帰岳《かえらずだけ》避難小屋《ひなんごや》

不帰岳　Map 5-3A

連絡先 TEL0765-54-2111

不帰岳東側、標高1940mにあり、白馬岳から祖母谷温泉へのコースで唯一の避難小屋　①〒938-8555富山県黒部市三日市1301　黒部市役所商工観光課　②20人　③7月上旬～10月中旬　④無料　⑤なし　⑥あり（黒部市役所）　⑦期間外閉鎖　FAX0765-54-2607

白馬岳《しろうまだけ》蓮華《れんげ》温泉《おんせん》ロッジ

蓮華温泉　Map 6-4D

連絡先 TEL025-552-1063　**現地** TEL090-2524-7237

平岩駅からバス約1時間、蓮華温泉下車徒歩3分の標高1475m地点にある温泉山小屋　①〒941-0067新潟県糸魚川市横町5-5-14　白馬岳蓮華温泉事務所　②150人　③3月下旬～10月中旬　④10000円　素7000円　⑤50帳　利用料1人500円　⑥あり　⑦予約希望　期間外閉鎖　入浴可（10～17時、800円）

風吹山荘《かざふきさんそう》

風吹大池　Map 6-4D

連絡先 TEL080-5340-7635

風吹大池南畔の標高1887m地点にあり、蓮華温泉や栂池などから風吹大池を訪れる際に心強い　①〒399-9601長野県北安曇郡小谷村北小谷風吹国有林内　②35人　③6月下旬～10月中旬　④8300円　素5700円　⑤4帳　利用料1人700円　⑥あり　⑦要予約　無線通信あり　期間外一部開放

朝日小屋《あさひごや》

朝日平　Map 6-4A

連絡先 TEL0765-83-2318（FAX兼）　**現地** TEL080-2962-4639

朝日岳・前朝日岳鞍部、朝日平標高2150m地点に建ち、朝日岳登山や白馬岳、栂海新道縦走の中継点となる　①〒939-0711富山県下新川郡朝日町笹川1221　朝日小屋連絡所　清水ゆかり　②100人　③6月下旬～10月中旬（2018年度）　④10000円　素7000円（2018年度）　⑤50帳　利用料1人1000円　⑥あり　⑦要予約　期間外閉鎖

凡例＝①連絡先住所　②収容人数　③営業期間　④宿泊料金（1泊2食、素は素泊まり料金）　⑤キャンプ指定地　⑥ホームページ　⑦備考

雪倉岳避難小屋《ゆきくらだけひなんごや》

雪倉岳　Map 5-1B

連絡先 TEL 080-2962-4639（朝日小屋）

雪倉岳・鉢ヶ岳鞍部標高2400m地点に建ち、朝日岳から白馬岳縦走の緊急時避難用の山小屋　①〒939-0711 富山県下新川郡朝日町笹川1221　朝日小屋連絡所　清水ゆかり　②20人　③通年（無人）　④無料　⑤なし　⑥あり　⑦緊急時以外使用不可　周辺は幕営禁止

北又小屋《きたまたごや》

北又　Map 6-1A

連絡先 TEL 0765-83-2318（FAX 兼）　**現地** TEL 0765-84-8809

北又谷・北又ダムサイト、標高700mに建ち、富山県側から朝日岳登山の拠点となる　①〒939-0711 富山県下新川郡朝日町笹川1221　朝日小屋連絡所　清水ゆかり　②25人　③6月下旬〜10月下旬（2018年度）　④素6000円（2018年度）　⑤40帳　利用料1人1000円　⑥あり　⑦要予約　期間外閉鎖

栂海山荘《つがみさんそう》

犬ヶ岳　Map 7-4A

連絡先 TEL 025-545-2885（FAX 兼）

栂海新道犬ヶ岳山頂直下、標高1560mにある無人の山小屋。栂海新道を行く際の中継点となる　①〒942-0082 新潟県上越市国府2-11-27　齋藤八朗方　栂海新道整備グループさわがに　②40人　③通年（無人）　④有志金2000円（道整備資金として）　⑤10帳（ヘリポート周辺）　利用料1人1000円　⑥なし　⑦使用の際は要連絡　毛布あり

白鳥小屋《しらとりごや》

白鳥山　Map 7-2A

連絡先 TEL 025-545-2885（FAX 兼）

栂海新道白鳥山山頂、標高1287mにある無人の山小屋。栂海新道を行く際の中継点となる　①〒942-0082 新潟県上越市国府2-11-27　齋藤八朗方　栂海新道整備グループさわがに　②15人　③通年（無人）　④有志金2000円（道整備資金として）　⑤5張　利用料1人1000円　⑥なし　⑦毛布あり

中俣小屋《なかまたごや》

中俣新道　Map 7-4C

連絡先 TEL 025-552-1511

中俣新道登山口、標高550mにある無人の山小屋。中俣新道を行く際の登山基地となる　①〒941-8501 新潟県糸魚川市一の宮1-2-5　糸魚川市役所商工観光課　②20人　③通年（無人）　④無料　⑤なし　⑥なし　⑦6月中旬ごろまでは雪崩の危険があるので使用不可　中俣新道は林道の土砂崩れにより2019年3月現在通行不可　FAX 025-552-7372

村営八方池山荘《そんえいはっぽういけさんそう》

八方尾根　Map 4-2C

連絡先 TEL0261-75-3788　**現地** TEL0261-72-2855

八方尾根第一ケルン上、標高1830m、八方アルペンラインを下りたところにある山小屋。八方尾根から唐松岳登山の基地となる　①〒399-9211長野県北安曇郡白馬村神城21474-1 (一財)白馬村振興公社　②70人　③通年　④10300円　素7000円　⑤なし　⑥あり　⑦要予約　冬期暖房費500円　FAX0261-75-3884

唐松岳頂上山荘《からまつだけちょうじょうさんそう》

唐松岳　Map 4-2B

連絡先 TEL090-5204-7876

唐松岳南東肩、標高2620mにあり、八方尾根から唐松岳や後立山連峰縦走の際の中継点となる　①〒399-9301長野県北安曇郡白馬村北城6336　下川千嘉子　②350人　③4月下旬～5月上旬　6月下旬～10月中旬　④10300円～　素7300円～　⑤30帳　利用料1人1200円（トイレ代込）　⑥あり　⑦7人以上の団体は予約希望　期間外閉鎖

村営天狗山荘《そんえいてんぐさんそう》

天狗池　Map 4-1A

連絡先 TEL0261-75-3788

白馬鑓ヶ岳・天狗ノ頭中間、天狗池畔の標高2730mにあり、白馬岳から唐松岳縦走の際の中継点となる　①〒399-9211長野県北安曇郡白馬村神城21474-1（一財）白馬村振興公社　②88人　③6月下旬～9月下旬　④10300円　素7000円　⑤30帳　利用料1人1200円　⑥あり　⑦予約希望　期間外閉鎖　2019年は売店とテント場のみの営業　FAX0261-75-3884

餓鬼山避難小屋《がきやまひなんごや》

餓鬼山　Map 3-2D

連絡先 TEL0765-54-2111

餓鬼山西側、標高1830mにあり、唐松岳から祖母谷温泉へのコースで唯一の避難小屋　①〒938-8555富山県黒部市三日市1301　黒部市役所商工観光課　②15人　③7月上旬～10月中旬　④無料　⑤なし　⑥あり（黒部市役所）　⑦期間外閉鎖　FAX0765-54-2607

五竜山荘《ごりゅうさんそう》

白岳　Map 4-3B

連絡先 TEL0261-72-2002

五竜岳・白岳鞍部、標高2490mにあり、遠見尾根から五竜岳、後立山連峰縦走の際の中継点となる　①〒399-9301長野県北安曇郡白馬村北城6307-ロ　㈱白馬館　②250人　③6月中旬～10月中旬　④10300円　素7000円　⑤30帳　利用料1人1000円　⑥あり　⑦予約希望　期間外閉鎖　FAX0261-72-2280

凡例＝①連絡先住所　②収容人数　③営業期間　④宿泊料金（1泊2食、素は素泊まり料金）　⑤キャンプ指定地　⑥ホームページ　⑦備考

種池山荘《たねいけさんそう》

種池

Map 2-3C

連絡先 TEL 0261-22-1263（宿泊予約）　**現地** TEL 080-1379-4042

爺ヶ岳西方下、種池畔標高2450m地点にあり、鹿島槍ヶ岳や針ノ木岳などへの中継点となる　①〒398-0001長野県大町市平5328　柏原一正　②200人　③6月中旬～10月中旬　④9700円　素6400円　⑤20帳　利用料1人1000円　⑥あり　⑦予約希望　5人以上は要予約　期間外閉鎖　FAX 0261-23-4542

冷池山荘《つめたいけさんそう》

冷乗越

Map 2-2C

連絡先 TEL 0261-22-1263（宿泊予約）　**現地** TEL 080-1379-4041

鹿島槍ヶ岳・爺ヶ岳鞍部、標高2410mにあり、鹿島槍ヶ岳をはじめ後立山連峰縦走の中継点となる　①〒398-0001長野県大町市平5328　柏原一正　②250人　③4月下旬～5月上旬　6月中旬～10月中旬　④9700円　素6400円　⑤40帳　利用料1人1000円　⑥あり　⑦予約希望　5人以上は要予約　11月～4月中旬は緊急時使用可（1000円）　FAX 0261-23-4542

キレット小屋《ごや》

八峰キレット

Map 2-1C

連絡先 TEL 0261-72-2002

五竜岳・鹿島槍ヶ岳間、八峰キレット標高2470mにあり、五竜岳から鹿島槍ヶ岳縦走の際の中継点となる　①〒399-9301長野県北安曇郡白馬村北城6307-ロ　㈱白馬館　②100人　③7月上旬～9月下旬　④10300円　素7000円　⑤なし　⑥あり　⑦予約希望　期間外閉鎖　FAX 0261-72-2280

大沢小屋《おおさわごや》

籠川谷・大沢出合

Map 2-4B

連絡先 TEL 0261-22-1584（FAX兼）

籠川谷・大沢出合標高1700m地点にあり、扇沢から針ノ木峠間の中継点となる　①〒398-0002長野県大町市桜田町3788-9　百瀬　尭　②30人　③7月上旬～9月初旬（2018年度）　④9200円　素6300円（2018年度）　⑤3帳　利用料1人500円　⑥あり　⑦予約希望　期間外閉鎖　7月上旬以前の宿泊は要問合せ

針ノ木小屋《はりのきごや》

針ノ木峠

Map 1-1B

連絡先 TEL 0261-22-1584（FAX兼）　**現地** TEL 090-2323-7145

標高2536mの針ノ木峠に建つ。針ノ木岳をはじめ、後立山連峰縦走の際の中継点となる　①〒398-0002長野県大町市桜田町3788-9　百瀬尭　②100人　③7月上旬～10月体育の日（2018年度）　④9500円　素6400円（2018年度）　⑤20帳　利用料1人700円　⑥あり　⑦予約希望　期間外閉鎖

新越山荘《しんこしさんそう》

新越乗越　Map 2-4B

連絡先 TEL 0261-22-1263（宿泊予約）　**現地** TEL 080-1379-4043

岩小屋沢岳・鳴沢岳鞍部、新越乗越標高2465mにあり、種池から針ノ木岳縦走の際の中継点となる　①〒398-0001 長野県大町市平5328 柏原一正　②80人　③7月上旬～9月下旬　④9700円　素6400円　⑤なし　⑥あり　⑦予約希望　5人以上は要予約　期間外閉鎖　FAX 0261-23-4542

船窪小屋《ふなくぼごや》

七倉岳　Map 1-3B

連絡先 TEL 0261-83-2014　**現地** TEL 080-7893-7518

七倉岳南側稜線上標高2450mにある　①〒399-9422 長野県北安曇郡小谷村千国乙12840-1　白馬ベルグハウス内　②50人　③7月初旬～10月中旬（2018年度）　④9500円　素6500円（2018年度）　⑤10帳　利用料1人500円　⑥あり　⑦要予約　期間外冬期小屋開放、使用後は必ず戸締りすること　FAX 0261-83-2659

烏帽子小屋《えぼしごや》

烏帽子岳　Map 1-4A

連絡先 TEL 0261-22-5104　**現地** TEL 090-3149-1198

烏帽子岳・三ツ岳鞍部標高2520m地点にあり、蓮華岳からや裏銀座縦走の中継点となる　①〒398-0002 長野県大町市大町892-1　上條文吾　②70人　③7月上旬～10月上旬（状況により変動あり）　④9500円　素6500円　⑤20帳　利用料1人1000円　⑥あり　⑦予約希望　期間外閉鎖

七倉山荘《ななくらさんそう》

七倉　Map 1-3C

連絡先 TEL 0261-22-4006　**現地** TEL 090-6007-0208

七倉車止め地点、標高1050mにあり、七倉岳への登山基地となる　①〒398-0001 長野県大町市平区高瀬入2118-37　②32人　③4月中旬～11月下旬（2018年度）　④9720円～　素6480円（2018年度）　⑤10張　利用料1人1620円（入浴料含む）　⑥あり　⑦要予約　期間外閉鎖　入浴可（6～19時・閑散期は8時～、650円）　FAX 0261-85-0806

近年はテント持参の登山者も多くなっている（白馬大池山荘）

白馬鑓温泉小屋の前には疲れた足に嬉しい無料の足湯がある

凡例＝①連絡先住所　②収容人数　③営業期間　④宿泊料金（1泊2食、素は素泊まり料金）　⑤キャンプ指定地　⑥ホームページ　⑦備考

立ち寄り湯ガイド

八方の湯

倉下の湯

白馬塩の道温泉・倉下の湯

℡0261-72-7989

松川に架かる白馬大橋の北詰にある入浴施設。ナトリウムイオンをはじめ多くの成分を含有する白馬塩の道温泉の元湯で、露天風呂から眺める白馬三山は必見。入浴料：600円、営業時間：10時～22時、定休日：無休。倉下の湯バス停すぐ。長野県北安曇郡白馬村北城9549-8

白馬姫川温泉・竜神の湯

℡0261-75-2101

五竜岳登山の拠点・エスカルプラザの地下にある大浴場。下山してすぐに汗が流せる。入浴料：650円、営業時間：10時～17時、定休日：冬期の白馬五竜スキー場営業時と7月中旬～9月上旬の毎日、9月上旬～10月下旬の土日祝営業。神城駅より徒歩20分。長野県北安曇郡白馬村神城22184-10

大町温泉郷・湯けむり屋敷薬師の湯

℡0261-23-2834

大町温泉郷の日帰り入浴施設、アルプス温泉博物館に隣接。4種類の体験風呂をはじめさまざまな温泉が楽しめる。入浴料：700円、営業時間：7時（11月～6月は10時）～21時、定休日：無休。大町温泉郷バス停より徒歩3分。長野県大町市平2811-41

葛温泉・高瀬館

℡0261-22-1446

葛温泉に3軒ある湯宿のひとつ。露天風呂が大きく心地よい。七倉登山口に近いので、登山のベースとして宿泊するのもよい。入浴料：700円、営業時間：10時～20時、定休日：無休。信濃大町駅より車25分。長野県大町市大字平高瀬入2118-13

小川温泉元湯・ホテルおがわ

℡0765-84-8111

400年の歴史をもつ名湯。岩風呂や檜桶風呂、湯の華が固まってできた名物の洞窟露天風呂、眺めのよい大浴場など、さまざまな浴槽での入浴が楽しめる。入浴料：1000円、営業時間：9時～14時30分、定休日：無休。泊駅より車20分。富山県下新川郡朝日町湯ノ瀬1

＊入浴料、営業時間、定休日、交通などの情報は、抜粋して掲載しています。変更になることがありますので、利用の際は、各施設にご確認ください。

栂池温泉・栂の湯

℡0261-71-5111

栂池ゴンドラリフト起点の高原駅そばに位置するだけに、ハイキングや登山後にすぐ立ち寄れて、汗を流したり疲れた体を癒すには最適。泉質は肌がすべすべになる弱アルカリ性低張性高温泉。入浴料：700円、営業時間：12時～21時、定休日：不定休。栂池高原バス停すぐ。長野県北安曇郡小谷村千国乙12840-1

白馬八方温泉・八方の湯

℡0261-72-5705

八方温泉街入口に建つ日帰り入浴施設。男女別の内湯と露天風呂があり、浴槽からは白馬三山をはじめとする白馬の山々が見渡せる。入浴料：800円、営業時間：9時（水曜は12時）～22時、定休日：無休。白馬八方バス停すぐ。長野県北安曇郡白馬村北城5701-2

白馬八方温泉・おびなたの湯

℡0261-72-3745

白馬岳の登山口・猿倉にもっとも近い入浴施設。帰路に立ち寄りたい。冬期は貸切風呂として営業。入浴料：600円、営業時間：9時～18時（冬期は短縮）、定休日：年末年始と4月上旬。小日向の湯バス停下車すぐ。長野県北安曇郡白馬村北城大字北城八方9346-1

行政区界・地形図

1:25,000地形図（メッシュコード）＝❶親不知（553735）
❷糸魚川（553736）　❸小川温泉（553725）
❹越後平岩（543726）　❺黒薙温泉（543715）
❻白馬岳（543716）　❼欅平（543705）　❽白馬町（543706）
❾十字峡（543775）　❿神城（543776）　⓫黒部湖（543765）
⓬大町（543766）　⓭烏帽子岳（543755）　⓮大町南部（543756）

登山計画書の提出

白馬・後立山連峰登山にあたっては、事前に登山計画書（登山届・登山者カード）を作成、提出することが基本。登山計画書を作成することで、歩くコースの特徴やグレードを知り、充分な準備を整えて未然に遭難事故を防ぐ。また、万が一、登山者にアクシデントが生じたとき、迅速な捜索・救助活動にもつながる。

主要登山口には、用紙とともに登山届ポスト（提出箱）が設けられ、その場で記入・提出することもできるが、準備段階で作成することが望ましい。登山者名と連絡先、緊急連絡先、登山日程とコースなどが一般的な記入要件だ。

なお白馬・後立山連峰では長野・新潟・富山各県の登山条例に基づき、登山計画書の提出が義務または努力義務となっている（詳細は長野・新潟・富山各県のホームページ参照）。提出は登山口の提出箱のほか、日本山岳ガイド協会が運営するオンライン登山届システム「コンパス」など、インターネットからもできる。

問合せ先一覧

市町村役場

白馬村役場	〒399-9393	長野県北安曇郡白馬村北城7025	℡0261-72-5000
小谷村役場	〒399-9494	長野県北安曇郡小谷村中小谷丙131	℡0261-82-2001
糸魚川市役所	〒941-8501	新潟県糸魚川市一の宮1-2-5	℡025-552-1511
朝日町役場	〒939-0743	富山県下新川郡朝日町道下1133	℡0765-83-1100
黒部市役所	〒938-8555	富山県黒部市三日市1301	℡0765-54-2111
大町市役所	〒398-8601	長野県大町市大町3887	℡0261-22-0420

県庁・県警察本部

長野県庁	〒380-8570	長野市南長野幅下692-2	℡026-232-0111
富山県庁	〒930-8501	富山市新総曲輪1-7	℡076-431-4111
新潟県庁	〒950-8570	新潟市中央区新光町4-1	℡025-285-5511
長野県警察本部	〒380-8510	長野市南長野幅下692-2	℡026-233-0110
富山県警察本部	〒930-8570	富山市新総曲輪1-7	℡076-441-2211
新潟県警察本部	〒950-8553	新潟市中央区新光町4-1	℡025-285-0110

主な観光協会

白馬村観光局……℡0261-72-7100
北アルプス総合案内所白馬営業所……℡0261-72-3000
白馬五竜観光協会……℡0261-75-3700
八方インフォメーションセンター……℡0261-72-3066
栂池高原観光協会……℡0261-83-2515
小谷村観光連盟……℡0261-82-2233
大町市観光協会……℡0261-22-0190
糸魚川市観光協会……℡025-555-7344
朝日町観光協会……℡0765-83-2780
黒部・宇奈月温泉観光局……℡0765-57-2850

交通機関（バス・ロープウェイ・リフト）

アルピコ交通バス白馬営業所……℡0261-72-3155
北アルプス交通バス……℡0261-22-1690
白馬観光開発……℡0261-72-3150
（栂池パノラマウェイ・八方アルペンライン）
白馬五竜テレキャビン……℡0261-75-2101
糸魚川バス……℡025-552-0180
立山黒部貫光（立山黒部アルペンルート）……℡076-432-2819
黒部峡谷鉄道……℡0765-62-1011

交通機関（タクシー）

■白馬駅
白馬観光タクシー……℡0261-72-2144
アルプス第一交通……℡0261-72-2221
アルピコタクシー……℡0261-23-2323

■南小谷駅
小谷観光タクシー……℡0261-82-2045

■糸魚川駅・泊駅
糸魚川タクシー（糸魚川駅）……℡025-552-0818
黒東タクシー（泊駅）……℡0765-83-1166

■信濃大町駅
アルプス第一交通……℡0261-22-2121
アルピコタクシー……℡0261-23-2323

主な山名・地名さくいん

あ

赤沢岳　あかさわだけ……118
朝日小屋　あさひごや……49・53・56
朝日岳　あさひだけ……50・53・56
アルプス平　あるぷすだいら……85・103
犬ヶ岳　いぬがたけ……58
イブリ山　いぶりやま……52
岩小屋沢岳　いわごやさわだけ……117
烏帽子岳　えぼしだけ……128
扇沢　おうぎさわ……90・98・106・109・115・124
大谷原　おおたんばら……105
大遠見山　おおとおみやま……85・103

か

不帰岳避難小屋　かえらずだけひなんごや……31
餓鬼山避難小屋　がきやまひなんごや……76
風吹天狗原　かざふきてんぐっぱら……42
鹿島槍ヶ岳　かしまやりがたけ……93・100・106
唐松岳　からまつだけ……68・74・76・82・139
唐松岳頂上山荘　からまつだけちょうじょうさんそう…67・75・76・81・139
北葛岳　きたくずだけ……124
北又小屋　きたまたごや……52
キレット小屋　きれっとごや……101
黒岩山　くろいわやま……58
欅平駅　けやきだいらえき……31・77
五竜山荘　ごりゅうさんそう……83・103
五竜岳　ごりゅうだけ……83・102
小蓮華山　これんげやま……17・25・38

さ

猿倉　さるくら……14・29・39・46・71
三国境　さんごくざかい……17・26・38・46
爺ヶ岳南峰　じいがたけなんぽう…92・98・106・116
自然園駅　しぜんえんえき……18・20・24・134
杓子岳　しゃくしだけ……18・72
清水岳　しょうずだけ……30
白鳥山　しらとりやま……59
白馬岳　しろうまだけ……17・26・39・46・71
スバリ岳　すばりだけ……118

た

第三ケルン　だいさんけるん……65・75・80・137
高瀬ダム　たかせだむ……129
種池山荘　たねいけさんそう……91・98・106・116
栂海新道登山口　つがみしんどうとざんぐち……59
冷池山荘　つめたいけさんそう……93・98・106
天狗平　てんぐだいら……72
天狗原　てんぐっぱら……18・24・42
展望湿原　てんぼうしつげん……21・135

な

七倉　ななくら……130
七倉岳　ななくらだけ……125・131
葱平　ねぶかっぴら……15・46

は

白馬大池山荘　はくばおおいけさんそう…18・25・37
白馬山荘　はくばさんそう……17・26・30・39・46・71
白馬尻　はくばじり……14・46
白馬鑓温泉小屋　はくばやりおんせんごや……28
八方池山荘　はっぽういけさんそう64・76・80・136
針ノ木岳　はりのきだけ……112・118
針ノ木峠　はりのきとうげ……111・118・124
不動岳　ふどうだけ……126
船窪小屋　ふなくぼごや……125・131
船窪乗越　ふなくぼのっこし……126

ま

丸山　まるやま……67・75・80・138
南沢岳　みなみさわだけ……127

や・ら・わ

山小屋祖母谷温泉　やまごやばばだにおんせん…31・77
鑓ヶ岳　やりがたけ……27・72
雪倉岳　ゆきくらだけ……47
蓮華温泉　れんげおんせん……36・41・43・51・56
蓮華岳　れんげだけ……113・124

ヤマケイ アルペンガイド
白馬・後立山連峰 北アルプス

2019年6月1日　初版第1刷発行

著者／中西俊明・菊池哲男・矢口 拓
発行人／川崎深雪
発行所／株式会社 山と溪谷社
〒101-0051
東京都千代田区神田神保町1丁目105番地
http://www.yamakei.co.jp/

■乱丁・落丁のお問合せ先
山と溪谷社自動応答サービス
TEL03-6837-5018
受付時間／10:00〜12:00、
13:00〜17:30（土日、祝日を除く）
■内容に関するお問合せ先
山と溪谷社　TEL03-6744-1900（代表）
■書店・取次様からのお問合せ先
山と溪谷社受注センター
TEL03-6744-1919　FAX03-6744-1927

印刷・製本／大日本印刷株式会社

装丁・ブックデザイン／吉田直人
写真協力／渡辺幸雄、吉田祐介
編集／吉田祐介
DTP・地図制作／千秋社

ISBN 978-4-635-01294-2

＊本書に掲載した地図の作成に当たっては、国土地理院長の承認を得て、同院発行の数値地図（国土基本情報）電子国土基本図（地図情報）、数値地図（国土基本情報）電子国土基本図（地名情報）、数値地図（国土基本情報）基盤地図情報（数値標高モデル）及び数値地図（国土基本情報20万）を使用しました。（承認番号 平31情使、第68号）

＊本書の取材・執筆にあたりましては、白馬・後立山連峰の山小屋・宿泊施設、市町村、交通機関、ならびに登山者のみなさんにご協力いただきました。お礼申し上げます。＊本書に掲載したコース断面図の作成とGPSデータの編集にあたりましては、DAN杉本さん作成のフリーウェア「カシミール3D」を利用しました。お礼申し上げます。

Alpine Guide
白馬・後立山連峰
北アルプス

写真・文

中西俊明《なかにしとしあき》

1945年千葉県生まれ。芝浦工業大学卒業後、自然が豊富に残る山に目を向けて撮影をはじめる。房総の低山から白馬岳や北岳などの日本アルプスまで幅広い山域がフィールド。季節感や臨場感あふれる光景を的確に表現するのが得意。デジタル一眼レフの講師、EIZO ColorEdgeアンバサダー、クラブツーリズム写真講師、山岳誌およびカメラ誌の執筆などで活躍中。著書に写真集『上高地』（平凡社）、『山岳写真大全』、『山岳写真上達法』（いずれも山と溪谷社）、分県登山ガイド『千葉県の山』、アルペンガイド『南アルプス』（共著・山と溪谷社）など多数。

菊池哲男《きくちてつお》

1961年東京生まれ。立教大学理学部物理学科卒。山岳写真家として山岳雑誌やカレンダー、ポスターなどに作品を発表。主な写真集に『白馬 SHIROUMA』（2005年）、『白馬岳 自然の息吹き』（2011年）、『アルプス星夜』（2016年）（いずれも山と溪谷社）、『山の星月夜　一眠らない日本アルプスー』（2008年）（小学館）など。2007年、長野県白馬村和田野の森に作品を常設展示する菊池哲男山岳フォトアートギャラリーがオープン。東京都写真美術館収蔵作家。公益社団法人日本写真家協会（JPS）会員、日本写真協会（PSJ）会員。HP：http://www.t-kikuchi.com/

矢口《やぐち》 拓《たく》

1972年長野県池田町生まれ。北アルプス山麓で、里山と高山に抱かれて育ち、日本最古の山岳ガイド組織「大町登山案内人組合」所属の山岳ガイドとして活動するほか、北アルプス北部山岳遭難防止対策協会の救助隊員、ハイシーズンに稜線に暮らして遭難防止と救助活動にあたる北アルプス夏山常駐パトロール隊員として、山の安全対策にも取り組んでいる。新聞記者を経て、雑誌などでライター、カメラマンとしても活躍中。山麓の田園維持のために農業、山のイラストなどを含むDTPデザインなど、マルチに活動の幅を広げている。

「アルペンガイド登山地図帳」の取り外し方

本を左右に大きく開く

＊「アルペンガイド登山地図帳」は背の部分が接着剤で本に留められています。無理に引きはがさず、本を大きく開くようにすると簡単に取り外せます。
＊接着剤がはがれる際に見返しの一部が破れることがあります。あらかじめご了承ください。

問合せ先一覧

山小屋

村営猿倉荘	℡0261-72-4709
白馬尻小屋	℡0261-72-2002
村営白馬岳頂上宿舎	℡0261-75-3788
白馬山荘	℡0261-72-2002
白馬大池山荘	℡0261-72-2002
栂池ヒュッテ	℡0261-83-3136
村営栂池山荘	℡0261-83-3113
白馬鑓温泉小屋	℡0261-72-2002
山小屋祖母谷温泉	℡0765-62-1038
名剣温泉	℡0765-62-1307
不帰岳避難小屋	℡0765-54-2111
白馬岳蓮華温泉ロッジ	℡090-2524-7237
風吹山荘	℡080-5340-7635
朝日小屋	℡080-2962-4639
雪倉岳避難小屋（朝日小屋）	℡080-2962-4639
北又小屋	℡0765-84-8809
栂海山荘	℡025-545-2885
白鳥小屋	℡025-545-2885
中俣小屋	℡025-552-1511
村営八方池山荘	℡0261-72-2855
唐松岳頂上山荘	℡090-5204-7876
村営天狗山荘	℡0261-75-3788
餓鬼山避難小屋	℡0765-54-2111
五竜山荘	℡0261-72-2002
種池山荘	℡0261-22-1263
冷池山荘	℡0261-22-1263
キレット小屋	℡0261-72-2002
大沢小屋	℡0261-22-1584
針ノ木小屋	℡090-2323-7145
新越山荘	℡0261-22-1263
船窪小屋	℡080-7893-7518
烏帽子小屋	℡090-3149-1198
七倉山荘	℡090-6007-0208

県庁・県警本部・市町村役場

長野県庁	℡026-232-0111
富山県庁	℡076-431-4111
新潟県庁	℡025-285-5511
長野県警察本部	℡026-233-0110
富山県警察本部	℡076-441-2211
新潟県警察本部	℡025-285-0110
白馬村役場	℡0261-72-5000
小谷村役場	℡0261-82-2001
糸魚川市役所	℡025-552-1511
朝日町役場	℡0765-83-1100
黒部市役所	℡0765-54-2111
大町市役所	℡0261-22-0420

主な交通機関

アルピコ交通バス白馬営業所	℡0261-72-3155
北アルプス交通バス	℡0261-22-1690
白馬観光開発（栂池パノラマウェイ・八方アルペンライン）	℡0261-72-3150
白馬五竜テレキャビン	℡0261-75-2101
糸魚川バス	℡025-552-0180
立山黒部貫光（アルペンルート）	℡076-432-2819
黒部峡谷鉄道	℡0765-62-1011
白馬観光タクシー（白馬駅）	℡0261-72-2144
アルプス第一交通（白馬駅）	℡0261-72-2221
アルピコタクシー（白馬駅）	℡0261-23-2323
小谷観光タクシー（南小谷駅）	℡0261-82-2045
糸魚川タクシー（糸魚川駅）	℡025-552-0818
黒東タクシー（泊駅）	℡0765-83-1166
アルプス第一交通（信濃大町駅）	℡0261-22-2121
アルピコタクシー（信濃大町駅）	℡0261-23-2323

タカネバラ

バラ科　乗鞍岳、雪倉岳など高山帯の風衝草原やハイマツの縁に生える。花の直径4～5㎝、大きく鮮やかな赤色で目立つ。枝先に1～2個ついた花が順次咲く。
花期：7月中旬～8月上旬

タカネヤハズハハコ

キク科　小蓮華山から白馬岳の稜線など乾いた草地に生える。葉や茎の全体に白い綿毛が密集し高さは10～15cmほど。花は上部に散房状に多数つく。
花期：7月下旬～8月中旬

チシマギキョウ

キキョウ科　白馬岳山域では鑓ヶ岳、雪倉岳など全山域の稜線に生える。岩場の割れ目や砂礫地を好む。花はイワギキョウより大きく、萼や花弁に長い毛がある。
花期：7月下旬～8月中旬

ツガザクラ

ツツジ科　白馬岳、旭岳、小蓮華山など高山帯の岩の割れ目や礫地に生える常緑小低木。花は直径5mmの鐘状で、色は淡い紅白色。萼は紅紫色で目立つ。
花期：7月下旬～8月中旬

ツクモグサ

キンポウゲ科　本州では白馬岳と八ヶ岳の特定の場所に生える。白馬岳は山頂周辺に多い。花は淡い黄色で開花直前、葉やつぼみが長い毛でおおわれる。雪どけ直後に咲く。
花期：6月中旬～7月上旬

ハクサンチドリ

ラン科　葱平から小雪渓上部、大出原、丸山周辺の草地に生える。花は紅紫色で茎の先に総状に10～15個ほどつく。高さがテガタチドリより低いので区別がつく。
花期：7月中旬～8月中旬

ハクサンフウロ

フウロウソウ科　小雪渓上部から頂上宿舎、大出原、栂池自然園、清水尾根の草地に生える。花径は3㎝ほどで鮮やかな紅紫色、高さは20～50㎝で目立つ花。
花期：7月下旬～8月下旬

ヒオウギアヤメ

アヤメ科　栂池自然園のミズバショウ湿原、浮島湿原では緑濃い7月に花を見る。花は青紫色で8㎝の花をつけ、咲くと1日でしぼんでしまう。花茎は40～80㎝。
花期：7月中旬～8月上旬

ミヤマダイコンソウ

バラ科　白馬岳、丸山、杓子岳、鑓ヶ岳、雪倉岳など厳しい高山帯の岩場や岩の割れ目に生える。腎円形の丸い葉が特徴で群生することはない。花茎の先に1.5～2㎝の花。
花期：7月上旬～8月中旬

白馬連峰に咲くその他の花たち

アカバナシモツケソウ

バラ科　猿倉から白馬尻、鑓温泉から猿倉など山地に生える。花は散房状の小さく濃い紅色で緑の草地では目立つ。高さは0.5〜1mになる。葉は先が鋭く尖る。
花期：7月下旬〜8月下旬

イブキジャコウソウ

シソ科　白馬岳から雪倉岳、鑓ヶ岳周辺の稜線の岩場や砂礫地、風衝草原に生える。茎は地表をはって伸びる。花は密度濃く咲くのでひときわ目立つ。全体に芳香が漂う。
花期：7月下旬〜8月中旬

イワツメクサ

ナデシコ科　小蓮華山から白馬岳、鑓ヶ岳の稜線、鉢ヶ岳から雪倉岳の稜線など高山帯の岩礫地や砂礫地に生える。団塊状に固まって群生する。高さは5〜10cmほど。
花期：7月中旬〜8月中旬

イワハゼ

ツツジ科　乗鞍岳から小蓮華山の稜線、朝日岳から五輪尾根など高山帯のハイマツの縁に生える常緑低木。鐘形の花は下向き。実が赤く熟し、別称「アカモノ」。
花期：7月上旬〜7月下旬

オタカラコウ

キク科　白馬尻付近の沢沿い、自然園から天狗原コースの沢沿いなど山地から亜高山帯の湿ったところに生える。葉は腎円形で30cm、総状の花が多数で下から順に咲く。
花期：7月中旬〜8月下旬

ゴゼンタチバナ

ミズキ科　栂池自然園から天狗原、白馬大池から小蓮華山のハイマツ帯の縁に生える。葉は輪生状につき中心に白い花、花のあとに赤く熟した実を数個つける。
花期：7月中旬〜8月上旬

シロウマアサツキ

ユリ科　白馬岳で発見されたので花名がついた。葱平、雪倉岳避難小屋周辺、朝日岳から五輪尾根など高山帯の砂礫地に生える。葉と花茎は中空で高さは20〜50cmほど。
花期：7月下旬〜8月下旬

タカネツメクサ

ナデシコ科　白馬岳から鑓ヶ岳の稜線、白馬岳から雪倉岳の稜線など岩の隙間、岩礫地に生える。団塊状に密生する。繊細な茎の先に1cmの花をつける。
花期：7月中旬〜8月中旬

鑓ヶ岳・杓子岳

杓子岳の山腹はガラガラした岩礫の斜面には高山植物は少ないが、杓子岳斜面に砂礫地が点在しコマクサが密度濃く咲いている。杓子沢のコルから鑓ヶ岳直下の急斜面には、ミヤマアズマギク、ミヤマオダマキ、ミヤマダイコンソウ、ウラジロキンバイなど、規模は大きくないが密度の濃いお花畑が広がっている。

花が見られるコース／P22コース2、P70コース7

コマクサ

ケシ科　三国境、杓子岳西斜面、小旭岳などの砂礫地や岩礫地に単独で群生する。花名の由来は花の形が馬の顔に似ているところから。「高山植物の女王」とよばれる。
花期：7月中旬〜8月上旬

シコタンソウ

ユキノシタ科　白馬岳周辺から鑓ヶ岳、小蓮華山周辺など稜線の岩礫地、岩の隙間に生える。大きな株はこんもりした形。色丹島で発見されたことで花名がついた。
花期：7月中旬〜8月上旬

イワギキョウ

キキョウ科　白馬岳、鑓ヶ岳など全山域の高山帯に生える。砂礫地や岩場の割れ目などを好む。チシマギキョウに似ている。萼や花弁に毛がない。花は上向きに咲く。
花期：7月下旬〜8月中旬

大出原

稜線から鑓温泉に向かう岩礫の斜面は白馬岳を代表するお花畑のひとつ。7月下旬、残雪が消えたお花畑にはハクサンコザクラ、ハクサンイチゲ、タカネシオガマ、チングルマが競って咲く。さらに斜面を下った高茎草原では、8月にニッコウキスゲやクルマユリが群生して咲く光景が期待できる。

花が見られるコース／P22コース2

チングルマ

バラ科　白馬大池池畔、鉢ヶ岳東斜面、大出原、白馬岳周辺と広範囲で見る。高山帯の雪田周辺を好む落葉低木で群生する。花のあとは果穂が羽毛となり飛散する。
花期：7月上旬〜8月上旬

クルマユリ

ユリ科　大出原、栂池自然園、小雪渓上部など亜高山帯から高山帯の開けた高茎草原に生える。華やかな橙色の花をつけ、高さが0.5〜1mになる。盛夏を代表する花。
花期：7月下旬〜8月下旬

サンカヨウ

メギ科　栂池自然園、白馬尻、鑓温泉周辺などの残雪が消えた林床や林縁に生える。20〜30cmの葉の上にみずみずしい白い花が10個ほど。残雪が消えた直後に咲く。
花期：6月上旬〜7月中旬

花MAP ③
鑓ヶ岳周辺／大出原

チングルマが咲く大出原

白馬岳

山頂の黒部峡谷側はなだらかな風衝草原、大雪渓側は鋭く切れ落ちた岩壁、いずれの場所に6月中旬〜8月中旬にかけて高山植物が咲き乱れる。主な花は、ツクモグサ、ウルップソウ、ハクサンイチゲ、イワオウギ、ミヤマアズマギクなど。白馬山荘前の斜面からは、お花畑越しの杓子・鑓ヶ岳がすばらしい。

花が見られるコース／P12コース1、P22コース2、P30、P34コース3、P44コース4、P70コース7

シナノキンバイ

キンポウゲ科　鉢ヶ岳東斜面にハクサンイチゲなどと群落する。白馬岳山頂直下の馬ノ背、旭岳の斜面では大群落を見る。花径は3〜4cmと大柄でお花畑では目立つ。
花期：7月中旬〜8月中旬

ミヤマシオガマ

ゴマノハグサ科　馬ノ背から白馬岳、丸山から鑓ヶ岳など高山帯の風衝草原に生える。丸山周辺ではハクサンイチゲ、オヤマノエンドウといっしょに咲く。
花期：7月上旬〜8月上旬

ウルップソウ

ゴマノハグサ科　白馬岳、八ヶ岳、礼文島に隔離分布する。白馬岳では山頂周辺から丸山、鑓ヶ岳から天狗平の砂礫地や風衝草原に群落する。残雪が消えた7月上旬が最盛期。
花期：6月下旬〜8月上旬

小雪渓上部

避難小屋をすぎると斜面全体がお花畑となり、規模は白馬岳周辺では屈指である。7月下旬にはイワオウギ、クルマユリなど百花繚乱の花で埋め尽くされる。お花畑上部の沢沿いにはオタカラコウ、ハクサンフウロなど高茎植物が目立つ。頂上山荘周辺にもミヤマオダマキ、イブキジャコウソウなどが咲く。

花が見られるコース／P12コース1、P34コース3、P44コース4、P70コース7

ミヤマオダマキ

キンポウゲ科　村営頂上宿舎周辺、鑓ヶ岳など高山帯の崩壊地や砂礫地に生える。高さは10〜25cm。下向きにつけた青紫色の花径は4cmと大きく、微風で揺れる。
花期：7月中旬〜8月上旬

ミヤマアズマギク

キク科　小蓮華山から白馬岳、杓子沢のコルなど高山帯の岩礫地や風衝草原に生える。鮮やかな紅紫色の花弁と中心の黄色がひときわ美しい。高さは10〜20cmほど。
花期：7月上旬〜8月上旬

イワオウギ

マメ科　小雪渓上部から村営頂上宿舎、白馬岳東側の崩壊地、丸山から杓子沢のコルなどの砂礫地や岩壁の割れ目に群落する。茎の先に淡い黄色の花が20〜30個つく。
花期：7月下旬〜8月上旬

花MAP ②
白馬岳周辺

白馬岳山頂付近のお花畑と旭岳

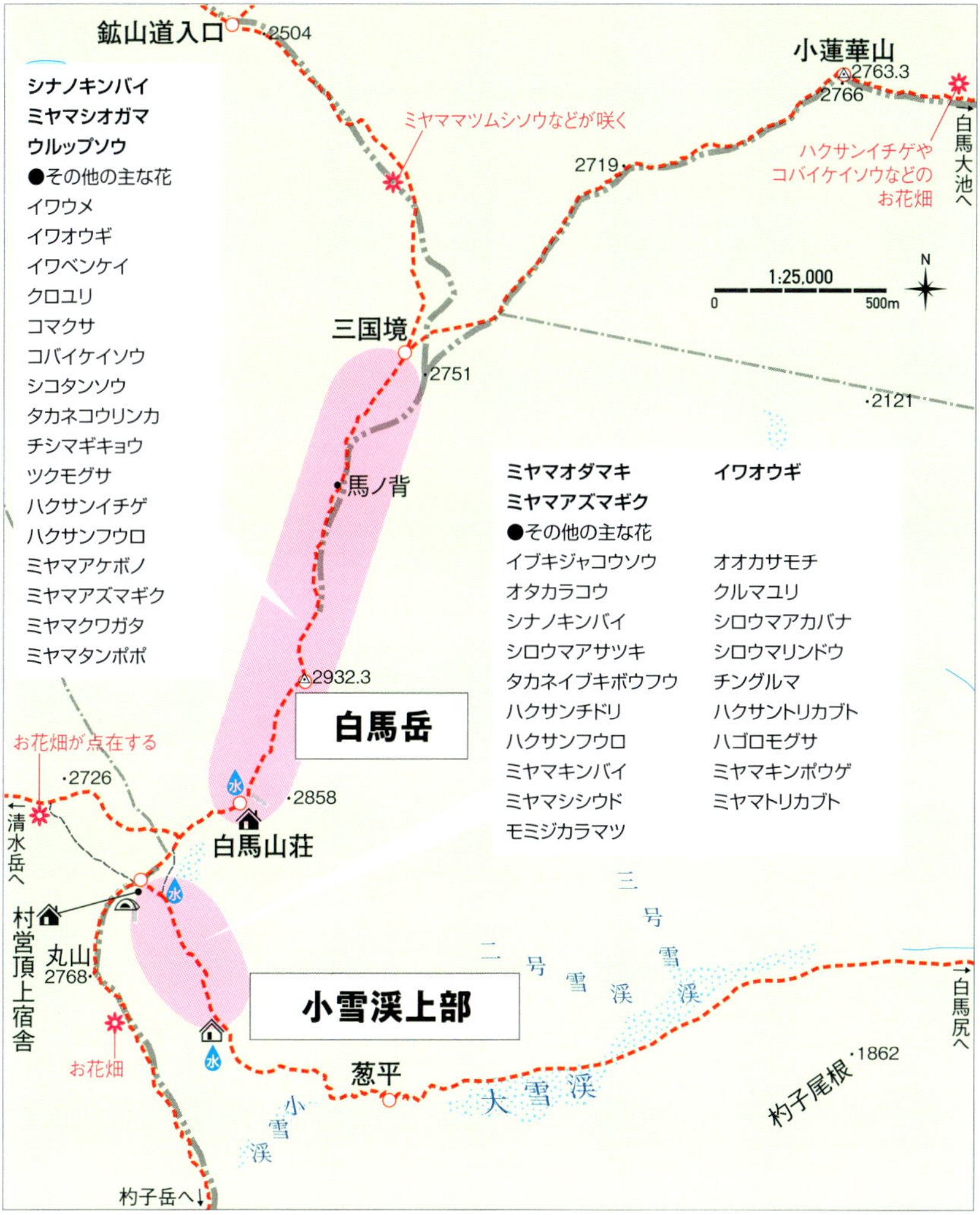

栂池自然園

園内にはミズバショウ湿原、ワタスゲ湿原、浮島湿原、展望湿原などの高層湿原が点在。残雪が消えた湿原で真っ先に咲く花がミズバショウとキンポウゲで、ワタスゲ、コバイケイソウ、ニッコウキスゲが盛夏にかけ次々に咲く。湿原周辺の林床では初夏にサンカヨウ、キヌガサソウ、シラネアオイが観察できる。

花が見られるコース／P20

コバイケイソウ

ユリ科　栂池自然園ではミズバショウ湿原、その他では小蓮華山付近のお花畑に群生。花は白色で直径1cmほど円錐状に多数つき、茎は高さ約0.5～1m。花は数年に一度咲く。
花期：7月下旬～8月上旬

ワタスゲ

カヤツリグサ科　栂池自然園や天狗原などの高層湿原に群生。花のあとはふっくらした白い球形の果穂になる。天狗原では池塘の縁で果穂が風に揺れる夏の光景を見せる。
花期：7月中旬～8月上旬

ニッコウキスゲ

ユリ科　栂池自然園では浮島湿原周辺、大出原、清水尾根、小日向のコルなど草地や湿地に群生する。橙黄色の花は朝に開き夕方にしぼむ。花茎の高さ0.45～1mほど。
花期：7月中旬～8月上旬

白馬大池

池畔は広々としたお花畑が点在する、白馬岳を代表するお花畑。蓮華温泉に向かう登山道脇には、ハクサンコザクラ、ハクサンイチゲ、チングルマが密度濃く咲く。テント場西側の草地では残雪が消えると真っ先にハクサンコザクラが咲き乱れる。雷鳥坂に向かう稜線ではコマクサやゴゼンタチバナが観察できる。

花が見られるコース／P12コース1、P22コース2、P34コース3

ハクサンコザクラ

サクラソウ科　白馬大池池畔、大出原、清水尾根などに生える。北アルプス北部に分布する。残雪が消えるとすぐに咲く。花径は2cmほど鮮やかな紅紫色、中心は黄色。
花期：7月中旬～8月上旬

ハクサンイチゲ

キンポウゲ科　白馬大池池畔、鉢ヶ岳東斜面、旭岳など、高山帯の風衝草地や雪田周辺に群生して咲く。花は直径2cmほどで5～6個つける。高さは10～40cmほど。
花期：7月上旬～8月上旬

ウサギギク

キク科　天狗平周辺の草地や雪田周辺など日当たりのよい草地に生える。花名は対生する葉をウサギの耳に見たてたことに由来。花径4～5cmで稜線では目立つ。
花期：7月下旬～8月中旬

花MAP ①
栂池自然園／白馬大池

白馬大池池畔に咲くチングルマ

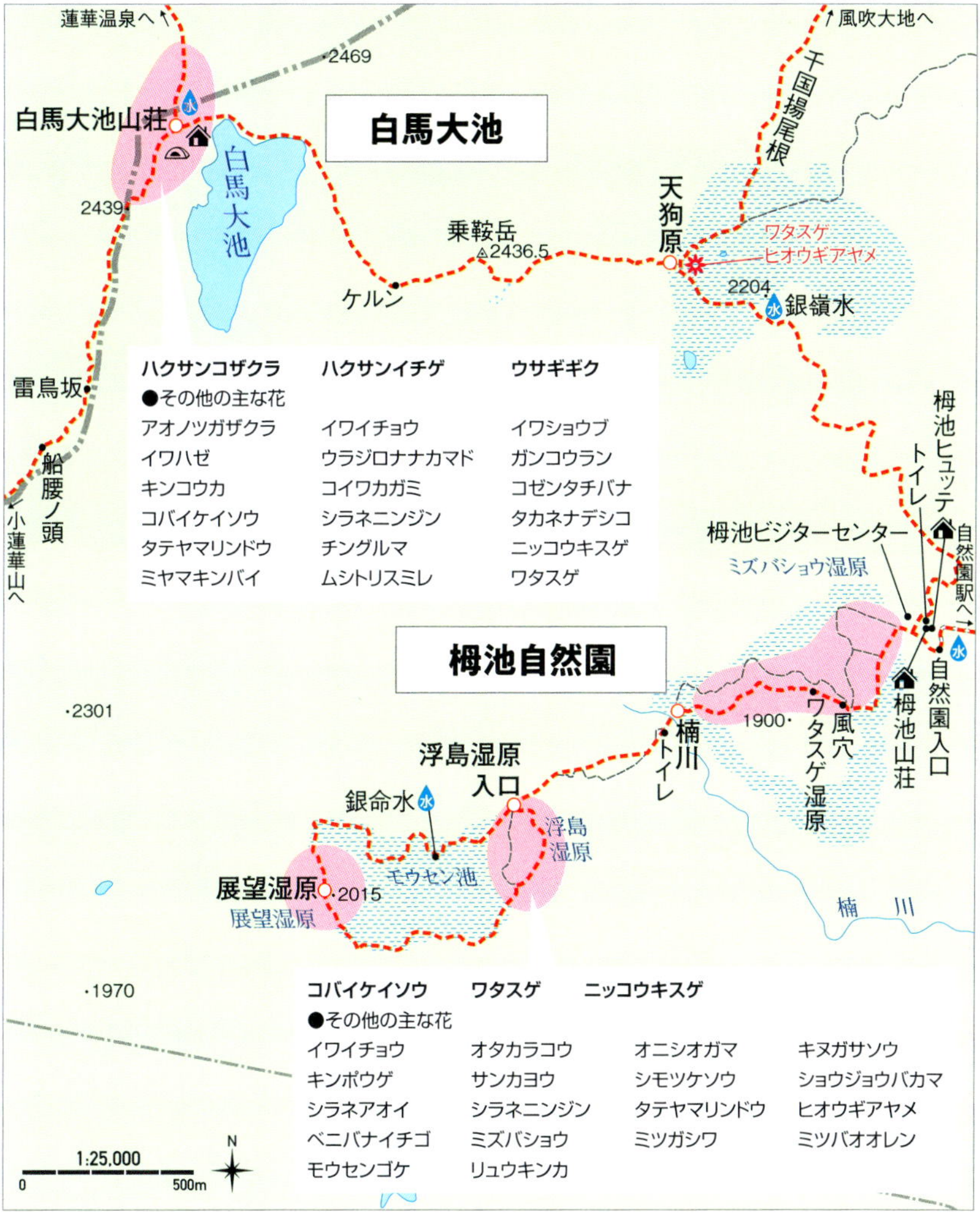

白馬連峰
花MAP

ミズバショウが咲く6月中旬の栂池自然園

白馬連峰は日本アルプス屈指の高山植物の宝庫。
残雪が消えたお花畑にはツクモグサ、サンカヨウなど
みずみずしい花が咲き乱れる。
白馬大池池畔、小雪渓上部、大出原などは
大規模なお花畑の代表格。
百花繚乱のお花畑が広がり、花の絶景に会えることが
白馬連峰の大きな魅力になっている。
ここでは、山中に咲く代表的な花を、
6つのエリアに分けて紹介する。

写真・文／中西俊明

※開花地や花期はその年の気象条件などにより異なることがあります。
※撮影の際は、植物の保護のため登山道からはずれたりしないよう、マナーを守りましょう。

11 栂池自然園（積雪期）

1:25,000

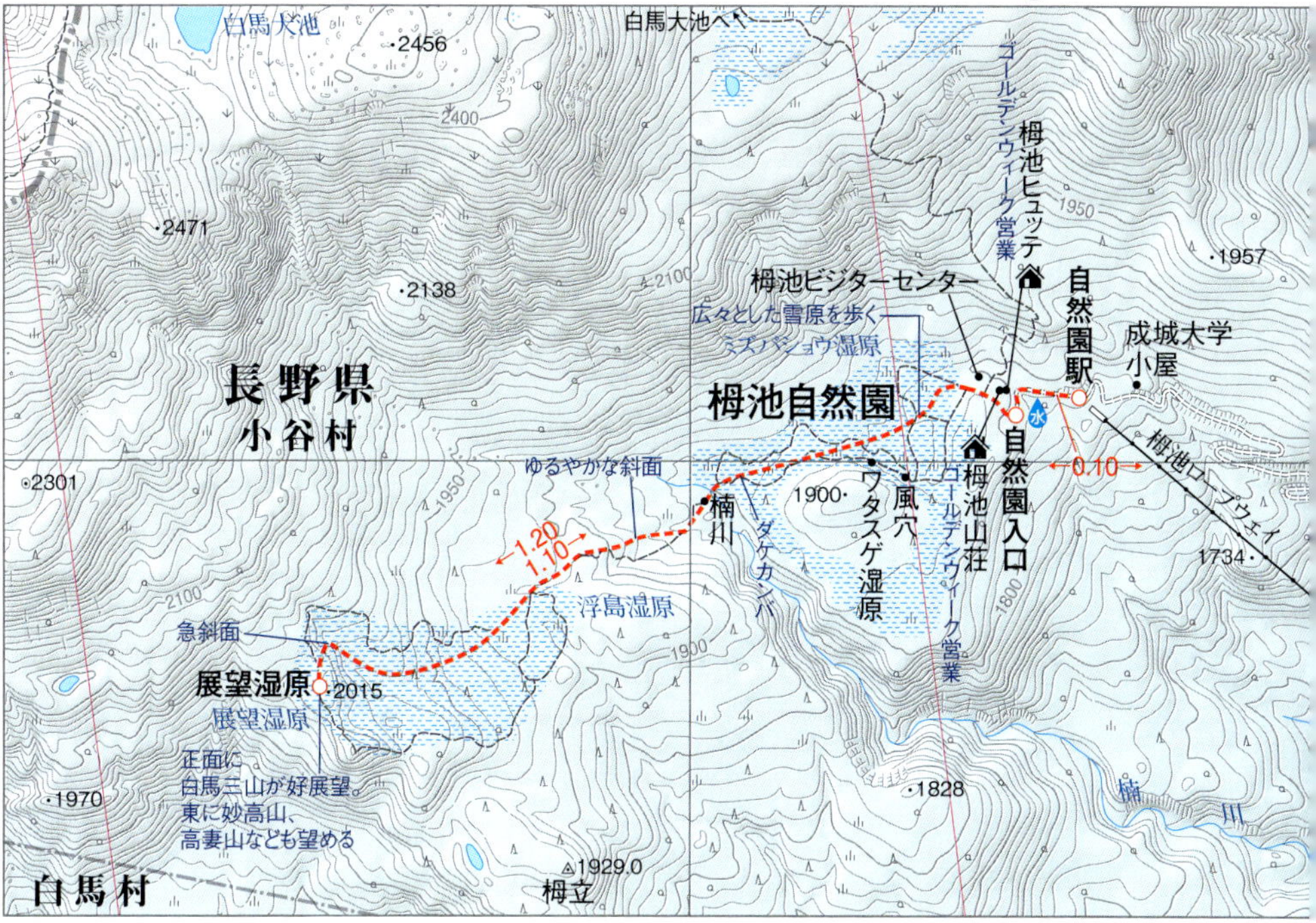

八方尾根（積雪期）

1:50,000

1:25,000
0
500m
N
C
D
1
2
3
4
天狗ノ庭へ
風吹大地へ
大きな岩づたいに進む
白馬大池山荘
白馬大池
白馬大池と雪倉岳が眺められる
急な斜面。夏のはじめは雪田がある
天狗原
千国揚尾根
池の北西側にお花畑が広がる。ハクサンイチゲ、チングルマの群落
2469
2439
2436.5
乗鞍岳
ケルン
2456
平坦な頂稜
広い頂稜
ハイマツ帯
雷鳥坂
2204
冷たい水が得られる
銀嶺水
夏のはじめはワタスゲの穂が美しい
急坂
栂池ヒュッテ
トイレ
自然園駅へ
ダケカンバ
栂池ビジターセンター
白馬岳から鹿島槍ヶ岳までが一望できる
船腰ノ頭
2471
2612
2138
ミズバショウ湿原
長野県
小谷村
栂池自然園
自然園入口
栂池山荘
展望のよい稜線
2301
浮島湿原入口
ゆるやかな斜面
楠川
トイレ
1900
風穴
ワタスゲ湿原
ダケカンバ
銀命水
浮島湿原
モウセン池
展望湿原
2015
2339
ニッコウキスゲ
楠川
正面に白馬三山が好展望。東に妙高山、高妻山なども望める
急で狭い尾根
1970
1828
栂池
1929.0
栂立
1809
雁股池
1948
1722
金山沢
1804
白馬村
1603
ミズバショウ沢
コバイケイソウが咲く
白馬尻
林道終点。ここから登山道になる
御殿場
1472
白馬尻小屋
前方に小蓮華山の稜線を望む
小屋沢
砂防工事専用道路
岩
猿倉へ
1242
1:00
1:20
2:10
1:50
1:20
1:50
1:10
0:50
1:30
2:00
0:30
0:30
0:25
0:40
0:35
1:10
1:00

10 大雪渓・白馬岳・栂池自然園詳細図

1:25,000
0
500m
N
10
C
D
白馬尻小屋へ
1.00
1.10
猿倉
1230
猿倉
水
猿倉荘
トイレ
ブナ林
長走沢
2.00
3.00
1502
樹林帯を
ひたすら下る
北股入
中山沢
1130
322
八方・白馬駅へ
1071
湿原がある。
夏のはじめにニッコウキスゲが咲く
1824
小日向のコル
1907.7
小日向山
双子岩
1263
奥ノ滝ノ沢
長野県
白馬村
1508
1446
1597
小日向沢
湯ノ入沢
1244
1284
1288
1224
小倉池
発電事業専用道路
帽子沢
南股入
1213.6
ガラガラ沢
1352
1471
8
1
2
3
4

9 杓子岳・鑓ヶ岳詳細図

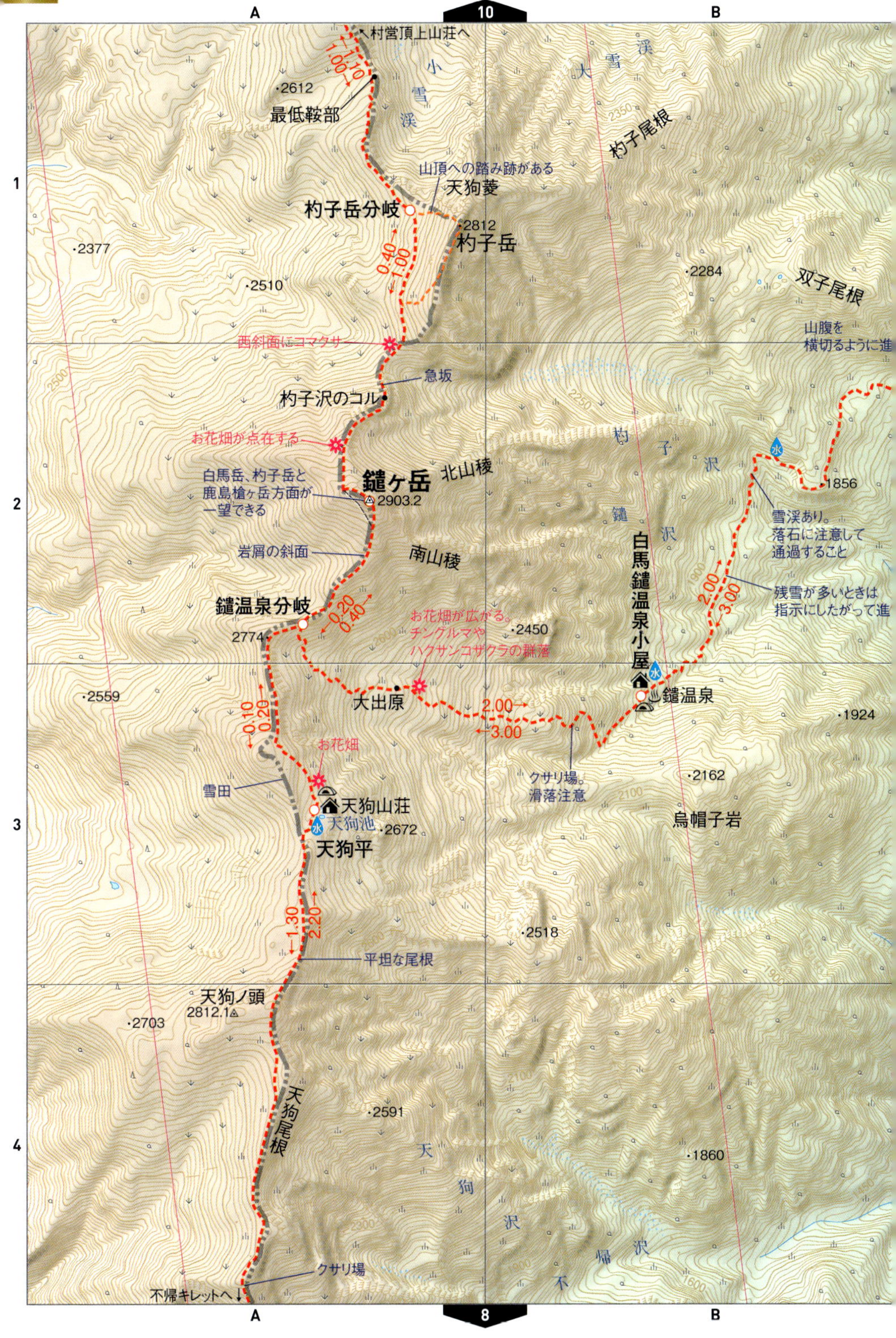

A
10
B
村営頂上山荘へ
1.10
1.00
2612
最低鞍部
小雪渓
大雪渓
杓子尾根
山頂への踏み跡がある
天狗菱
杓子岳分岐
2812
杓子岳
0.40
1.00
2377
2510
2284
双子尾根
山腹を横切るように進
西斜面にコマクサ
急坂
杓子沢のコル
お花畑が点在する
杓子沢
鑓ヶ岳
北山稜
白馬岳、杓子岳と鹿島槍ヶ岳方面が一望できる
2903.2
1856
鑓沢
雪渓あり。落石に注意して通過すること
岩屑の斜面
南山稜
白馬鑓温泉小屋
2.00
3.00
残雪が多いときは指示にしたがって進
鑓温泉分岐
0.20
0.40
お花畑が広がる。チングルマやハクサンコザクラの群落
2450
2774
2559
大出原
鑓温泉
1924
0.10
0.20
2.00
3.00
お花畑
クサリ場滑落注意
2162
雪田
天狗山荘
天狗池
2672
烏帽子岩
天狗平
1.30
2.20
2518
平坦な尾根
天狗ノ頭
2812.1
2703
天狗尾根
2591
天狗沢
1860
不帰沢
クサリ場
不帰キレットへ
A
8
B
1
2
3
4

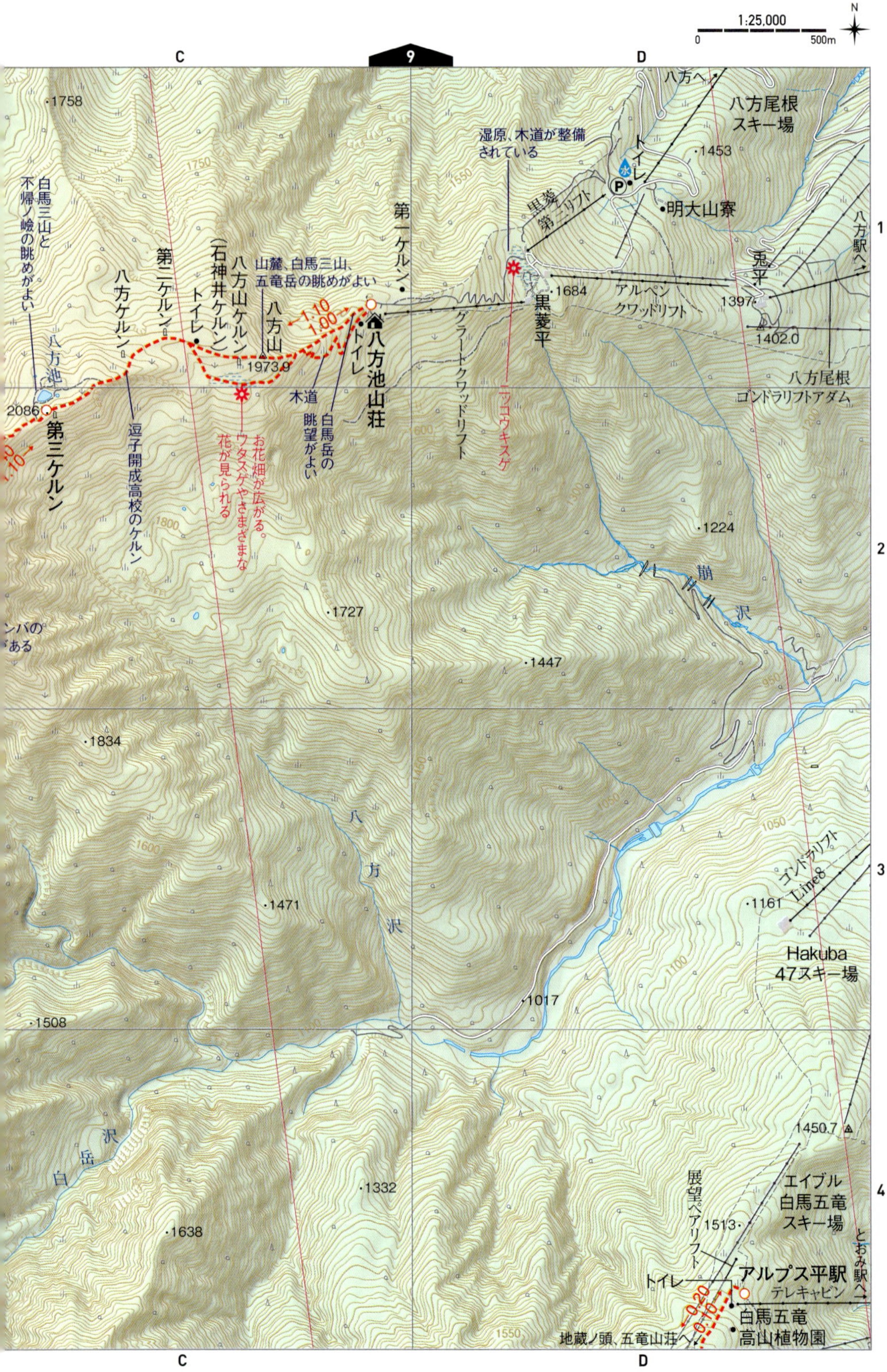

1:25,000
0
500m
N
9
C
D
1
2
3
4
八方へ
八方尾根スキー場
湿原、木道が整備されている
トイレ
水
P
明大山寮
黒菱第三リフト
八方駅へ
兎平
1453
1684
1397
1402.0
アルペンクワッドリフト
黒菱平
八方尾根ゴンドラリフトアダム
第一ケルン
山麓、白馬三山、五竜岳の眺めがよい
八方山
八方山ケルン（石神井ケルン）
1973.9
トイレ
八方池山荘
グラートクワッドリフト
ニッコウキスゲ
1:10
1:00
木道
白馬岳の眺望がよい
第二ケルン
八方ケルン
白馬三山と不帰ノ嶮の眺めがよい
八方池
2086
第三ケルン
逗子開成高校のケルン
お花畑が広がる。ウタスゲやさまざまな花が見られる
1758
1750
1550
1800
1727
1224
1447
崩沢
950
1834
1471
八方沢
1600
1050
1161
ゴンドラリフトLine8
Hakuba 47スキー場
1100
1017
1508
白岳沢
1332
1638
1450.7
エイブル白馬五竜スキー場
展望ペアリフト
1513
とおみ駅へ
トイレ
アルプス平駅
テレキャビン
0:20
0:10
白馬五竜高山植物園
地蔵ノ頭、五竜山荘へ
1550

8 八方尾根・不帰ノ嶮詳細図

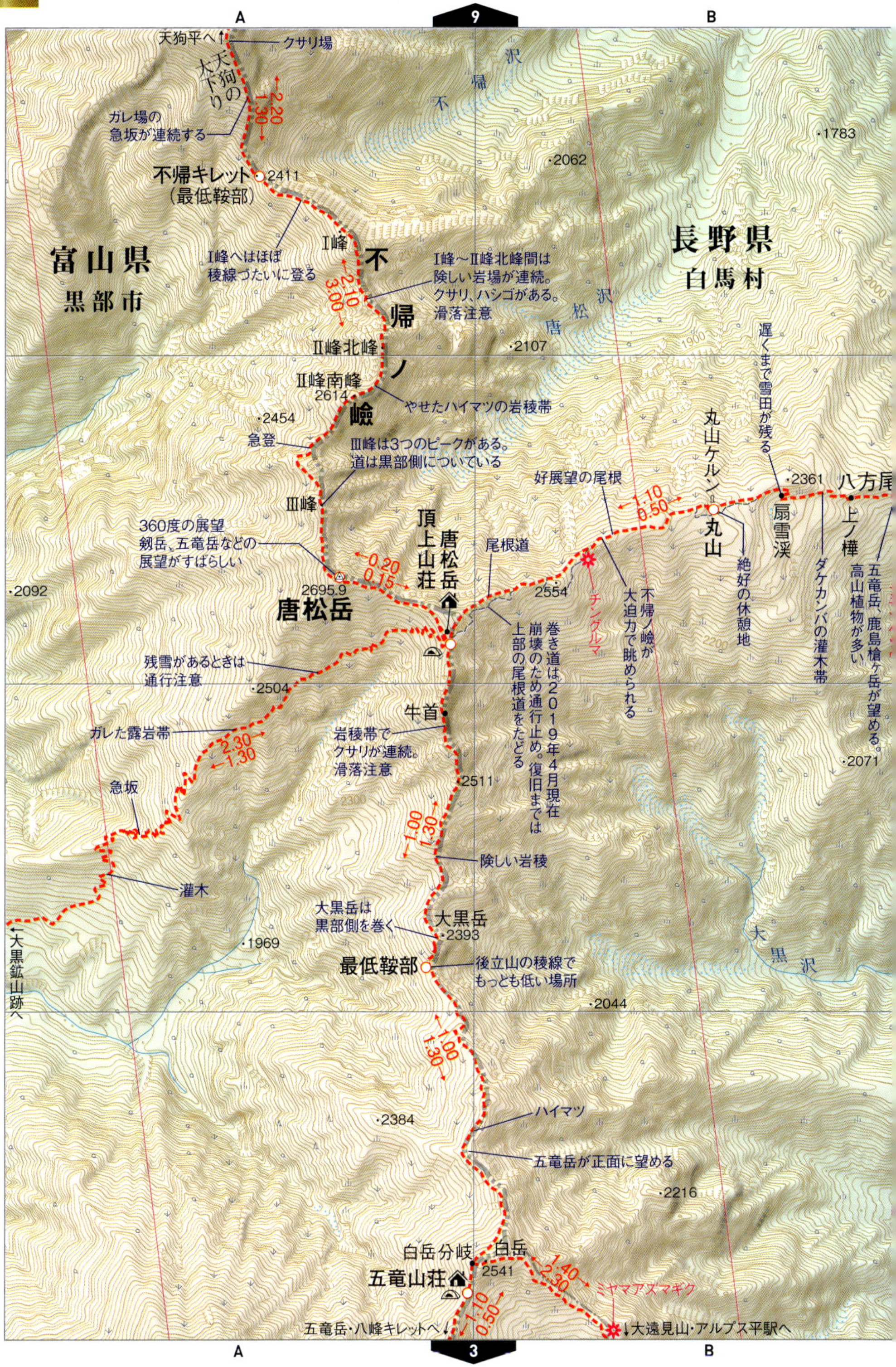

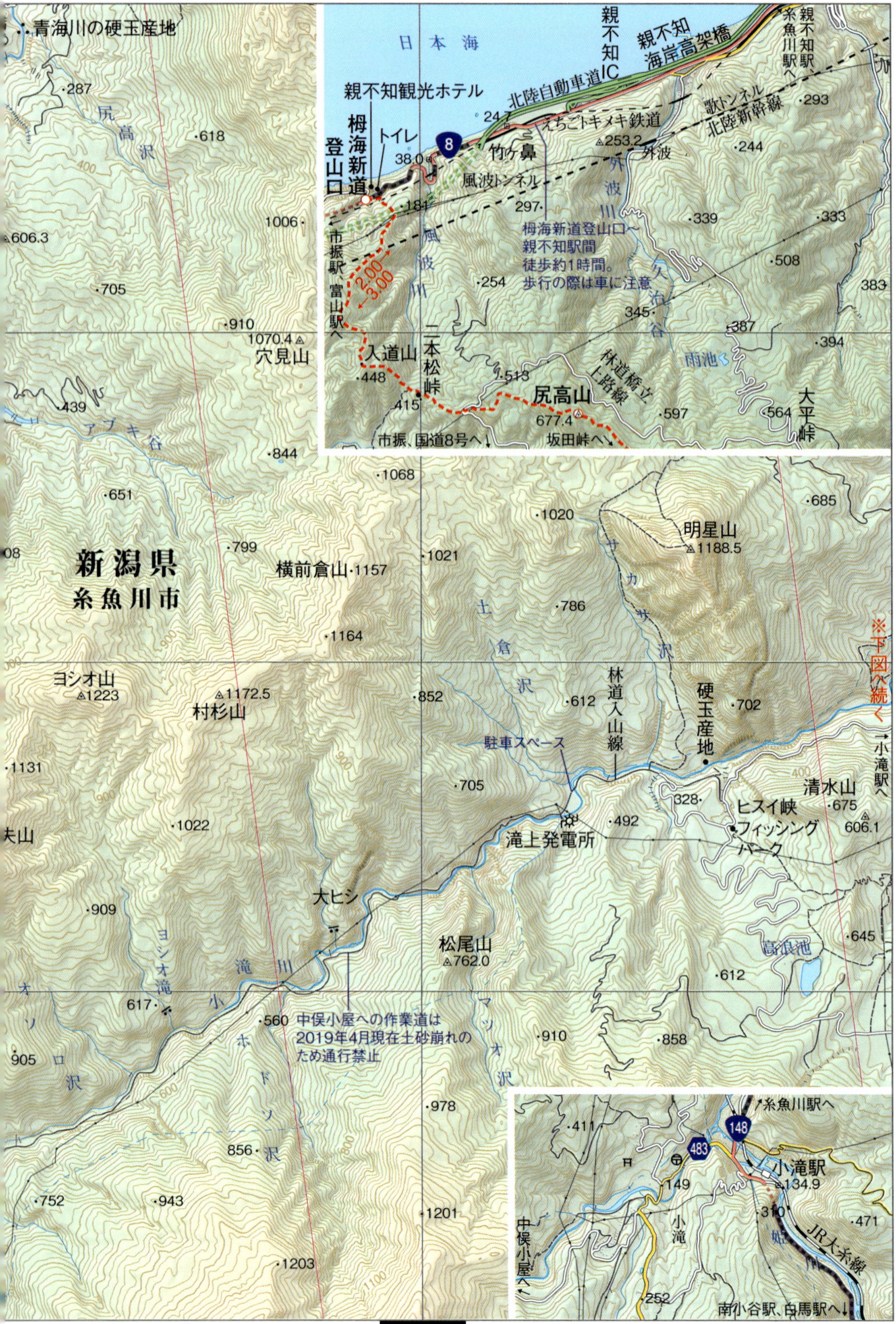

1:50,000
0
1km
N
C
D
青海川の硬玉産地
日本海
親不知IC
親不知海岸高架橋
親不知駅・糸魚川駅へ
親不知観光ホテル
北陸自動車道
えちごトキメキ鉄道
歌トンネル
北陸新幹線
梅海新道登山口
トイレ
竹ケ鼻
外波
風波トンネル
梅海新道登山口～親不知駅間徒歩約1時間。歩行の際は車に注意
市振駅、富山駅へ
2:00
3:00
入道山
二本松峠
尻高山
677.4
林道橋立上路線
雨池
大平峠
市振、国道8号へ
坂田峠へ
1070.4
穴見山
新潟県
糸魚川市
横前倉山
明星山
1188.5
ヨシオ山
1223
1172.5
村杉山
林道入山線
硬玉産地
※下図へ続く
小滝駅へ
駐車スペース
滝上発電所
清水山
ヒスイ峡フィッシングパーク
大ヒシ
松尾山
762.0
高浪池
中俣小屋への作業道は2019年4月現在土砂崩れのため通行禁止
糸魚川駅へ
小滝駅
134.9
JR大糸線
中俣小屋へ
南小谷駅、白馬駅へ
1
2
3
4

7 犬ヶ岳・白鳥山・親不知

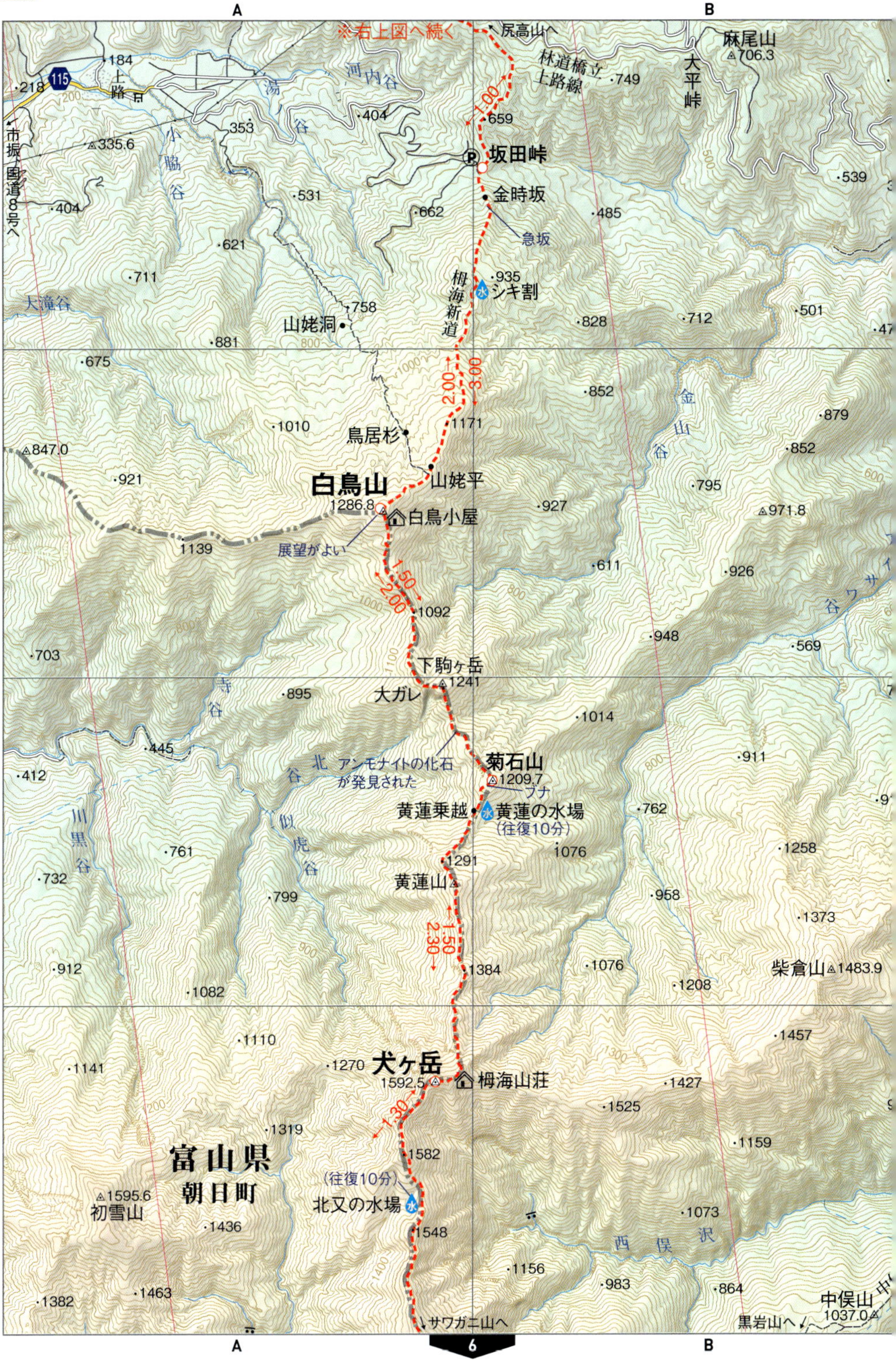

※右上図へ続く
尻高山へ
林道橋立上路線
麻尾山
706.3
大平峠
115
上路
市振
国道8号へ
河内谷
湯谷
小脇谷
大滝谷
坂田峠
金時坂
急坂
梅海新道
シキ割
山姥洞
鳥居杉
山姥平
白鳥山
1286.8
白鳥小屋
展望がよい
金山谷
1:00
3:00
2:00
1:50
2:00
下駒ヶ岳
1241
大ガレ
アンモナイトの化石が発見された
菊石山
1209.7
ブナ
黄蓮乗越
黄蓮の水場
(往復10分)
黄蓮山
1:50
2:30
北谷
似虎谷
寺谷
川黒谷
ワサビ谷
柴倉山
1483.9
犬ヶ岳
1592.5
梅海山荘
1:30
(往復10分)
北又の水場
富山県
朝日町
初雪山
1595.6
847.0
西俣沢
中俣山
1037.0
黒岩山へ
サワガニ山へ
A
B
1
2
3
4

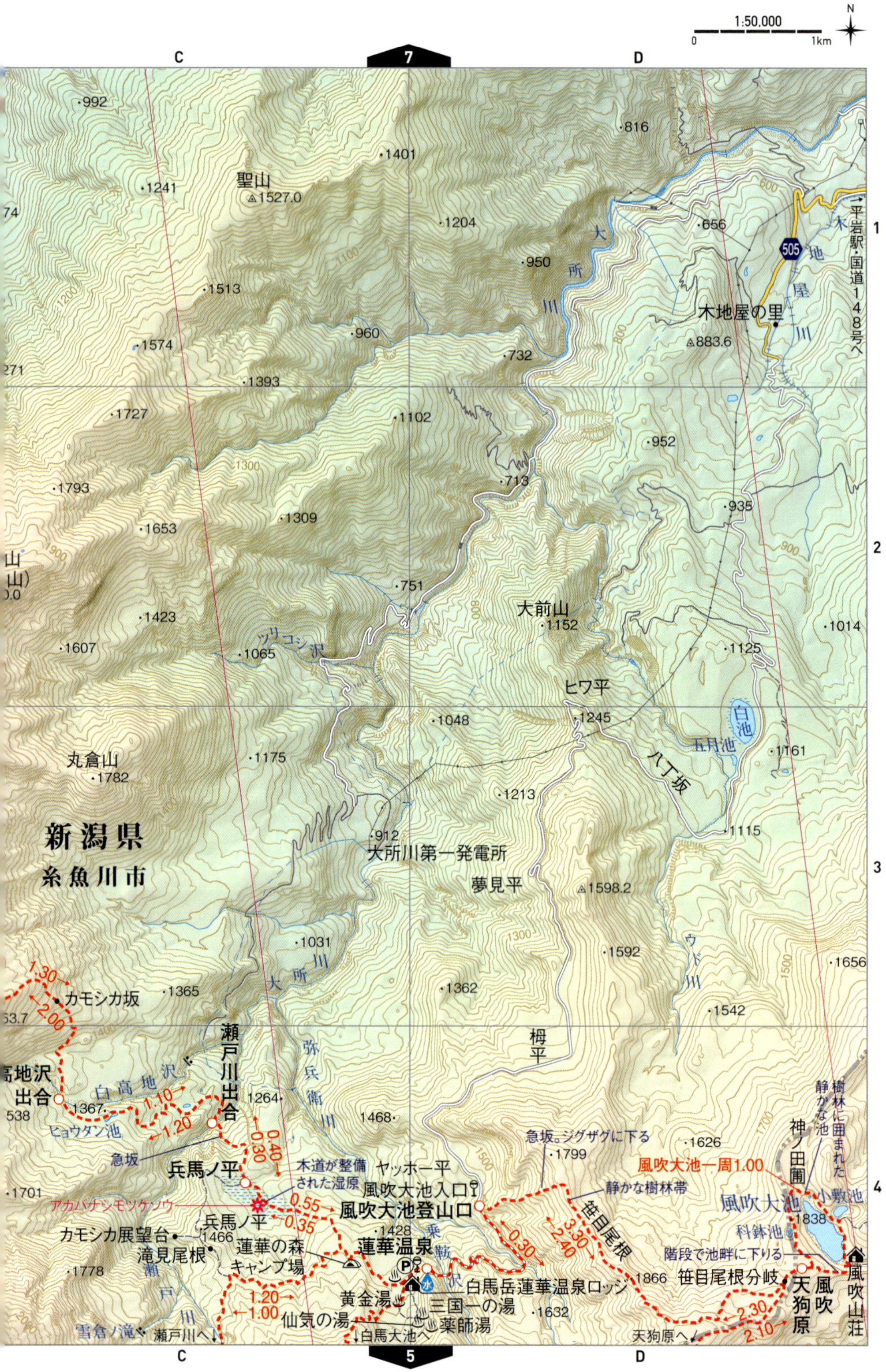
1:50,000
0
1km
N
7
5
C
D
1
2
3
4
聖山
1527.0
992
1241
1401
816
1204
656
950
1513
960
732
1574
1393
883.6
木地屋の里
平岩駅・国道148号へ
505
大所川
木地屋川
1727
1102
952
1793
713
935
1653
1309
1014
751
大前山
1152
1423
1125
1607
ツリコシ沢
1065
ヒワ平
1245
1048
白池
五月池
八丁坂
丸倉山
1782
1175
1161
1213
1115
新潟県
糸魚川市
912
大所川第一発電所
夢見平
1598.2
1031
1592
1656
1365
カモシカ坂
1.30
2.00
1362
ウド川
1542
瀬戸川出合
弥兵衛川
栂平
白高地沢
白高地沢出合
1367
ヒョウタン池
1.10
1.20
1264
1468
静かな池
樹林に囲まれた
急坂。ジグザグに下る
1626
1799
神ノ田圃
急坂
0.40
0.30
兵馬ノ平
木道が整備された湿原
ヤッホー平
風吹大池入口
風吹大池登山口
風吹大池一周1.00
静かな樹林帯
笹目尾根
小敷池
風吹大池
1701
アカバナシモツケソウ
0.55
0.35
兵馬ノ平
1428
乗鞍沢
0.30
3.30
2.40
1838
科鉢池
カモシカ展望台
1466
滝見尾根
蓮華の森キャンプ場
蓮華温泉
階段で池畔に下りる
風吹山荘
1778
瀬戸川
1.20
1.00
白馬岳蓮華温泉ロッジ
1866
笹目尾根分岐
天狗原
風吹
黄金湯
三国一の湯
1632
仙気の湯
薬師湯
2.30
2.10
雪倉ノ滝
瀬戸川へ
白馬大池へ
天狗原へ

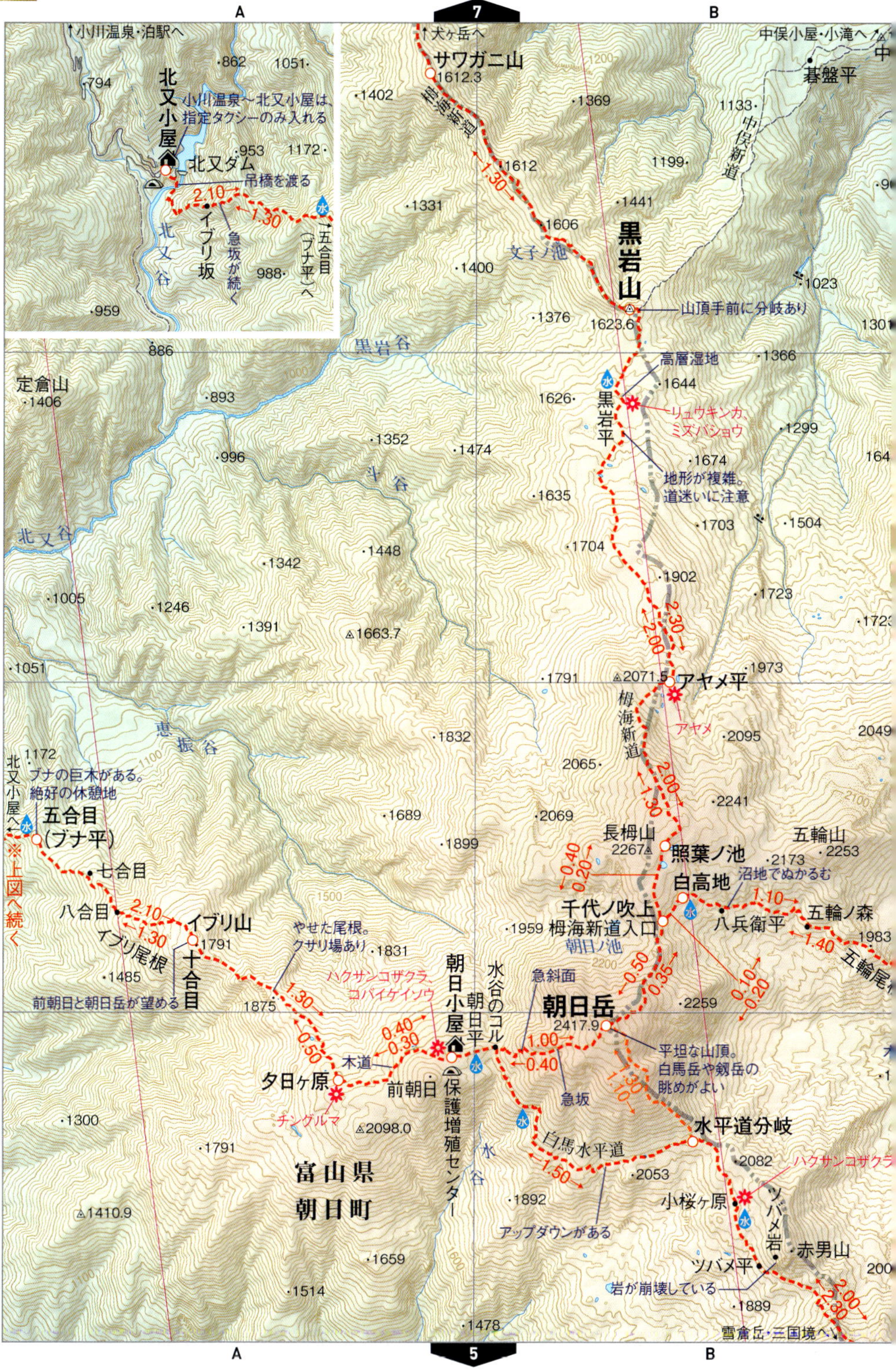
A
7
B
1
2
3
4
5
小川温泉・泊駅へ
北又小屋
小川温泉～北又小屋は、指定タクシーのみ入れる
北又ダム
吊橋を渡る
2.10
1.30
イブリ坂
急坂が続く
五合目（ブナ平）へ
北又谷
犬ヶ岳へ
サワガニ山
1612.3
栂海新道
1.30
1612
1606
文子ノ池
黒岩山
1623.6
山頂手前に分岐あり
中俣小屋・小滝へ
碁盤平
中俣新道
黒岩谷
高層湿地
1644
黒岩平
リュウキンカ、ミズバショウ
地形が複雑。道迷いに注意
定倉山
1406
斗谷
1663.7
2.30
2.00
アヤメ平
2071.5
アヤメ
栂海新道
恵振谷
北又小屋へ
ブナの巨木がある。絶好の休憩地
五合目（ブナ平）
※上図へ続く
七合目
八合目
2.10
1.30
イブリ山
1791
イブリ尾根
十合目
前朝日と朝日岳が望める
やせた尾根。クサリ場あり
1.30
0.50
1875
夕日ヶ原
チングルマ
木道
0.40
0.30
ハクサンコザクラ、コバイケイソウ
前朝日
2098.0
朝日小屋
朝日平
保護増殖センター
水谷のコル
急斜面
1.00
0.40
急坂
朝日岳
2417.9
平坦な山頂。白馬岳や剱岳の眺めがよい
1.10
1.30
2.00
1.30
長栂山
2267
照葉ノ池
0.40
0.20
白高地
沼地でぬかるむ
1.10
1.40
五輪山
五輪ノ森
八兵衛平
五輪尾根
千代ノ吹上
栂海新道入口
朝日ノ池
0.50
0.35
0.10
0.20
水平道分岐
白馬水平道
1.50
アップダウンがある
ハクサンコザクラ
小桜ヶ原
ツバメ岩
赤男山
ツバメ平
岩が崩壊している
2.00
2.30
雪倉岳・三国境へ
富山県
朝日町
水谷
1410.9

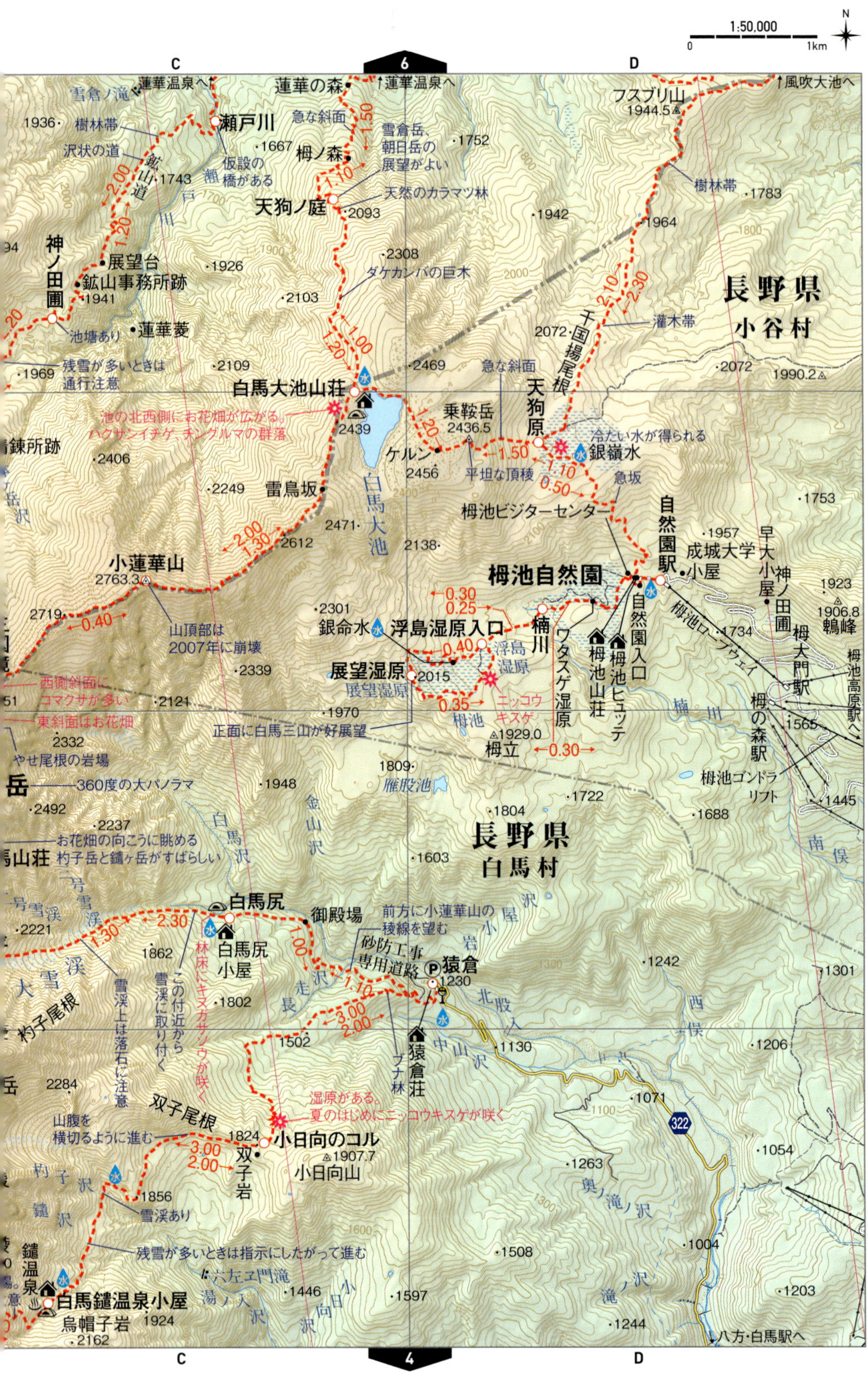

1:50,000
0
1km
N
C
6
D
1
2
3
4
4
C
D
雪倉ノ滝
蓮華温泉へ
瀬戸川
樹林帯
仮設の橋がある
沢状の道
鉱山道
2.00
1.20
1936
1667
1743
瀬戸川
蓮華の森
急な斜面
1.50
梅ノ森
雪倉岳、朝日岳の展望がよい
1.10
天狗ノ庭
天然のカラマツ林
2093
蓮華温泉へ
1752
フスブリ山
1944.5
風吹大池へ
樹林帯
1783
1942
1964
神ノ田圃
展望台
鉱山事務所跡
1941
1926
池塘あり
蓮華菱
2308
ダケカンバの巨木
2103
長野県
小谷村
千国揚尾根
2.10
2.30
灌木帯
2072
1.00
1.20
残雪が多いときは通行注意
1969
2109
2469
白馬大池山荘
急な斜面
天狗原
2072
1990.2
池の北西側にお花畑が広がる。ハクサンイチゲ、チングルマの群落
2439
乗鞍岳
2436.5
冷たい水が得られる
銀嶺水
1.20
1.50
ケルン
2456
平坦な頂稜
1.10
0.50
急坂
錬所跡
2406
2249
雷鳥坂
白馬大池
2471
梅池ビジターセンター
1753
自然園駅
1957
成城大学
小屋
早大小屋
神ノ田圃
2.00
1.30
2612
2138
梅池自然園
小蓮華山
2763.3
2719
0.40
0.30
0.25
2301
銀命水
浮島湿原入口
楠川
自然園入口
梅池ロープウェイ
1734
1923
1906.8
鵯峰
梅大門駅
梅池高原駅へ
山頂部は2007年に崩壊
2339
展望湿原
0.40
2015
展望湿原
浮島湿原
ワタスゲ湿原
梅池山荘
梅池ヒュッテ
西側斜面にコマクサが多い
東斜面はお花畑
2121
1970
0.35
ニッコウキスゲ
梅池
楠川
梅の森駅
1565
2332
正面に白馬三山が好展望
1929.0
梅立
0.30
やせ尾根の岩場
1809
岳
360度の大パノラマ
1948
雁股池
梅池ゴンドラリフト
1445
2492
2237
白馬沢
金山沢
1804
1722
1688
お花畑の向こうに眺める杓子岳と鑓ヶ岳がすばらしい
長野県
白馬村
南俣
馬山荘
1603
三号雪渓
二号雪渓
2221
白馬尻
2.30
御殿場
前方に小蓮華山の稜線を望む
小屋沢
1.30
1862
白馬尻小屋
林床にキヌガサソウが咲く
1.00
砂防工事専用道路
猿倉
1230
岩岳沢
1242
1301
大雪渓
この付近から雪渓に取り付く
雪渓上は落石に注意
長走沢
1.10
北股入
西俣
杓子尾根
1802
3.00
2.00
1502
猿倉荘
ブナ林
中山沢
1130
1206
2284
双子尾根
湿原がある。夏のはじめにニッコウキスゲが咲く
1071
山腹を横切るように進む
1824
小日向のコル
1907.7
小日向山
322
1054
3.00
2.00
双子岩
1263
奥ノ滝ノ沢
杓子沢
鑓沢
1856
雪渓あり
残雪が多いときは指示にしたがって進む
1508
1004
鑓温泉
六左ェ門滝
湯ノ入沢
1446
1597
小日向沢
滝ノ沢
1203
白馬鑓温泉小屋
烏帽子岩
1924
2162
1244
八方・白馬駅へ

A
6
B
水平道分岐・朝日岳へ
富山県
朝日町
黒部市
柳又谷
オレンソトメン谷
ゼンマイ谷
中ノ廊下
上ノ廊下
六兵衛谷
タンバラ谷
朝日岳が好展望
雪倉岳
広い山頂。白馬岳、朝日岳が好展望
急坂。二重山稜
雪倉岳避難小屋
ザレた斜面
鉢ヶ岳 2563
広大なお花畑
鉱山道入
長池（立入禁止）
猫又山 2308
清水岳 2603
水場は残雪がある時期のみ
好展望の尾根道。正面に剱岳が望める
清水平
雪田
お花畑が点在する
清水尾根
小旭岳 2636
松沢貞逸顕彰碑
旭岳 2867
裏旭岳
村営頂上宿舎
丸山 2768
小岩峰は巻く
灌木帯
チングルマ ハクサンコザクラ
不帰岳 2053.6
猫又峠
不帰岳避難小屋
最低鞍部
杓子岳分
西ノ谷
清水谷
深い樹林帯のなかの窪地
西斜面にコマクサ
急坂
杓子沢のコ
白馬岳、杓子岳と鹿島槍ヶ岳方面が一望できる
お花畑が点在する
鑓ヶ岳
お花畑が広がる。チングルマやハクサンコザクラの群落
鑓温泉分岐 2774
樹林帯を行く
硫黄沢
百貫の大下り
祖母谷温泉へ
急坂をジグザグに下る
天狗平へ
大
3

1:50,000
0
1km
N
C
5
D
1
2
3
4
2
↑猿倉へ
おびなたの湯
発電事業専用道路
松川
白馬岩岳スノーフィールド
岩岳ゴンドラリフト
↑栂池高原へ
小谷・糸魚川へ
信濃森上駅
岩岳の湯
倉下の湯
白馬大橋
和田野
文化会館
八方駅
白馬八方
八方の湯
八方尾根スキー場
明大山寮
湿原、木道が整備されている
第一ケルン
黒菱平
兎平
アルペンクワッドリフト
グラートクワッドリフト
ニッコウキスゲ
八方尾根ゴンドラリフトアダム
ジャンプ競技場
みみずくの湯
松川橋
白馬高
白馬駅
駅前に登山等の総合案内所あり
南小谷駅・平岩駅へ
みそら野別荘地
みそら野
矢崎山
平川
オリンピック道路
白馬別荘地
平川橋
ゴンドラリフトLine8
Hakuba 47スキー場
アルプス平駅
エイブル白馬五竜スキー場
展望ペアリフト
テレキャビン
十郎の湯
飯森駅
一夜山
エスカルプラザ
とおみ駅
地蔵ノ頭
見返り坂
急坂
二ノ背髪
小遠見山
唐松岳から鑓ヶ岳まで眺められる
天狗岳
白馬五竜高山植物園
法大スキー小屋
神城駅
白馬五竜
神城駅～とおみ駅間徒歩約20分
道の駅白馬
月夜棚
神城
堀之内
田頭
北谷地
三日市場
信濃大町駅・松本駅へ
↓大町市街へ
東佐野
長野へ

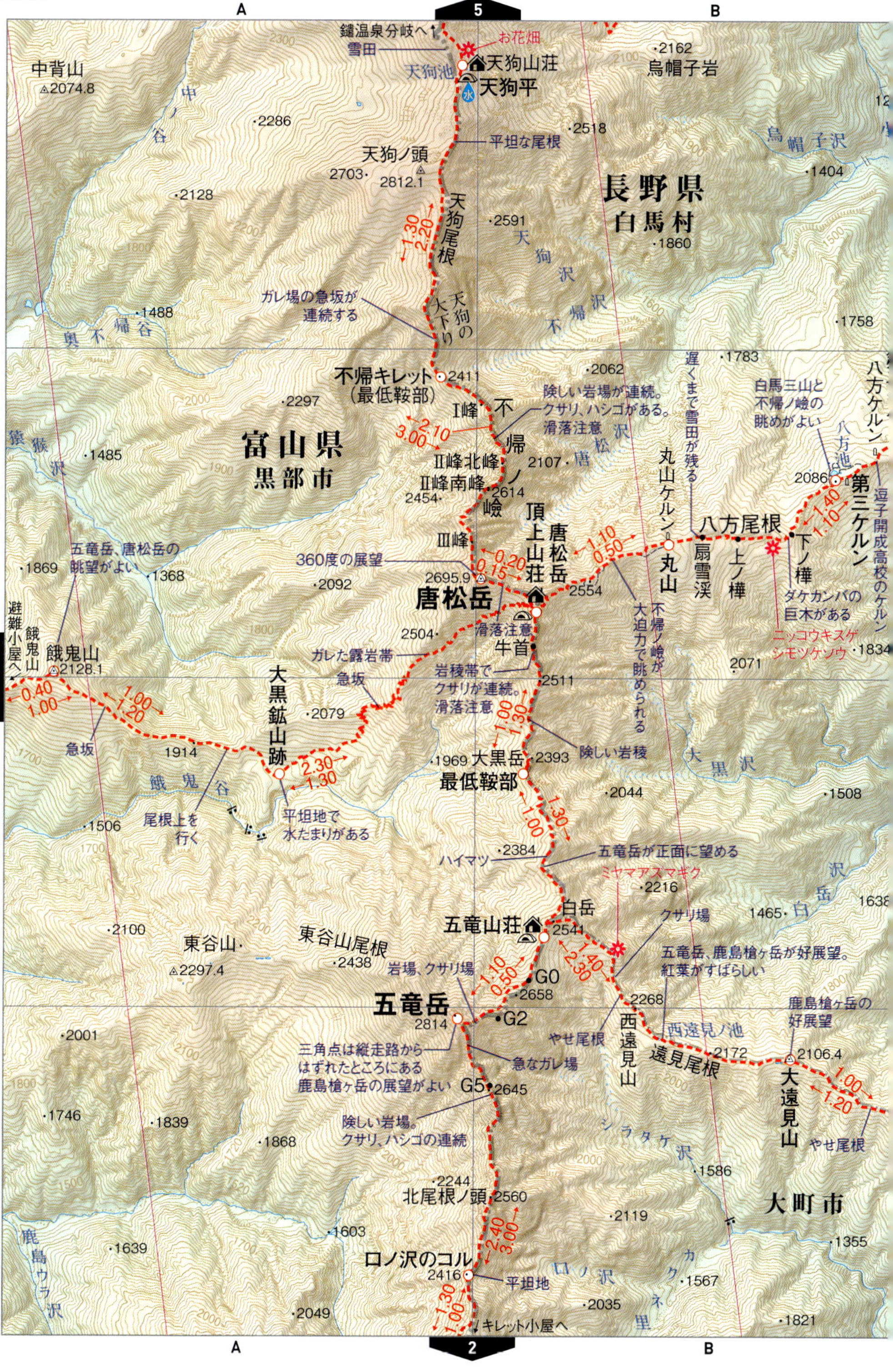

A
B
5
鑓温泉分岐へ
雪田
お花畑
天狗山荘
天狗池
天狗平
水
中背山
2074.8
2286
2162
烏帽子岩
2518
平坦な尾根
烏帽子沢
天狗ノ頭
2703
2812.1
1404
2128
長野県
白馬村
天狗尾根
2591
1.30
2.20
天狗沢
1860
ガレ場の急坂が連続する
天狗の大下り
不帰沢
1488
奥不帰谷
1758
不帰キレット（最低鞍部）
2411
2062
1783
遅くまで雪田が残る
八方ケルン
白馬三山と不帰ノ嶮の眺めがよい
2297
Ⅰ峰
不帰ノ嶮
険しい岩場が連続。クサリ、ハシゴがある。滑落注意
2.10
3.00
唐松沢
猿猴沢
1485
富山県
黒部市
Ⅱ峰北峰
Ⅱ峰南峰
2107
2614
2454
丸山ケルン
八方池
2086
第三ケルン
1.40
1.10
遁子開成高校のケルン
頂上山荘
唐松岳
八方尾根
Ⅲ峰
1.10
0.50
扇雪渓
上ノ樺
下ノ樺
五竜岳、唐松岳の眺望がよい
1869
1368
360度の展望
0.20
0.15
2695.9
丸山
2092
唐松岳
2554
不帰ノ嶮が大迫力で眺められる
ダケカンバの巨木がある
ニッコウキスゲ
シモツケソウ
避難小屋へ
餓鬼山
2128.1
2504
滑落注意
牛首
1834
ガレた露岩帯
2071
0.40
1.00
1.00
1.20
大黒鉱山跡
急坂
岩稜帯でクサリが連続。
滑落注意
2511
2079
1.00
1.30
急坂
1914
険しい岩稜
1969
大黒岳
2393
大黒沢
2.30
1.30
最低鞍部
2044
1508
餓鬼谷
尾根上を行く
平坦地で水たまりがある
1.30
1.00
1506
ハイマツ
2384
五竜岳が正面に望める
ミヤマアズマギク
2216
白岳沢
1638
白岳
五竜山荘
2541
クサリ場
1465
2100
東谷山
東谷山尾根
2438
五竜岳、鹿島槍ヶ岳が好展望。
紅葉がすばらしい
2297.4
岩場、クサリ場
1.10
0.50
1.40
2.30
G0
2658
2268
五竜岳
2814
G2
西遠見山
西遠見ノ池
やせ尾根
鹿島槍ヶ岳の好展望
2001
三角点は縦走路からはずれたところにある
鹿島槍ヶ岳の展望がよい
急なガレ場
遠見尾根
2172
2106.4
大遠見山
G5
2645
1.00
1.20
1746
1839
険しい岩場。
クサリ、ハシゴの連続
1868
シラタケ沢
やせ尾根
1586
2244
北尾根ノ頭
2560
大町市
2119
1603
2.40
3.00
1355
鹿島ウラ沢
1639
口ノ沢のコル
2416
平坦地
口ノ沢
カクネ里
1567
2035
1.30
1.00
2049
キレット小屋へ
1821
2
1
2
3
4

1:50,000
0
1km
N
C
D
5
2
1
2
3
4
4
↑宇奈月駅へ
↑不帰岳避難小屋へ
沢を何回か渡る。ロープあり
4.00
5.00
名剣山
名剣沢
雪渓がある時は歩行注意
林道
富山県
黒部市
黒部川
黒部峡谷鉄道
小屋平駅
ガラ谷
猿飛山荘
黒三発電所
名剣温泉
渓流沿いの林道
山小屋祖母谷温泉
祖母谷温泉
祖母谷
山深い秘湯。露天風呂が魅力
祖父谷
猿猴沢
パノラマ展望台
欅平駅
0.40
0.30
0.40
1.00
南越沢
新黒三発電所
欅谷
奥鐘山
四十八曲り
石が湿っていてすべる
樹林の急坂
奥鐘山西壁
南越
1.10
1.40
餓鬼山避難小屋
餓鬼山へ
ハシゴ
0.40
1.10
0.40
1.00
志合谷
深い樹林
コメツガの樹林
餓鬼ノ田圃
樹林帯
クマの爪跡がある
坊主尾根
オリオ谷
大太鼓
阿曽原谷
阿曽原温泉小屋
阿曽原峠
坊主山
仙人谷
仙人谷ダム
雲切新道
仙人温泉小屋
仙人湯
雲切谷
東谷
黒四地下発電所
S字峡
仙人山
↓仙人池ヒュッテへ
↓十字峡・黒部ダムへ
·860
·939
·1658
·1906
·1244
·1567
·892
·1715
·1275
·1372
·1384
·962
816·
·858
·1214
·1192
·1218
·1122
·1507
1869·
1543·
·1493
△1668.0
△1668.8
1919
1527·
·1023
·1091
·1765
·1852
·1412
·1268
·1436
·1446
·1703
△1771.8
·1007
839·
·1824
△2199.2
·1515
·1647
·1167
·1581
·2051
·1629
·1314
·1109
1251·
·2143
·1708
·1220
·1436
·1349
·1639
·2211

3 八峰キレット詳細図

1:25,000
0
50
A
8
B
五竜山荘へ
黒部側の道をたどる
五竜山荘へ
ミヤマアズ
1:10
0:50
G0
東谷山尾根
2438
2748
岩場、クサリ場
2658
クサリ場
白馬
やせ尾根
西遠見山
2268
五竜岳
2814
G2
五竜岳の肩
三角点は縦走路から
はずれたところにある
鹿島槍ヶ岳の展望がよい
クサリが連続する
急なガレ場。
落石注意
2:30
1:40
西遠
遠
G4
G5
クサリ場が連続
2645
五竜岳、
鹿島槍ヶ岳が好展
紅葉がすばらしい
鋭い岩峰が連続。
黒部側の道を
クサリづたいに通過する
2:40
3:00
1868
富山県
黒部市
長野県
大町市
小岩峰は黒部側を巻く
直下に
ハシゴあり
2244
赤抜
北尾根ノ頭
2560
鹿島槍ヶ岳を望む
2119
歩きやすい道
1603
口ノ沢のコル
2416
口ノ沢
「三段登り」と
よばれる急な岩場。
クサリあり
平坦地で休憩可能
2049
2035
黒部側を巻く
1:30
1:00
カクネ里
キレット沢のコル
クサリをつたって
岩場を通過する
2363
八峰キレット
キレット小屋
2518
八峰キレットの核心部。
ハシゴ、クサリの連続。
鋭い岩壁を通過する
2:30
2:00
北壁
急斜面の
ジグザグの下り
北峰へは
縦走路から往復。
カクネ里が俯瞰できる
天狗ノ鼻
2326
北峰分岐
2842
北峰
0:30
吊尾根
山頂往復0.15
南峰
2889.2
五竜岳から
針ノ木岳まで
望める
鹿島槍ヶ岳
立山町
0:40
0:50
1830
布引岳へ
A
B

1:50,000
0
1km
N
C
D
4
ロノ沢のコルへ
険しい岩場が連続
1:30
1:00
八峰キレット
キレット小屋
2518
八方キレットの核心部。
ハシゴ、クサリの連続。
鋭い岩壁を通過する
山頂往復0.15
2:30
2:00
北壁
北峰へは縦走路から往復。
カクネ里が俯瞰できる
北峰分岐
0:30
2842
北峰
南峰
2889.2
吊尾根
天狗ノ鼻
鹿島槍ヶ岳
長野県
大町市
2539
2553
牛首山
2481
五竜岳から
針ノ木岳まで
望める
0:40
0:50
東尾根
正面に鹿島槍ヶ岳の
双耳峰が見える
布引岳
2683
鎌尾根
一ノ沢ノ頭
2004.0
布引尾根
北股本谷
林道。一般車は
通行禁止
東側斜面は
チングルマのお花畑
1:20
0:50
山荘前に平坦地
がある
鹿島槍ヶ岳の
岩壁が大迫力
樹林帯
林道終点
1482
大谷原へ
1:10
1:00
大冷沢
高千穂平
2049
西俣出合
※下図へ続く
やせ尾根
冷池山荘
冷乗越
2387
2278
赤岩尾根
1594
西沢
急坂の連続
3:00
1:50
赤岩尾根分岐
2488
2:10
1:20
0:10
0:15
もろいやせ尾根。ダケカンバ
滑落注意
1:00
1:30
冷尾根
ハイマツ帯
北峰
2631
爺ヶ岳
種池山荘
キヌガサソウ群落
2446
ハイマツ帯
山頂経由の道あり
2669.9
中央峰
南峰
棒小屋乗越
種池
0:40
1:00
鹿島槍ヶ岳と剱・立山連峰が
一望できる
東尾根
1767.0
コバイケイソウ、
チングルマなどの
お花畑
ダケカンバ
2218
よく整備された道
クサリ
黒部側を歩く
石畳
白沢天狗尾根
柏原新道
4:00
2:50
奥小沢
扇沢
南尾根
白沢
ケルン
扇沢駅が見える
樹林帯
1896.7
モミジ坂
0:15
1438.8
1421
登山口
柏原新道
駅
大町アルペンライン
篭川
1146
25
信濃大町駅へ
西俣出合へ
小冷沢
鹿島大冷沢公園
ゲート
大谷原
タクシー
ここまで
1376.7
丸山
325
信濃大町駅へ
1
2
3
4

2 赤沢岳・爺ヶ岳・鹿島槍ヶ岳

1:50,000
0
1km
N
C
2
D
扇沢へ
長野県
大町市
大町アルペンライン
25
竜
龍川大橋
信濃大町駅へ
扇沢の駐車場が
満車の際はここに駐車して
シャトルバスで移動する
龍川臨時
尾入沢大橋
尾入沢
一ノ沢
二ノ沢
北葛沢
大町エネルギー博物館
信濃大町駅へ
大町ダム
龍神湖
高瀬トンネル
鳩峰
大白沢
七倉
七倉隧道
七倉山荘
七倉ダム
326
仙人岩
葛温泉
高瀬川
矢櫃山
前越平
分渡沢
中ノ沢
親沢
西戸沢
野口沢
1
2
3
4
C
D

1 針ノ木岳・蓮華岳・烏帽子岳

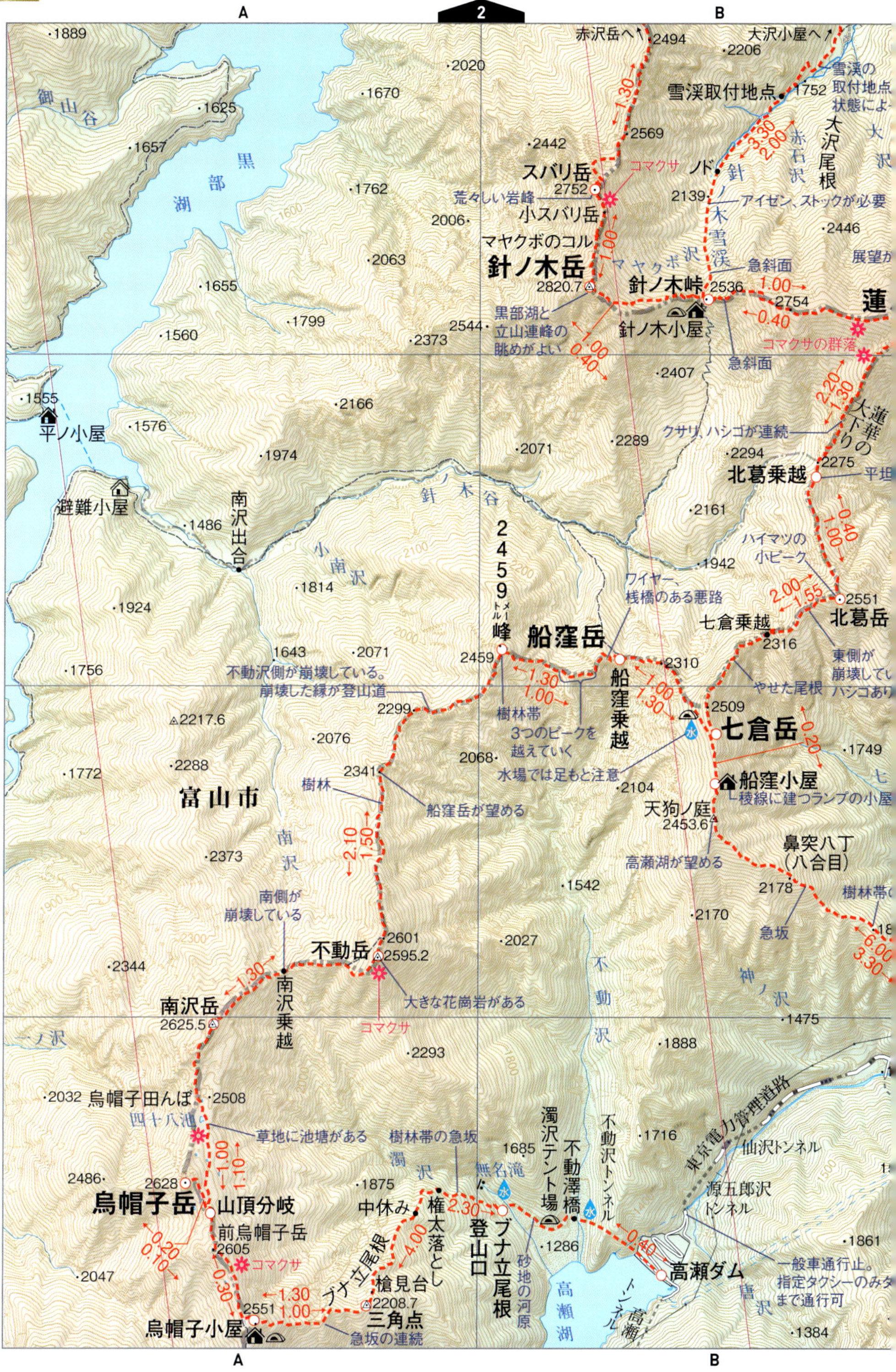

主な地図記号

※そのほかの地図記号は、国土地理院発行2万5000分ノ1地形図に準拠しています

一般登山コース	特定地区界	営業山小屋	湖・池等
参考コース（登攀ルート等）	植生界	避難小屋・無人山小屋	河川・せき（堰）
←1:30 コースタイム（時間：分）	△2899.4 三角点	キャンプ指定地	河川・滝
コースタイムを区切る地点	△1159.4 電子基準点	水場（主に湧水）	広葉樹林
4車線以上	⊡720.9 水準点	主な高山植物群落	針葉樹林
2車線道路	・1651 標高点	バス停	ハイマツ地
1車線道路	等高線（主曲線）標高10mごと	Ⓟ 駐車場	笹 地
軽車道	等高線（計曲線）主曲線5本目ごと	温泉	荒 地
徒歩道	等高線（補助曲線）	噴火口・噴気孔	竹 林
庭園路	—1500 等高線標高	X 採鉱地	畑・牧草地
高速・有料道路	◎ 市役所	発電所	果樹園
299 国道・番号	○ 町村役場	電波塔	田
192 都道府県道・番号	⊗ 警察署	史跡・名勝・天然記念物	
鉄道・駅	Y 消防署	岩がけ	標高 高
JR線・駅	X 交番	岩	
索道（リフト等）	⊞ 病院	土がけ	
送電線	日 神社	雨裂	
都道府県界	卍 寺院	砂れき地	低
市町村界	⌂ 記念碑	おう地（窪地）	

コースマップ

国土地理院発行の2万5000分ノ1地形図に相当する数値地図（国土基本情報）をもとに調製したコースマップです。

赤破線で示したコースのうち、地形図に記載のない部分、あるいは変動が生じている部分については、GPSで測位した情報を利用しています。ただし10～20m程度の誤差が生じている場合があります。

また、登山コースは自然災害などにより、今後も変動する可能性があります。登山にあたっては本書のコースマップと最新の地形図（電子国土Web・地理院地図、電子地形図25000など）の併用を推奨します。

コースマップには、コンパス（方位磁石）を活用する際に手助けとなる磁北線を記入しています。本書のコースマップは、上を北（真北）にして製作していますが、コンパスのさす北（磁北）は、真北に対して西へ7度前後（白馬・後立山連峰周辺）のズレが生じています。真北と磁北のズレのことを磁針偏差（西偏）といい、登山でコンパスを活用する際は、磁針偏差に留意する必要があります。

磁針偏差は、国土地理院・地磁気測量の2015.0年値（2015年1月1日0時[UT]における磁場の値）を参照しています。

白馬・後立山連峰登山にあたっては、コースマップとともにコンパスを携行し、方角や進路の確認に役立ててください。

Contents

コースマップ目次

コースさくいん

白馬・後立山連峰全図

日本海
新潟県
糸魚川市
朝日町
黒部市
魚津市
小谷村
長野方面
上越へ
糸魚川駅
姫川駅
糸魚川IC
青海駅
北陸自動車道
えちごトキめき鉄道
親不知IC
親不知駅
親不知登山口
市振駅
越中宮崎駅
泊駅
あいの風とやま鉄道
入善駅
朝日IC
富山方面
北陸新幹線
黒部IC
黒部宇奈月温泉駅
新黒部駅
富山地鉄本線
愛本駅
富山へ
宇奈月温泉
宇奈月駅
宇奈月温泉駅
黒薙駅
黒部峡谷鉄道
頸城大野駅
根知駅
小滝駅
平岩駅
148
北小谷駅
中土駅
大糸線
南小谷駅
千国駅
栂池高原
黒姫山
1221.5
明星山
1188.5
白鳥山
1286.8
犬ヶ岳
1592.5
黒岩山
1623.6
北又
朝日岳
2417.9
蓮華温泉
雪倉岳
2610.9
白馬大池
乗鞍岳
2456
白馬岳
2932.3
栂池自然
猿倉
上
雨飾山
1963.3
僧ヶ岳
1855.5
駒ヶ岳
2002.5
7
6
5
10
11

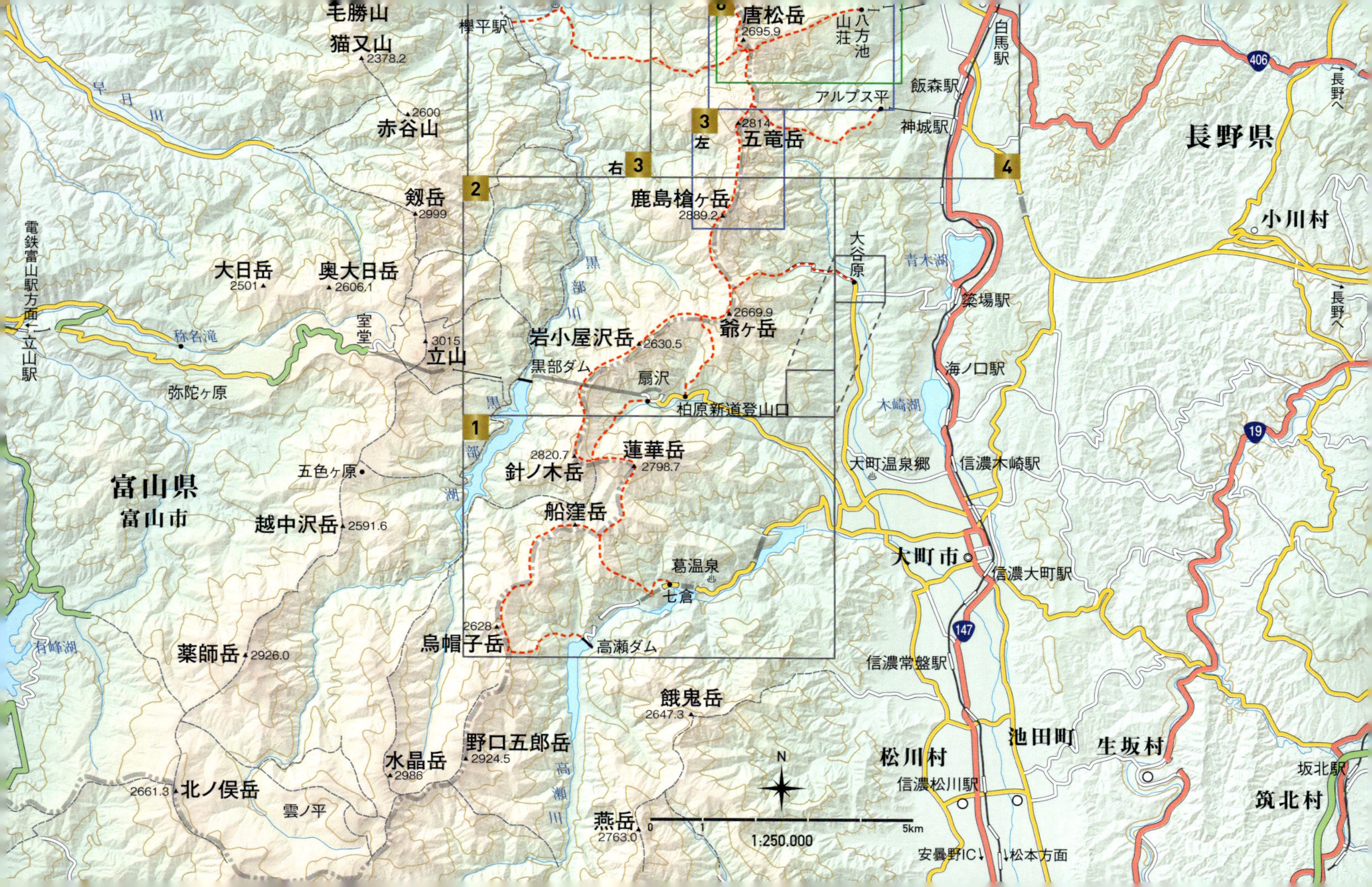

毛勝山
猫又山
2378.2
赤谷山
2600
剱岳
2999
大日岳
2501
奥大日岳
2606.1
電鉄富山駅方面
立山駅
称名滝
弥陀ヶ原
室堂
立山
3015
富山県
富山市
五色ヶ原
越中沢岳
2591.6
薬師岳
2926.0
有峰湖
北ノ俣岳
2661.3
雲ノ平
水晶岳
2986
野口五郎岳
2924.5
烏帽子岳
2628
高瀬ダム
七倉
葛温泉
船窪岳
針ノ木岳
2820.7
蓮華岳
2798.7
黒部湖
黒部ダム
扇沢
柏原新道登山口
岩小屋沢岳
2630.5
爺ヶ岳
2669.9
鹿島槍ヶ岳
2889.2
五竜岳
2814
唐松岳
2695.9
八方池山荘
欅平駅
黒部川
大谷原
アルプス平
白馬駅
飯森駅
神城駅
簗場駅
青木湖
木崎湖
海ノ口駅
大町温泉郷
信濃木崎駅
大町市
信濃大町駅
信濃常盤駅
147
長野県
小川村
長野へ
406
19
餓鬼岳
2647.3
燕岳
2763.0
高瀬川
池田町
生坂村
松川村
信濃松川駅
坂北駅
筑北村
安曇野IC
松本方面
N
1:250,000
0
1
5km
1
2
右 3
左 3
4

取り外せる！ 持ち歩ける！

アルペンガイド

登山地図帳

北アルプス

白馬・後立山連峰

Alpine Guide